Max Schmeling

Mein Leben

Schmeling, Max

Mein Leben

ISBN: 978-3-86267-001-7
Erscheinungsjahr: 2010
Erscheinungsort: Bremen, Deutschland

Europäischer Literaturverlag (www.elv-verlag.de),
Fahrenheitstr.1, 28359 Bremen.

Vom Verlag wurden geringfügige Änderungen am Text vorgenommen, indem diskriminierende Ausdrücke und Wendungen ersetzt wurden. Cover: Foto © Deutsches Bundesarchiv (German Federal Archive), Bild102-09348. Urheber unbekannt. März1930.

Max Schmeling

Mein Leben

INHALT

DER WEG NACH OBEN 1
PUBLICITY 28
TITEL OHNE GLANZ 56
ICH BLEIBE WELTMEISTER 87
EIN UNVERDIENTER RÜCKSCHLAG 109
WENIG GLÜCK UND VIEL PECH 126
ICH SETZE MICH WIEDER DURCH 148
DER KAMPF DES JAHRHUNDERTS 164
VERTRAGSBRÜCHE 186
ZUM ZWEITENMAL GEGEN DEN „BRAUNEN BOMBER" 201
VERLORENE JAHRE 222
ZURÜCK INS LEBEN 238

DER WEG NACH OBEN

New York!
Die Wolkenkratzer von Manhattan!
Mein Herz schlug höher, als sich die faszinierende Silhouette der Stadt am Horizont abzeichnete. Langsam fuhr unser Schiff den Hudson hinauf. Als es endlich am Pier festgemacht hatte, verliefen sich die Passagiere schnell, die meisten wurden erwartet, hatten ein Ziel.

Um Arthur Bülow, meinen damaligen Betreuer, und um mich kümmerte sich niemand. Nicht einmal die Reporter, die pflichtgemäß die Passagierliste durchschnüffelten, hielten mich für beachtenswert. Schmeling? Wer war das schon für sie?

Am nächsten Tag fand ich die ruhmlose Abreise eines deutschen Kollegen und meine Ankunft in einer kurzen Notiz zusammengefasst:

„200 Pfund Limburger Käse fuhren zurück, 180 Pfund Matjeshering kamen an."

Da hatte ich es schwarz auf weiß, wie man mich einschätzte. 180 Pfund Matjeshering – ein Hors d´œuvre, an dem sich die Boxgewaltigen sicher nicht den Magen verderben wollten.

Mit zweiundzwanzigeinhalb Jahren war ich ausgezogen, Amerika, das Land der großen Boxer und der großen Börsen, zu erobern. Damals – im Jahr 1928 – wurde ich in Europa bereits als Meister im Halbschwergewicht geführt. Außerdem hatte ich mir zwei deutsche Titel gesichert: im Halbschwer- und im Schwergewicht. Damit aber schienen mir die Möglichkeiten auf dem alten Kontinent erschöpft ...

Vorläufig gab es drüben nur einen einzigen Menschen, der mich für voll nahm: die Wirtin im Appartementhotel „Ransby" in der 84. Straße, wo viele Boxer abstiegen.

„Ah, Mister Smelling", sagte sie beflissen, als wären wir alte Bekannte, „ich habe ein wunderschönes Zimmer für Sie. Zwei Weltmeister haben schon darin gewohnt: Dempsey und Tunney."

Sie sprach so schlecht deutsch wie ich englisch; vielleicht verstanden wir uns deshalb so gut.

Ich hatte nichts dagegen, mit den zwei weltberühmten Champions in einem Atemzug genannt zu werden, nur wollte ich ihre Nachfolge irgendwo anders antreten als ausgerechnet im Schlafzimmer. Deshalb vertauschte ich das Appartementhotel in der drückend heißen Millionenstadt bald mit einer luftigeren Unterkunft: Ich zog in das Trainingscamp der Madame Bey in Summit, New Jersey, 60 Kilometer außerhalb von New York.

Madame, die Gattin des verstorbenen türkischen Botschafters in den USA, war aus unerforschlichen Gründen darauf verfallen, mit einem Trainingslager für Boxer ihren Unterhalt zu verdienen.

Keine schlechte Idee!

Am liebsten hätte ich gleich nach der Ankunft Punchingbirne und Sandsack bearbeitet und an ihnen meine Wut über diesen unnahbaren Kontinent ausgelassen. Aber ich konnte vorläufig nicht ans Boxen denken. Bei meinem letzten Kampf in Deutschland hatte ich mir die linke Hand verletzt. Bevor ich wieder Handschuhe anziehen durfte, musste ich Dr. Fralick aufsuchen, einen New Yorker Spezialisten für lädierte Boxerhände.

„Eine kleine Operation, ein wenig Geduld, und die Sache ist erledigt", tröstete mich der berühmte Mediziner.

„Einverstanden."

Dr. Fralick schnitt mir den Daumen auf, entfernte

eine Fistel und einen winzigen Knochensplitter. Er legte meinen Arm in eine Schlinge und bestellte mich wieder in seine Praxis.

Den kennst du doch, dachte ich, als ich bald darauf bei Dr. Fralick einen gut aussehenden jungen Mann traf. Der Arzt machte uns miteinander bekannt:
„Mister Schmeling – Mister Sharkey."
„How do you do?"
Wir schüttelten uns die Hand. Das war Jack Sharkey!

Er hatte sich in der letzten Zeit gewaltig nach vorn geboxt und gehörte schon zur Elite. Fachlich gab es an ihm nichts auszusetzen, menschlich sagte man ihm weniger gute Eigenschaften nach. Arrogant sollte er sein und großkotzig.

„Dem Burschen schlag' ich das Hirn aus dem Schädel", hatte er angeblich geprahlt, bevor er gegen Jack Dempsey, den Exweltmeister, antrat. „Er soll gleich den Krankenwagen bestellen."

Na ja, mochte er ein bisschen angegeben haben – trommeln gehörte nun mal zum Handwerk. Ich fand Jack jedenfalls sympathisch und nett. Dass wir uns noch zweimal im Ring gegenüberstehen sollten – beide Male unter nicht besonders glücklichen Umständen –, ahnten wir nicht.

78.125 Mark pro Minute

Ich trug meinen Arm noch in der Schlinge, als der Wunschtraum meines Lebens in Erfüllung ging: Ich sah einen Kampf um die höchste Trophäe im Boxsport, um die Würde eines Weltmeisters im Schwergewicht. Am 26. Juli 1928 verteidigte Gene Tunney seinen Titel gegen den Neuseeländer Heeney.

Ich bin heute noch froh, dass ich Tunney einmal im Ring sah. Er demonstrierte unnachahmlich, dass

Boxen mehr ist als nur brutale Schlägerei, dass es ein männlicher, eleganter Sport ist, wenn man ihn richtig betreibt. Heeney wurde deklassiert. Ein paar Tage später gab Gene Tunney seinen Titel kampflos ab. Und nie mehr ließ er sich dazu überreden, die Handschuhe noch einmal anzuziehen. Er hatte sich genügend Geld zusammengeboxt. Für seinen letzten Fight bekam er über 600.000 Dollar, das entsprach rund zweieinhalb Millionen Reichsmark.

Zweieinhalb Millionen Mark! Für meine Begriffe eine wahnwitzige Summe! Da der Kampf etwa 32 Minuten dauerte, verdiente Tunney in der Minute 78.125 Reichsmark, in der Sekunde also 1.302 Mark. Boxen und Filmen waren in Amerika immer schon eine rentable Angelegenheit. 1.302 Mark in einer Sekunde ...

Wer sich nicht auskennt, kann bei diesen Zahlen leicht Trugschlüsse ziehen. So gewaltige Börsen erhalten natürlich nur die Stars, und sie bestreiten im Jahr oft nicht mehr als einen einzigen Kampf. Außerdem wird die horrende Summe, die sie angeblich einstecken, durch Steuern, Steuern und noch mal Steuern sowie durch laufende Unkosten beträchtlich dezimiert. Immerhin bleibt so viel übrig, dass es sich wohl lohnt, in dieses Geschäft einzusteigen.

„Das wäre ein Job nach meinem Geschmack", sagte ich, als ich mit Arthur Bülow im Yankee-Stadion Tunneys Boxlektion verfolgte.

„Sie werden eines Tages auch da unten stehen. Davon bin ich fest überzeugt", prophezeite mein Betreuer. Zunächst sah es nicht so aus, als ob Bülow recht behalten sollte.

In Deutschland griff man mich heftig an. Ich sei vertragsbrüchig, wurde mir vorgeworfen, und ich drücke mich darum, meine Titel zu verteidigen. Da ich mich entschlossen hatte, vorläufig in Amerika zu bleiben, tat ich das einzig Mögliche: Ich gab die Titel ab.

Ein bedeutungsvoller Abschnitt meines Lebens lag vor mir. Alle Würden war ich los, und ich hatte für sie vorerst nur eine neue eingehandelt: die eines indianischen Ehrenhäuptlings.

New York feierte um diese Zeit die Helden der „Bremen" Köhl, Hünefeld und Fitzmaurice, die zum ersten Mal den Ozean von Westen nach Osten überquert und Amerika praktisch aus der Luft entdeckt hatten. Zusammen mit den beiden Deutschen und dem Iren Fitzmaurice, die kaum weniger bejubelt wurden als der Amerikaner Lindbergh im Jahr zuvor, wurde ich als Unbekannter bei Empfängen herumgereicht. Bei einer dieser Partys rauchte ich mit den drei Fliegern und einem 107jährigen Indianer die Friedenspfeife und wurde zum Ehrenhäuptling eines Stammes ernannt.

Ein Trio findet sich

Vier Wochen nach meiner Ankunft in den Staaten stand ich wieder am Pier des New Yorker Hafens. Nicht, dass ich heimwollte, so mürbe war ich nicht! Ich erwartete Freunde aus Deutschland: die Boxer Herse, Peter, Noack und ihren Trainer Max Machon.

„Hallo, Max", überfielen sie mich freudestrahlend, „hast du schon einen Vertrag?"

„Natürlich!"

„Gegen wen boxt du denn?"

„Gegen euch drei!"

„Wenigstens hast du den Humor nicht verloren! Wie steht's denn wirklich? Hast du Aussicht auf einen Kampf?"

Was in Deutschland los war, wussten sie besser als ich. Sie sprachen nicht groß darüber, wie übel man mir in der Heimat meine „Flucht" ankreidete. Von den Schwierigkeiten, in Amerika ins Geschäft zu kommen, hatten sie noch keine Ahnung. Nach einem kurzen, nicht sehr einträglichen Gastspiel kehrten Peter und Noack dem Land der manchmal sehr begrenzten Möglichkeiten ernüchtert den Rücken. Max Machon blieb bei mir – von da an bis zum Ende meiner boxerischen Karriere.

Er zog mit mir zu Madame Bey, der resoluten Diplomatenwitwe, die so gut mit starken Männern umgehen konnte.

„Was macht deine Linke?" war Machons vordringlichste Frage.

„Schau sie dir an, hier ...", sagte ich und hielt ihm die Faust vor die Augen. Der acht Zentimeter lange Schnitt, den Dr. Fralick bei örtlicher Betäubung gemacht hatte, verheilte gut; über kurz oder lang konnte ich mit dem Training beginnen.

„Max, verlass dich drauf, dich krieg ich hin wie noch nie im Leben!" versprach Machon.

„Schön und gut, aber bis dahin sind wir pleite und verhungert!"

„Au weh, da fehlt's also?" Mein Trainer verstand schnell. „Mal sehen, was sich machen lässt."

Eines Tages schwenkte er ein Bündel Geldscheine. 1.000 Dollar! Er hatte einen Gang auf sich genommen, den ich selbst scheute – zu meinem Onkel, einem wohlsituierten Bäckermeister in Bloomfield, New Jersey.

„Die gebe ich zurück, sobald ich kann", sagte ich verlegen.

„Das eilt nicht so", meinte Max Machon, „bei dem haben wir Kredit."

Um diese Zeit lernte ich einen Mann kennen, der sich später in der Metropolitan Opera unmöglich benehmen sollte, der den Sektvorrat eines Ozeanriesen aufkaufen wollte, und den nichts so sehr aus dem Gleichgewicht brachte wie Marlene Dietrichs Beine.

Dieser Mann war Joe Jacobs. Ein kleiner, fixer Bursche, damals etwa 30 Jahre alt. Mit allen Wassern gewaschen. Ohne Zigarre und ohne verwegene Mütze selten anzutreffen.

Joe betreute in Summit bei Madame Bey einen Franzosen, André Routis, den späteren Weltmeister im Federgewicht. André, heute noch mein Freund – er besitzt in Paris gegenüber dem Palais des Sports ein großes Restaurant; man isst hervorragend bei ihm! –, war ein glänzender Boxer. Aber wer weiß, ob er es trotz seiner Qualitäten zum Weltmeister gebracht hätte, wenn nicht der clevere Joe an seiner Seite gewesen wäre. Joe, der Mann mit den starken Ellbogen. Joe, der Mann mit dem unschlagbaren Mundwerk.

Irgendwann einmal kam ich mit ihm ins Gespräch.

„Es ist verdammt schwer, in Amerika einen Kampf zu kriegen", fing ich vorsichtig an.

„Hm", meinte Joe.

„Dass dieser Tex Rickard einem aber auch kein bisschen entgegenkommt, wo ich doch immerhin Europameister war ..."

„Hm", meinte Joe.

„Wär' ja alles nicht so tragisch, wenn man genug Geld hätte!"

„Hm", meinte Joe – und sonst nichts.

Tex Rickard war damals der Boxzar Amerikas, der Präsident des Madison Square Garden, der berühmten Sporthalle an der Ecke 8. Avenue und 50. Straße. Der Madison Square Garden hatte praktisch das Monopol für alle großen Boxkämpfe. Bei dem Allgewaltigen des Boxsports einen Stein im Brett zu haben, hieß soviel, wie ein gemachter Mann sein, hieß soviel wie elegante Autos fahren, ein Haus kaufen, der Mutter ein schöneres Leben ermöglichen.

Arthur Bülow, der mich in Deutschland entdeckt hatte, dem ich unendlich viel, wenn nicht alles verdankte, vertrat seine eigenen Ansichten über das Boxgeschäft in Amerika. Mehr noch als ich selbst pochte er auf meine inzwischen abgelegten Titel und wartete darauf, dass die Manager – auch Tex Rickard – zu uns kommen würden. Er war seiner Sache so sicher, dass er die Wartezeit auf Angebote aus eigener Tasche mitfinanzierte. Vielleicht wäre er mit seiner Methode auch irgendwie zum Ziel gekommen, aber ich war jung, konnte und wollte nicht länger warten.

„Mister Jacobs, können Sie mir nicht einen Kampf besorgen?" fragte ich eines Tages.

Joe machte nicht mehr „hm".

„Nichts leichter als das, mein Junge", sagte er, „kannst du morgen schon haben."

Eines stand fest; nahm ich dieses Angebot an, war der Krach mit Bülow perfekt. Keine beneidenswerte Situation für mich! Eine ehrliche Aussprache? Sie war nicht möglich. Bülow schien schon viel zu gereizt und war auch meist unterwegs.

„Ich vermittle dir für den 24. November den zweiten Hauptkampf im Madison Square Garden – gegen Joe Monte", sagte Jacobs.

Hatte er, als er mich Tag für Tag ohne Aussicht auf einen Fight im Training sah, Mitleid mit mir? Hatte er das Gefühl, dass wirklich etwas in mir steckte? Mir war es gleichgültig. Ich wollte nichts als einen Gegner, endlich einen Gegner haben!

„Du kriegst eine Börse von 1.000 Dollar."

„1.000 Dollar?"

Ich war maßlos enttäuscht. Bei meinem letzten Kampf in Deutschland gegen Franz Diener hatte ich bereits 30.000 Mark bekommen, die etwa 7.500 Dollar entsprachen. Ich war ganz schön zurückgerutscht.

„Zeig, was du kannst!" trösteten mich Machon und Joe, „dann steigst du automatisch im Kurs."

Meine Form ließ nichts zu wünschen übrig. Ausgerechnet zwei Tage vor dem ersten Kampf aber wurde ich ernstlich krank. 40 Grad Fieber! Der Arzt in Summit riet mir dringend ab, anzutreten. Er hatte gut reden! Nicht antreten? Ich brauchte doch Geld und wollte außerdem meinen immer zahlreicher werdenden Kritikern in Deutschland beweisen, dass ich noch nicht abgemeldet war.

„Sieben Monate sitzt er in Amerika", spotteten die Zeitungen in der Heimat, „und was hat er bisher geleistet?"

Ich wusste, warum man mich so böse anschoss. Mein Zwist mit Bülow, dem ehemaligen Chefredakteur der Zeitschrift „Der Boxsport", war ein gefundenes Fressen für seine Journalistenkollegen. Nur ein Sieg konnte ihre Meinung günstig beeinflussen.

Am liebsten hätte ich mich schlafen gelegt

Acht Stunden vor dem Kampf sah ich zum ersten Mal meinen Gegner. Joe Monte war ein stiernackiger Bulle aus Boston, ein Lokalmatador, für den nicht mehr und nicht weniger auf dem Spiel stand, als für mich auch. Ein Sieg – das bedeutete weitere Kämpfe, höhere Börsen, Karriere. Eine Niederlage – das war zu diesem Zeitpunkt soviel wie das Ende.

Wir trafen uns beim Wiegen in den Räumen der New Yorker Boxkommission. Von psychologischer Kriegsführung hatte ich noch keine Ahnung, aber instinktiv tat ich das Richtige. Bevor ich auf die Waage stieg, stürzte ich wie aufgedreht auf meinen Gegner zu.

„Hallo, Joe, how do you do?" sagte ich, deckte ihn mit einem Redeschwall ein und gab ihm einen freundschaftlichen Knuff.

Ich weiß nicht, ob mich Monte verstand. Vor Überraschung blieb ihm jedenfalls der Mund offen. Dass ich aus purer Verzweiflung den optimistischen Kraftmeier mimte, ahnte er nicht. In Wirklichkeit hätte ich mich am liebsten schlafen gelegt.

Als mich der Vertrauensarzt der Kommission untersuchte, stand mir der kalte Schweiß auf der Stirn. Hätte er mich auf Herz und Nieren geprüft, wäre ihm mein Zustand todsicher aufgefallen. Er hätte mich nicht boxen lassen. Gott sei Dank horchte er mich nur kurz ab.

„This man is o.k.", sagte er, und mir fiel eine Zentnerlast von der Seele.

Als ich mich am Abend des 24. November 1928 in meiner Kabine im Madison Square Garden für den Kampf fertig machte, fühlte ich mich immer noch wie gerädert. Max Machon allein stand mir in meiner verzweifelten Stimmung bei. Bülow hatte sich gekränkt zurückgezogen, und Joe Jacobs besaß noch keine Lizenz für mich.

Ich hockte auf der Pritsche und bandagierte mir gerade die Hände, als die Tür aufgerissen wurde und ein selbstbewusster Yankee hereinstürzte, ein Vertreter des gegnerischen Lagers. Ich war ein Neuling, und er kam sich furchtbar wichtig vor.

Aha, der Nervenkrieg begann!

Der Bursche stürmte auf mich zu, packte grob meine Hand, schlug sie nach unten und fing mordsmäßig zu schimpfen an. Er protestierte, obwohl es nichts zu protestieren gab.

„Machon, mach mal die Tür auf! Den Kerl schmeißen wir raus", rief ich wütend und gab dem

Eindringling einen kräftigen Tritt in den Hintern. Kleinlaut zog er ab.

Dieser Rausschmiss sprach sich herum. Er hat mich bei späteren Kämpfen vor vielen kleinlichen Meckereien bewahrt. Nicht einmal Jack Sharkey, der berühmt dafür war, dass er seine Gegner bluffte und schon vor dem ersten Gong versuchte, sie aus der Fassung zu bringen, machte bei mir seine üblichen Mätzchen.

Amerika ist ein selbstbewusstes Land, und die Amerikaner sind selbstbewusste Leute. Doch wenn man sie richtig zu nehmen weiß, kann man sich manches Missverständnis ersparen.

„Reiß dich zusammen, Max! Da unten sitzt Tex Rickard", flüsterte mir Machon zu, als ich in meiner Ecke auf den Gong zur ersten Runde wartete.

Ich versuchte mich zu konzentrieren, aber ich merkte schnell, dass ich in diesem Kampf nicht viel zu bestellen hatte. Ich musste mich darauf beschränken, abwartend zu boxen und den Bullen aus Boston leer laufen zu lassen. Selbst diese Passivität kostete mich Ströme von Schweiß.

180 Pfund Matjeshering ... hatten sie geschrieben.

Weder in der ersten noch in der zweiten Runde passierte viel. Ich war durch das Fieber so down, dass mich selbst der Gedanke an Tex Rickard nicht beflügelte. Als ich nach dem Schlussgong der zweiten Runde in meine Ecke kam, ließ ich mich erschöpft auf den Hocker fallen.

„Machon, ich möchte sterben", stöhnte ich, „ich bin fix und fertig und weiß nicht, was ich anfangen soll."

„Wenn's heute schiefgeht, bist du wirklich gestorben, für Amerika und für Deutschland auch", fuhr mich mein Trainer an. „Entweder du reißt dich zusammen oder wir packen unseren Krempel und fahren heim."

In der achten Runde gab sich Joe Monte eine Blöße. Meine Rechte krachte hinein, aus nur zehn Zentimeter Entfernung. Volltreffer! Joe brach zusammen. Ich stürzte in die neutrale Ecke und hörte wie aus weiter Ferne den Ringrichter zählen:

„... eight – nine – out!"

Tex Rickard war von seinem Stammplatz in der ersten Reihe hochgesprungen.

„What a right hand!" rief er enthusiastisch und setzte sich dann wieder hin, als ob nichts geschehen wäre.

„Was für eine Rechte!" Dieser Ausruf des Boxzaren machte die Runde durch die amerikanischen Zeitungen. Über den Kampfverlauf schrieben sie wenig. Tex Rickards spontane Anerkennung aber begründete meine Karriere in den Vereinigten Staaten.

Doppelgänger im Ring

Außer meiner Rechten gab es noch einen Faktor, der mir behilflich war, meinen Weg in den USA zu machen: Meine große Ähnlichkeit mit dem Boxidol Jack Dempsey. Jack, der zu Beginn der zwanziger Jahre auf dem Höhepunkt seiner Karriere stand, ist in Amerika auch heute noch jedem Kind ein Begriff. Ich war ihm zum ersten Mal 1925 in Köln begegnet. Als wir uns gegenübertraten, verschlug es Tausenden den Atem.

Jack hatte gerade die Filmschauspielerin Estelle Taylor geheiratet. Seine Hochzeitsreise führte ihn nach Europa. Praktisch, wie die Amerikaner sind, verband er sie mit einer Schaukampftournee. Halb flitternd, halb boxend kam er auch nach Köln, wo ich gerade meine ersten Lorbeeren als Berufsboxer erntete. Ich setzte Himmel und Hölle in Bewegung, um gegen den Weltmeister sparren zu können. Und ich schaffe es auch.

Als ich in den Ring stieg, wurde es in den Zuschauerreihen ein paar Atemzüge lang totenstill. Kämpfte Dempsey gegen seinen Zwillingsbruder, gegen sein Double? Unsere Ähnlichkeit war frappant. Selbst Dempsey und ich starrten uns verblüfft an.

Wenigstens einmal musst du ihn treffen, hatte ich mir geschworen. Ich traf ihn auch, und Jack zog leicht blasiert die Augenbrauen hoch. Bis zum Gong ließ er mich Greenhorn nicht mehr an sich heran.

„You will be the next champion!" sagte er jovial und klopfte mir anerkennend auf die Schulter: „Du wirst der nächste Weltmeister sein ..."

Mir schwoll gewaltig der Kamm über dieses Lob aus berufenstem Mund. Als ich aber erfuhr, dass Jack allen seinen Sparringspartnern dasselbe gesagt hatte, verloren seine Worte beträchtlich an Wert. Mit meiner Bewunderung für ihn hatte das jedoch nichts zu tun. Wir haben uns im Laufe der Jahre noch oft getroffen und gemeinsam über unser erstes Zusammentreffen gelacht.

Wer einmal stolpert, fällt im Kurs

Der Sieg über Joe Monte, meine Ähnlichkeit mit Jack Dempsey und Joe Jacobs' Tüchtigkeit öffneten mir in den USA die Türen. Für das Jahr 1929 waren mir vier Kämpfe sicher, ein beachtliches Programm für einen Neuling auf amerikanischem Pflaster.

„Ich biete Ihnen 25.000 Dollar, Mister Schmeling, wenn Sie sich von mir managen lassen", schlug mir eines Tages ein Unbekannter vor.

„Nicht schlecht!"

„25.000! Das ist eine Menge Geld! Überlegen Sie sich's gut!"

Ich hatte aber nichts zu überlegen. Der Manager mit dem großzügigen Angebot, so fand ich heraus, war der Mittelsmann eines Millionärs, der sich als Hobby einen „Box"stall leistete. Wie hätte er wohl reagiert, wenn ich bei einem oder zwei Rennen versagte? Vielleicht wäre ich erbarmungslos an den Pferdemetzger verkauft worden ...

Nein, das war nicht das Richtige für mich. Ich brauchte einen Manager, der nicht reich, der nicht satt war, der vorwärts wollte wie ich, „hungrig" war wie ich und auch nach einem Misserfolg bei der Stange blieb. Diesen Mann glaubte ich in Joe Jacobs gefunden zu haben. Noch vor meinem zweiten Kampf in Amerika schloss ich mit ihm einen Vertrag. Die Abmachungen mit Arthur Bülow, der mich inzwischen verbittert bei der Boxing Commission verklagt hatte, blieben zwangsläufig in Kraft. Bülow bekam bei jedem meiner Kämpfe den ihm zustehenden Anteil der Börse auf Heller und Pfennig ausbezahlt.

Joe und Machon behielten recht. Ich stieg nach dem ersten Erfolg ganz automatisch im Kurs: Für den zweiten Kampf – gegen Joe Sekyra – erhielt ich bereits 7.500 Dollar. Sekyra, ein kommender, sehr versierter Mann, war als Stolperstein berüchtigt, den man Neulingen in den Weg legte; wenn ich ihn überwand, war schon viel gewonnen.

Ich besaß noch nicht genug Routine, um einen so glänzenden Techniker wie Sekyra im Handumdrehen zu erledigen. Einmal traf ich ihn mit einer harten Linken am Kinn, und er musste zu Boden.

„Kill him! Kill him!" brüllten die Zuschauer.

Ich weiß selbst nicht, warum ich die Schwäche meines Gegners nicht ausnutzte, sondern auf ihn zuging und ihm wieder auf die Beine half. Diese Hilfeleistung, ganz ungewohnt bei den gnadenlosen Kämpfen in Amerika, brachte mich vielleicht um den K.o.-Sieg, erwarb mir aber viele Sympathien bei dem sehr fairen Publikum. Die Tausende im Madison Square Garden rasten vor Begeisterung. Den Schönheitsfehler, Sekyra nur nach Punkten besiegt zu haben, nahm man mir nicht krumm.

„Du brauchst noch mehr Publicity, mein Lieber", konstatierte Joe Jacobs eines Tages sachlich. „Mit dem guten Eindruck im Ring allein ist es nicht getan."

„Was willst du damit sagen?"

„Dass du jeden Tag in den Zeitungen stehen musst, auch wenn du nicht boxt."

„Anstrengende Sache!"

„Aber es lohnt sich, Max."

Joe Jacobs kannte den Laden. Ich musste eine Einladung nach der anderen annehmen, und immer waren mir Reporter auf den Fersen. Sie begleiteten mich auf die oberste Plattform eines Wolkenkratzers, wo mir Al Smith, Führer der Demokratischen Partei und Hoovers großer Widersacher bei den Präsidentenwahlen im Jahr 1928, ein Referat über das Deutschtum in Amerika hielt. Während uns in 400 Meter Höhe der Wind eiskalt um die Ohren pfiff, zeigte uns Al Smith das deutsche Viertel von New York. Er verblüffte uns mit seinen hervorragenden Kenntnissen über das Deutschtum in Amerika.

Im Laufe der Jahre habe ich mich noch oft gewundert, wie gut Stockamerikaner darüber Bescheid wussten. Karl Schurz und General von Steuben waren ihnen weit geläufigere Begriffe als vielen Deutschamerikanern oder gar uns selbst.

Joe Jacobs schleppte mich durch Schulen, Klöster und Kirchen. Ich staunte, wie boxfreundlich in den Staaten der Klerus war. Es gibt auch heute noch eine Menge boxender „fathers" und eine Menge Boxer, die ausgesprochen fromm sind. Der Schwarze Joe Walcott zum Beispiel, von 1951 bis 1952 Weltmeister, ist Laienprediger.

Ziemlich abgekämpft von den Visiten, die mir nicht einmal am Tag des Kampfes gegen Pietro Corri erspart blieben, stieg ich in den Ring. Es war am 21. Januar 1929 in Newark. Pietro sah furchterregend aus, ließ sich aber von mir schon in der ersten Runde erwischen – k.o.

Johnny steht im Weg

Ich hatte erreicht, was Joe Jacobs vorschwebte: Ich war in aller Munde. Für den Kampf um den von Gene Tunney niedergelegten Weltmeisterschaftstitel zog man mich allerdings noch nicht ernstlich in Betracht. Noch gab es die Amerikaner Jack Sharkey und Young Stribling, den Engländer Phil Scott, den Norweger Otto von Porath, den Spanier Paolino. Auch Johnny Risko zählte mit, ein starker Bursche, der noch nie k.o. gegangen, und der sogar gegen Tunney über die Runden gekommen war.

Dieser Johnny Risko stand mir im Weg.

„Du kannst nur mitreden", sagte Joe Jacobs, „wenn du gegen ihn gut abschneidest."

„Ich werde mein möglichstes tun. Vielleicht erwische ich ihn so gut wie Corri."

„Nun mal sachte, mein Junge", dämpfte sogar der immer zuversichtliche Max Machon meinen Optimismus.

Joe war in seinen Hoffnungen schon eine Runde weiter.

„Wenn du ihn schlägst, kommst du in die Endausscheidung um den Titelfight", sagte er trocken, „und mehr wollen wir im Augenblick ja nicht."

Er rührte fleißig die Werbetrommel und erfand den „Schwarzen Ulanen vom Rhein". So nannten mich in Zukunft alle Zeitungen. „Made in Germany" hieß das, und diese Ursprungsbezeichnung zog damals in Amerika ganz gut.

Der Madison Square Garden war am 1. Februar 1929 ausverkauft, als ich gegen Johnny Risko antrat. Mindestens die Hälfte der über 20.000 Zuschauer waren Deutschamerikaner.

„Hals- und Beinbruch!" wünschte Machon.

„Zeig, was du kannst", flüsterte Joe in der Ringecke und spuckte seinen Zigarrenstummel aus.

Gong zur ersten Runde. Risko stürzte sofort auf mich los, als ob er mich in Atome zertrümmern wollte. Offensichtlich nahm er mich nicht für ganz voll. Wer konnte es ihm verdenken – er war, wie gesagt, noch nie k.o.

Wie ein Wilder schlug Johnny auf mich ein. Linke Haken, rechte Haken! Linke Gerade, rechte Gerade! Ich wusste nicht mehr, wo vorn und hinten war.

Die vielen Deutschamerikaner im Madison Square Garden waren still geworden. Ihr „Schwarzer Ulan vom Rhein" schien der überraschenden Attacke nicht gewachsen. Fehlten ihm Härte und Erfahrung der amerikanischen Berufsboxer?

Risko ging aufs Ganze. Dieser Februarabend entschied über seine Karriere. Auch er wollte vorwärtskommen und bei der Vergebung des Weltmeistertitels ein Wörtchen mitzureden haben. Wie eine wütende Bulldogge sprang er mich an – mitten hinein in eine harte Rechte. Und noch eine Rechte für Johnny! Er taumelte zurück, musste auf die Bretter, war am Rande des K.o.

Wie rasch sich doch das Blatt wenden kann! Risko geriet ins Schwimmen. Die Zuschauer sprangen auf ihre Sitze. Im Garden war die Hölle los. Die begeisterten Deutschamerikaner aber fingen außer sich vor Freude, zu singen an.

Sie sangen zu früh.

Risko zeigte, was in einem richtigen amerikanischen Berufsboxer steckt. Er fing sich wieder. So schnell gibt man einen Existenzkampf nicht auf! So schnell gibt man den Weg nicht frei, an dessen Ziel Millionen winken!

Es wurde noch eine erbitterte Schlacht. Erst in der neunten Runde war Johnny so mürbe, dass er seine Ambitionen vergaß. Resigniert hob er die Arme und wankte in seine Ecke. Kampfunfähig. Aus!

Der eisenharte Johnny war fix und fertig – eine Sensation für die Boxexperten Amerikas!

„Das wäre geschafft", stöhnte Joe Jacobs, aschgrau im Gesicht. Er wischte sich den Schweiß von der Stirn. Immer, wenn ich im Ring stand, litt er Höllenqualen.

Mit diesem Sieg hatte ich viel erreicht. Die Angebote würden nicht auf sich warten lassen. Zunächst aber wollte ich nach Deutschland zurück.

„Du fährst natürlich mit, Joe!"

Jacobs ließ sich nicht zweimal bitten. Er freute sich darauf, Hamburg und Berlin kennenzulernen.

Joe kam schon an Bord der „Deutschland" auf seine Kosten. Wir saßen im Speisesaal und warteten auf das Abendessen.

„Wünschen Sie etwas zu trinken?" fragte ihn der Steward.

„Zu trinken?" Joe erhielt einen elektrischen Schlag. „Zu trinken ... was gibt es denn?"

„Hier ist die Getränkekarte, mein Herr."

Die Getränkekarte! Joe riss sie dem Steward aus der Hand. Sein Durst war neun Jahre alt. Seit 1920 herrschte in den Vereinigten Staaten die Prohibition. Alkohol war verboten – offiziell wenigstens. Nur in sündteuren „Flüsterkneipen" konnte man schärfere Sachen bekommen.

„Max", rief Jacobs außer sich, „Champagne – three Dollars! Three Dollars only!"

Er konnte es nicht fassen. Weniger als 25 oder 30 Dollar hatte er noch nie bezahlt, wenn er sich gelegentlich „schwarz" eine Flasche verschaffte.

„Steward", winkte er aufgeregt, „bringen Sie sofort drei Flaschen Sekt für uns! Und reservieren Sie mir den ganzen Vorrat, der auf dem Schiff ist!"

„Sehr wohl, mein Herr!"

Der Steward verzog keine Miene, als ihm Machon und ich zublinzelten. Er klemmte seine Serviette unter den Arm und verließ den Saal. Drei Minuten später kam er zurück.

„Die Rechnung, mein Herr", flüsterte er diskret. Joe Jacobs nahm sie in Empfang und – erblasste.

„20.000 Flaschen Sekt à 3 Dollar = 60.000 Dollar", las er und umklammerte den Stiel seines Glases so heftig, dass wir fürchteten, er würde ihn zerbrechen.

„An soviel hatte ich eigentlich nicht gedacht", stammelte Joe verlegen. „Muss ich die jetzt wirklich nehmen?"

„Bestellt ist bestellt!" sagte Machon.

„Ja, aber …"

„Vielleicht kann man mit dem Steward reden", schlug mein Trainer scheinheilig vor. „Das würde mich zwar eine gewisse Überwindung kosten, aber …"

„Was aber?" drängte Joe ungeduldig.

„… aber wenn du fünf Flaschen springen lässt, dann komme ich schon in die richtige Stimmung."

„Es lebe die Prohibition!" seufzte Joe erleichtert. „Solche Verlegenheiten bleiben einem in Amerika Gott sei Dank erspart."

Wenn ein Boxer Tennis spielt ...

Die Tage an Bord waren für uns immer die schönste Erholung. Vierundvierzig Mal habe ich in meinem Leben den Atlantik überquert: zweimal mit dem Flugzeug, zweimal mit dem Zeppelin und vierzigmal mit dem Schiff.

Im Laufe der Jahre lernte ich auf der „New York", der „Bremen", der „Europa", der „Deutschland", der „Queen Mary" und wie sie alle hießen, eine Menge prominenter Persönlichkeiten kennen. Auf dieser, meiner ersten Heimfahrt nach Deutschland traf ich den Schauspieler Conrad Veidt und den Sänger Heinrich Schlusnus. Die Seereise brachte es ganz von selbst mit sich, dass wir uns anfreundeten.

Eine Hand wäscht bekanntlich die andere: Mein Onkel in Amerika hatte mir 1.000 Dollar gepumpt – ich hatte mich dafür bereit erklärt, seinen Sohn mit nach Deutschland zu nehmen, damit er sich im Lande seiner Vorfahren umschauen könnte.

Zu unserer Reisegesellschaft gehörte auch der Boxer Hermann Herse. Obwohl Hermann nur einen Sport gelten ließ, nämlich das Boxen, zog er eines Tages mit meinem Vetter los, um an Deck Tennis zu spielen. Nach einer Stunde kam er erschöpft zurück.

„Ich muss sagen, Mäxchen", meinte er, „Tennis – Respekt, Respekt! Bisher habe ich Tennisspieler nur für ‚Schnürsenkel' gehalten. Denkste! Diese Burschen müssen eine unheimliche Kraft haben. Die Schläger sind ja teuflisch schwer."

„Schwer? Nanu, wieso denn?"

„Habt ihr denn noch nie Tennis gespielt? Schaut euch mal so ein Ding an!"

Er lief an Deck zurück und brachte einen Schläger angeschleppt. Wir waren platt.

„Soo hast du damit gespielt?"

„Natürlich!"

„Dann wundert uns nichts."

Der Gute hatte den Schläger mitsamt dem schweren Spannrahmen geschwungen. Mein Vetter war nicht viel schlauer gewesen. Immerhin hatte er beide Hände zu Hilfe genommen ...

Als ich mit dem Zug von Cuxhaven aus in Hamburg eintraf, erlebte ich zum ersten Mal, was ein „großer Bahnhof" ist. Tausende waren gekommen, um mich abzuholen. Meine Mutter schloss mich weinend in die Arme. Mein früherer Lehrherr, William Wilkens, schüttelte mir die Hand. Ihm war längst klar, dass ich damals richtig gehandelt hatte, als ich seinen Büroschemel nach zweijähriger Lehrzeit im Stich ließ.

Journalisten umdrängten mich. Von meiner „Flucht" nach Amerika war nicht mehr die Rede. Alle Vorwürfe, die sie mir noch vor wenigen Monaten gemacht hatten, waren vergeben und vergessen. Ich wurde, da ich nun zu den Anwärtern auf die Weltmeisterschaft gehörte, wieder in Gnaden aufgenommen. Die Stadt meiner Kindheit empfing mich mit triumphaler Begeisterung.

War es wirklich erst ein paar Jahre her, dass ich in Hamburg die Schulbank gedrückt, in der ersten Schülermannschaft von St. Georg Fußball gespielt hatte und in die kaufmännische Lehre gegangen war?

Unvergessliche Kindheitserlebnisse verbanden mich mit der Hansestadt, die im unruhigen Seemannsberuf meines Vaters der friedliche Hafen war. Hier hatte ich zum ersten Mal in meinem Leben einen Gegner k.o. geschlagen – so vollkommen, dass ich mich schon für einen Mörder hielt ...

Ein Ausweg blieb: die Fremdenlegion

Es hatte so harmlos angefangen. Alfreds Eltern waren die besten Eltern der Welt. Als Bibelforscher, die ständig nach gläubigen Seelen fischten, kehrten sie ihren vier Wänden oft den Rücken und hinterließen die gebohnerte und polierte Bürgerlichkeit ihrer Wohnung dem Sohn als sturmfreie Bude.

„Kommt um vier, ich manage einen Boxkampf", hatte Alfred meine Freunde Erich und Matthias und mich eingeladen.

Auf die Minute pünktlich hingen wir an der Klingel. Alfred tänzelte schon aufgeregt, als er uns hineinließ. Den schweren Eichentisch im Wohnzimmer rückten wir auf die Seite, damit die piekfeine Obstschale aus Bleikristall mit den künstlichen Birnen, Äpfeln und Weintrauben aus der Gefahrenzone war. Dann rollten wir den falschen Perser auf, und Alfred knipste, weil über der Alster dicke, schwarze Regenwolken hingen, den Kronleuchter an. Vier von den fünf Glühbirnen waren aus Sparsamkeit locker gedreht, und die Fünfte mit ihren 25 Watt gab nur einen kläglichen Tiefstrahler-Ersatz für unseren Ring ab.

Es wurde ein kurzer Kampf. Alfred, mein Gegner, reizte mich bis zur Weißglut, weil er unverschämt frech grinste. Wutentbrannt schoss ich eine krachende Rechte gegen sein dilettantisch ungeschütztes Kinn. Sofort verkroch sich das Grinsen in eine dumme Grimasse. Mein Freund und Gegner kippte um und schlug dabei mit dem Hinterkopf hart auf die Kante von Mutters Nähmaschine. Wie ein Sack rutschte er ab und blieb liegen.

„Dem Burschen ist das Grinsen vergangen", sagte Erich lakonisch.

„Los, zähl ihn aus!" kommandierte ich.

„Quatsch, der ist doch tot!"

„Du bist eine Niete, aber kein Ringrichter. Zähl doch endlich!"

„… 3 – 4 – 5 …"

„Langsamer!"

„… 8 – 9 – aus!"

Alfred, das Opfer meines ersten K.o.-Sieges, rührte sich nicht.

„Ich sag euch doch, dass er tot ist!"

Uns sträubten sich plötzlich vor Entsetzen die Haare. Voll Zorn gegen mich selbst zerrte ich die mörderischen Handschuhe – es waren ein paar ausrangierte Socken – von den Fäusten. Sie hilflos schlenkernd stammelte ich totenblass:

„Kinder, was nun? Was machen wir jetzt?"

Mut und Wut waren verflogen. Angesichts des regungslos daliegenden Freundes verspürten wir nichts mehr als gottserbärmliche Angst. Mit unseren 14 Jahren fühlten wir uns dieser Situation nicht gewachsen. Wir hatten nur einen Wunsch: Türmen!

„Wie kommen wir bloß hier 'raus, ohne dass wir gleich die Polizei auf dem Hals haben?" fragte Matthias.

„Wir bummeln ganz harmlos nach Hause und tun so, als wüssten wir von nichts."

„Idiot! Meinst du, die Polizei ist auf den Kopf gefallen? Uns bleibt nur ein Ausweg: Wir müssen über die Grenze! Die Holländische ist am günstigsten!"

„Wisst ihr was", sagte ich, „wir gehen zur Fremdenlegion."

„Ja, aber …"

„Redet nicht! Fasst lieber an! Wir stellen den Tisch wieder in die Mitte und hauen ab."

In unserem verzweifelten Eifer stießen wir der „Leiche" unsanft ein Tischbein ins Kreuz. Wer hätte gedacht, dass ausgerechnet dies die richtige Methode war, einen Toten wieder zum Leben zu erwecken?

Alfred, der k.o.-gegangene Gastgeber, schlug die Augen auf und stöhnte schauerlich. Sein Wimmern war Musik für uns. Wir stürzten auf ihn und hätten ihn vor Freude über seine wiedererwachten Lebensgeister jetzt wirklich fast umgebracht.

Ein unsolides Geschäft

Meiner Liebe zum Boxsport tat der gefährliche Zwischenfall keinen Abbruch. Diese Liebe war bereits so groß, dass sie durch nichts erschüttert werden konnte.

Wann sie begann? Vielleicht an dem Tag, an dem ich bei einem Trödler ein Paar alte Boxhandschuhe im Schaufenster sah? Vielleicht in der Zeit, da ich zum ersten Mal von Schwergewichtsmeister Breitensträter hörte, dem blonden Hans? Ich kann diese Frage nicht beantworten; ich weiß nur, dass die Boxer Kurt Prenzel und Richard Naujoks Vorbilder für mich waren. Mein Idol aber hieß Jack Dempsey, seit dem 4. April 1919 Weltmeister aller Klassen.

Meine Eltern, denen es nicht schlecht, aber auch nicht besonders gut ging, hatten für meine damals noch ungewöhnliche Zuneigung nicht viel übrig. Namen wie Carpentier, Willard oder Johnson sagten ihnen nichts. Und wenn ich von den riesigen Gagen erzählte, die diese Männer mit ihren Fäusten verdienten, schüttelte mein Vater unbeeindruckt den Kopf.

„Dieses Geschäft hältst du für solide? Nee, mein Lieber – ich halte davon nichts", lautete seine Ansicht. Und er musste das schließlich besser wissen als ein Sechzehnjähriger, der noch viele Flausen im Kopf hatte.

Schmeling senior war früher Steuermann bei der Hamburg-Amerika-Linie. Ein Steuermann lässt sich von einem Burschen, der nicht ganz trocken hinter den Ohren ist, nicht den Kurs vorschreiben. Tagelang musste ich betteln, um meinen Vater in ein Kino zu lotsen.

Ich hatte Bestimmtes im Sinn.

Als die Lichter im Saal erloschen, fing es auf der Leinwand heftig zu regnen an. Mich störte es nicht, und niemand hätte mich von meinem Platz gebracht – so gebannt war ich von dem Film, den ich meinem Vater zeigen wollte.

Die Stars? Jack Dempsey und Georges Carpentier. Sie boxten am 2. Juli 1921 um die Weltmeisterschaft im Schwergewicht.

Sie boxten nicht lange. Dempsey legte Carpentier in der vierten Runde auf die Bretter, und der Franzose stand ... 8 – 9 – aus! ... nicht wieder auf.

Um ehrlich zu sein: Ich sah den Film von dem denkwürdigen Boxkampf nicht zum ersten Mal. In dieser Woche hatte ich schon einen schönen Batzen Geld für Kinobesuche ausgegeben. Deshalb konnte ich mir leisten, nicht nur auf die Leinwand zu sehen, sondern ab und zu auch meinen Vater zu beobachten. Soweit sich das in der Finsternis feststellen ließ, verzog er keine Miene.

„Nun, was hältst du von diesen Männern?" fragte ich vorsichtig, als ich mit langen Schritten neben ihm nach Hause ging.

Er schwieg.

„Dempsey und Carpentier sind Klasse."

Er schwieg.

„Kerle sind das, nicht wahr?" Endlich gönnte er mir ein Wort:

„Du bildest dir doch wohl nicht ein, ihnen jemals das Wasser reichen zu können?"

Ärgerte mich der geringschätzige Ton? Der Zweifel an meinem Ehrgeiz? Oder ließen mich Trotz und Eigensinn großspurig werden?

„Doch", behauptete ich frech, „selbstverständlich!"

Vater, meinen Boxplänen gegenüber stets ablehnend und kühl, blieb mitten auf dem Bürgersteig stehen. Im Schein einer Straßenlaterne starrte er mich einen Augenblick lang überrascht an. Und während er wieder gleichmütig weiterging, sagte er ganz beiläufig die paar Worte, die für mein Leben entscheidend wurden:

„Na, wenn du meinst ... Von mir aus kannst du Boxunterricht nehmen."

Beneidet von meinen Freunden pilgerte ich mit väterlicher Lizenz zu Boxlehrer Waldemar Meinke in Hamburg-Altona. Ich fieberte danach, meine Kräfte endlich in einem richtigen Kampf messen zu können. Mein wohlmeinender Lehrmeister wollte nichts davon wissen, sondern fütterte mich nur mit Theorie. So würde ich niemals hart werden. Und hart werden, das war es ja gerade, was ich wollte.

„Hast du heute viel einstecken müssen?" fragten die neidischen Freunde ironisch, wenn ich vom Boxunterricht heimkam; sie musterten mein glattes Gesicht, das kein bisschen verschwollen war. Ein Boxkampf musste doch Spuren hinterlassen, da machte ihnen keiner was weiß!

„Gegen wen boxt du eigentlich? Gegen deine Großmutter?"

Beim nächsten Mal sah ich mich vor. Nach dem Unterricht, bei dem ich mich wieder nur an den goldenen Regeln der Boxkunst erbauen durfte, schlug ich mir im dunklen Hausgang der Schule selbst die Nase blau.

Jugenderinnerungen!

Nur flüchtig ließ ich mich von ihnen ablenken, als ich mit Max Machon und Joe Jacobs in den Begrüßungsjubel am Hamburger Hauptbahnhof geriet. Mit meinen 23 Jahren war ich noch zu jung, um sentimental zu werden. Der herzliche Empfang machte mich sehr glücklich, doch ich eilte in Gedanken schon voraus nach Berlin, das mir eine zweite, liebe Heimat geworden war.

PUBLICITY

Berlin übertraf sich selbst. Eine lange Kette von Schupos musste mir vom Lehrter Bahnhof durch die vieltausendköpfige Menschenmenge den Weg zu meinem Auto bahnen. Um mich war nichts als Jubel und Trubel.

In den nächsten Tagen lösten sich Banketts und Premiereneinladungen ab. Ich kam aus dem Smoking nicht mehr heraus. Vier Siegen in Amerika verdankte ich es, dass mich plötzlich jeder Taxichauffeur kannte, dass mich jede Blumenfrau grüßte. Der Tatsache, Johnny Risko geschlagen zu haben, hatte ich es zuzuschreiben, dass sich die Türen der Salons vor mir öffneten.

Mir machte das Leben enorm viel Spaß.

Joe Jacobs vermisste in diesen Tagen den Broadway nicht. Er wurde Stammgast in den Cafés am Kurfürstendamm, er starrte den eleganten Berlinerinnen nach, die auf den breiten Gehsteigen flanierten. Die Mode der kniekurzen Röcke ließ ihn verteufelt gut auf seine Kosten kommen. Joe fand, dass man am „Alex" und am Potsdamer Platz Slow-Fox und English Waltz nicht weniger attraktiv tanzte als in Manhattan. In seiner Begeisterung ging er mit den Dollars nicht knauserig um. Es kam vor, dass er sämtliche Gäste eines Lokals freihielt. Joe war in seinem Element ...

Berlin bemühte sich damals, den Krieg, die Inflation und die schweren Jahre danach endgültig zu vergessen. Es begann, sich wieder des Lebens zu freuen. Dass die Schlangen vor den Arbeitsämtern immer länger wurden, nahmen viele einfach nicht zur Kenntnis. Sollten sich die Politiker darüber den Kopf zerbrechen!

Im Deutschen Theater an der Schumannstraße regierte Max Reinhardt, Schöpfer der Salzburger Festspiele und Förderer ungezählter Schauspielertalente. Charlie Chaplin, der tragikomische Clown, weinte und lachte sich von der Leinwand herab auch in die deutschen Herzen, und der Tonfilm, der viele Sterne der stummen Konkurrenz auf der Strecke ließ, entwuchs allmählich den Kinderschuhen.

„Haben Sie nicht Lust, mal in einem Film mitzumachen?" fragte mich Reinhold Schünzel, einer der bekanntesten Regisseure.

„Warum nicht?" sagte ich sorglos, „wenn ich nicht so schön sein muss wie Willy Fritsch und Hans Albers."

„Sie werden sich vorkommen wie Valentino, wenn unsere Damen Sie umschwärmen", lachte Schünzel und drehte mit Olga Tschechowa, Renate Müller und mir auf dem Gelände von Berlin-Mariendorf den Film „Liebe im Ring".

Die Musik schrieb Arthur Guttmann. Zum Glück kam keiner auf die Idee, mich das „Boxerlied" singen zu lassen. Dieser Albtraum wurde erst Wirklichkeit, als man daran ging, Schallplattenaufnahmen zu machen.

„Der Refrain muss von einem Fachmann gesungen werden", sagte der Komponist. „Los, Max, singen Sie mal!"

„Lieber Herr Guttmann, ich kann überhaupt nicht singen!"

„Es wird schon klappen!"

„Nee, wirklich nicht! Ich bin das Unmusikalischste von der Welt."

„Na, singen Sie doch mal ein paar Takte!" redete Guttmann mir zu wie einem störrischen Esel.

Was um Himmels willen sollte ich singen? Mir fiel absolut nichts ein. Endlich – in meiner Not kam ich auf den Schlager, der in Amerika gerade populär war. Ich kannte nur den englischen Text und brummte, um meinen guten Willen zu beweisen:

„Just a gigolo, everywhere I go …"

„Genügt! Großartig!" unterbrach mich Guttmann. Er hatte gar nicht hingehört.

Die Aufnahme wurde im Berliner Beethovensaal gemacht. Als alles bereit war, hob Guttmann den Taktstock. Ich legte los:

„Das Herz eines Boxers kennt nur eine Sorge/den Kampf um den Sieg allein ..."

Kaum hatte ich ein paar Takte gesungen, klopfte der Dirigent ab. Es wurde peinlich still im Saal. Schließlich räusperte sich Guttmann.

„Tja, hm, tja, mein lieber Max", sagte er, „vielleicht versuchen wir es mal mit Sprechgesang."

Das klappte zur Not. Trotzdem wurde mir klar, dass man an diesem Tag das Todesurteil über mich als Sänger gesprochen hatte.

Ondra? Nie gesehen!

Um bei der Wahrheit zu bleiben ... auf der Fahrt von New York nach Cuxhaven hatte ich nicht nur männliche Bekanntschaften geschlossen: Ich flirtete mit einer reizenden jungen Dame. Sie war Filmschauspielerin und hieß – nein, nicht Anny Ondra! Mein Flirt nannte sich Jarmila und stammte aus Prag. Die schöne Tschechin kam von Hollywood und fuhr in ihre Heimat zurück.

„Ich werde eines Tages bei Ihnen auftauchen", hatte ich versprochen, „das heißt, wenn Sie sich ein wenig darüber freuen."

Als der erste Wirbel in Berlin vorüber war, löste ich mein Versprechen ein und fuhr nach Prag. Jarmila führte mich auf den Hradschin, lief Hand in Hand mit mir über die Nepomukbrücke und blinzelte, während wir irgendwo an einem verborgenen Fleckchen am Moldau-Ufer saßen, in die warme Frühlingssonne.

Sie erzählte mir aus ihrem Leben – dass sie in Prag die Schauspielschule absolviert und in Hollywood ihr Glück versucht hatte.

„Es war ein Fehler", meinte sie und zog nachdenklich einen Grashalm durch die Zähne. „Meine Schulfreundin war viel klüger. Sie ist nach Berlin gegangen."

„Ihre Schulfreundin?"

„Sie haben vielleicht schon von ihr gehört: Anny Ondra!"

„Ondra? Schon möglich. Gesehen habe ich sie bestimmt noch nie." Von meinem Ausflug nach Prag ahnte niemand etwas. Die Sache wurde erst publik, als Jarmila und ich bei einem Fußballspiel von Journalisten entdeckt wurden. Am folgenden Tag hatten sie uns schon „verlobt".

Mutter Ondra aber schrieb im nächsten Brief nach Berlin: „Liebste Anny, stell dir vor: Mit Jarmila ist es weit gekommen. Sie soll jetzt mit einem Boxer verlobt sein! Mit einem Boxer! Schmeling heißt er, soviel ich weiß …"

Frau Ondras Abneigung gegen meine Zunft hatte selbstredend Hand und Fuß: der Prager Boxer František – sein Nachname fällt mir nicht mehr ein – war gerade beim Geldschrankknacken geschnappt und eingesperrt worden.

Nein, diese Boxer!

Alle Schotten sind Geizhälse – alle Deutschen sind Militaristen – alle Zahnärzte sind Sadisten!

Und alle Boxer sind – natürlich – Geldschrankknacker …

Mister Hearst hatte nichts dagegen

Die Managerkrankheit war damals noch nicht erfunden, Joe Jacobs hatte sie dennoch: Mit Macht zog es ihn nach Amerika zurück, wo er fieberhaft nach geeigneten Gegnern für mich Ausschau hielt – nach lohnenden Gegnern, versteht sich.

Lohnend erschien Jacobs ein Kampf gegen den „Baskischen Holzfäller", gegen Paolino Uzcudun. Der Spanier war mir nicht unbekannt. Ich hatte ihn vor Jahren in Berlin gegen Franz Diener boxen gesehen und ihn im Trainingscamp von Madame Bey kennengelernt.

„Dieser Brocken ist für dich wie nach Maß gemacht", hatte Machon schon damals gesagt. Das war rein theoretisch gemeint, denn weder Paolino noch ich hätten genug Zugkraft besessen, um einen Amerikaner hinter dem Ofen hervorzulocken.

Inzwischen war das anders geworden. Wir, die beiden unbekannten Ausländer, hatten uns nach vorn geboxt. Kurz vor dem Weltmeisterschaftsthron kreuzten sich unsere Wege.

„Wenn du ihn schlafen schickst", kalkulierte Machon, „dann kann dich kein Gott und kein Amerikaner daran hindern, um den Titel zu boxen."

„Das sagst du so! Der liebe Gott hat vielleicht nichts dagegen, aber die Amerikaner sind bestimmt nicht so ohne Weiteres damit einverstanden."

Hirngespinste!

Vorläufig saß ich noch in Berlin und wartete auf Joes Nachricht.

„kampfabschluß gegen paolino so gut wie perfekt – stopp – kommt sofort", kabelte Jacobs eines Tages.

Als ich das Telegramm las, merkte ich erst, wie sehr ich die ganze Zeit über schon auf glühenden

Kohlen saß. Ich vergaß Jarmila, vergaß Premieren und Einladungen, vergaß das angenehme Leben in Berlin.

„Bestell Karten für das nächste Schiff!" bat ich Machon am Telefon.

Drei Tage später waren wir an Bord.

Das Ziel unserer Reise hieß diesesmal Kanada. In Montreal unterzeichnete ich die Verträge für den Paolino-Kampf. In den Vereinigten Staaten hätte mein ehemaliger Manager Bülow immer noch Schwierigkeiten gemacht.

Erst als alle Formalitäten erledigt waren, fuhren wir nach New York weiter.

„Halt dich fest, mein Lieber", sagte Joe Jacobs, „jetzt werden wir dir einmal zeigen, was wir Amerikaner unter Ballyhoo verstehen."

Ich wusste, was Ballyhoo bedeutet: Rummel, Klatsch, Reklame, Indiskretion. Das ist Ballyhoo!

Die Namen Schmeling und Paolino mussten dem Mann in Bronx, in Manhattan, in ganz New York eingehämmert werden. Paolino! Schmeling! Es schien, als gäbe es nichts anderes mehr auf der Welt.

Der Baskische Holzfäller!

Der Schwarze Ulan vom Rhein!

Mit ihrer Hilfe hoffte man, blanke Dollars zu scheffeln.

Die Publicity-Maschine lief reibungslos auf vollen Touren. Sie wurde gut geölt – von einer ehrgeizigen Frau.

Mrs. Hearst, die Gattin des Zeitungskönigs, der die öffentliche Meinung der halben Welt beeinflusste, hatte sich mit den Boxern zusammengetan. Mrs. Hearst spannte die Schwergewichtler für wohltätige Zwecke ein: für ihren Milchfonds.

Schmeling boxt für Babys!

Paolino kämpft für Kindermilch!

In Millionenauflage spuckten die Rotationsmaschinen diese Slogans aus. Mister Hearst hatte nichts dagegen einzuwenden. Plagte ihn das schlechte Gewissen als Ehemann? Böse Zungen behaupteten, dass er nicht gerade ein Mustergatte sei …

Auch die Boxveranstalter zürnten der wohltätigen Dame nicht. Sollte sie ruhig für notleidende Babys bei einem Fight den Rahm abschöpfen! Keiner der Beteiligten kam deswegen zu kurz. Und in späteren Kämpfen würde sich die Gunst der Hearstpresse doppelt und dreifach bezahlt machen!

In diesen Tagen starb Tex Rickard, der Boxzar, an den Folgen einer Blinddarmentzündung. Mit großem Pomp wurde seine Leiche im Madison Square Garden aufgebahrt. Zu den Tausenden, die an seinem Katafalk vorbeizogen, gehörte auch ich.

William F. Carey übernahm als Rickards Nachfolger die Leitung des Garden. Mister Carey war über alle Maßen freundlich zu mir – zweifellos eine Bestätigung meiner boxerischen Fähigkeiten, aber auch ein eindeutiger Beweis dafür, dass ich zum Kassenmagneten avanciert war.

Das Ballyhoo ging weiter. Wer Zeitungen las, wusste bereits, was ich mittags und abends auf dem Teller hatte, ob ich Geflügel mit Messer und Gabel aß oder die Knochen in die Hand nahm. Wer Zeitungen las, wusste, ob Paolino für Brünette oder Blondinen schwärmte, ob er fluchte oder weinte, wenn ihm eine Mücke ins Auge flog.

Die Zeitungsleser wussten alles, und Sie hatten ein Recht darauf, immer noch mehr zu wissen.

Eines Tages aber war es soweit: Die Köpfe der Reporter glichen ausgequetschten Zitronen.

„Mäx, come on", flehten sie, „geh mit uns fischen! Wir brauchen eine Story!"

„Garantiert ihr einen guten Fang?"

„Wir garantieren eine gute Story!"
Na ja, das war schließlich auch etwas! Ich sagte zu.
Wir mieteten in Brooklyn ein kleines Motorboot und fuhren los, Jacobs, Machon, drei Journalisten und ich. Wir passierten die Freiheitsstatue und warfen nicht allzu weit draußen die Angeln aus.

An unserem Platz war Fischen keine Kunst. Kerle von einem halben Meter Länge und mehr schnappten nach den Ködern und ließen sich wie am laufenden Band an Bord ziehen. Der Fang war fett, aber die Ausbeute für eine Story mager. Ein guter Stern ließ jedoch die Zeitungsleute nicht im Stich:

1. Verwickelte sich eine Angelschnur in der Schraube;
2. Setzte der Motor aus;
3. Kam ein heftiger Wind auf und trieb uns hinaus ins Meer;
4. Fing es in Strömen zu regnen an ...

War das nicht Stoff genug? Die Freude darüber verging uns allen schnell.

Zähneklappernd und bis auf die Haut durchnässt hielten wir nach Rettung Ausschau. Unsere Nussschale war bereits am Feuerschiff vorbeigetrieben. Die Lage wurde von Minuten zu Minute kritischer.

Und es goss immer noch in Strömen.

„Schade, dass ihr eure Schreibmaschinen nicht dabei habt", stichelte Machon.

„Ein Rettungsring wäre mir lieber", sagte einer der drei Reporter kleinlaut.

„Los, schreibt eure Story mit Bleistift! Wir schicken sie als Flaschenpost ab."

„Und wer boxt gegen Paolino, wenn du absäufst, Max?"

Die forschen Redensarten wurden immer gekünstelter. Längst hatten wir alle die Jacken ausgezogen und versuchten verzweifelt, uns durch Winken bemerkbar zu machen.

„Schlafen denn die Kerle auf dem Feuerschiff?" schimpfte Joe Jacobs aufgebracht.

„Quatsch, die sind doch bei dem Hundewetter nicht auf Ausflugsverkehr eingestellt."

Aus Leibeskräften brüllten wir um Hilfe und schwenkten weiter unsere Jacken. Es war die einzige Chance.

Endlich hatten die Notsignale Erfolg. Wir sahen, wie auf dem Feuerschiff eine Barkasse ausgesetzt wurde und auf uns zusteuerte. Die Retter nahmen uns ins Schlepptau ...

In New York galten wir inzwischen als vermisst. Frühmorgens waren wir losgefahren, abends noch nicht zurück. Dick sprangen uns bei der Rückkehr die Schlagzeilen der Zeitungen mit unserer Verlustmeldung ins Gesicht.

„Wo ist Schmeling?"

„Paolinos Gegner verschwunden!"

Eines stand fest: unser Soll an Publicity hatten wir an diesem Tag mehr als uns lieb war erfüllt.

Höllengelächter für den stärksten Mann der Welt

Der Kampf gegen Paolino Uzcudun sollte am 26. Juni 1929 im Yankee-Stadion von New York stattfinden. Sechs Wochen vorher begann ich in Lakewood, New Jersey, mit dem Training – zum ersten Mal im eigenen Camp.

Ich wusste, was auf dem Spiel stand und bereitete mich entsprechend vor. Vom Frühstücksei bis zum Ausschalten der Nachttischlampe drehte sich alles darum, mich in Form zu bringen. Waldläufe, Seilspringen, Bodenturnen, Arbeit an Sandsack und Punchingbirne lösten sich in sorgsam eingeteiltem Turnus ab. Mittelpunkt meines Trainings blieben die täglichen Kämpfe gegen Sparringspartner. Machon wählte sie gewissenhaft aus: Stark mussten sie sein und wenigstens in etwa den Stil des Gegners boxen. Hart mussten sie sein – kurz: Format besitzen.

Format ist teuer. Ein Sparringspartner bekam für zwei Runden 25 Dollar, außerdem Verpflegung und Reisespesen. Trotz der guten Bezahlung überstieg unsere Nachfrage das Angebot. Wer lässt sich schon gern vermöbeln?

„Hallo, Boys, ihr sucht doch immer Sparringspartner", meldete sich eines Tages ein Hüne von den Ausmaßen einer Plakatsäule. „Ich bin der stärkste Mann der Welt", prahlte er.

Niemand nahm ihn ernst. Nicht einmal die zahlreichen Journalisten, die Tag und Nacht mein Trainingscamp bevölkerten, achteten auf sein Geschwätz.

Am nächsten Tag erschien der Herkules wieder auf der Bildfläche.

„Könnt ihr mich heute immer noch nicht brauchen? Ich habe schon Autos über meinen Brustkasten rollen lassen. Oder habt ihr etwa Angst vor mir, he?"

Die Zeitungsleute, die um den Freiluftring saßen, wurden aufmerksam. Was sollten sie täglich schreiben? Mit einem Mal fanden sie Geschmack an der Sache. Wenn ich nicht in den Ruf kommen wollte, ein Drückeberger zu sein, musste ich mir den Muskelprotz wohl oder übel vornehmen. Machon bestellte ihn für den nächsten Tag.

Der Prahlhans ließ sich den Lederkopfschutz aufsetzen, die dick gepolsterten Trainingshandschuhe zuschnüren und kletterte in den Ring. Wuchtig baute er sich vor mir auf. Der Himmel verfinsterte sich ...

Ich fixierte ihn kurz und schlug ihm – tip – eine harmlose Gerade ans Kinn. Der „stärkste Mann der Welt" drehte sich um die eigene Achse und taumelte benommen in die Seile.

Höllengelächter!

Während er auf einem Stuhl zusammensackte, sprang schon der nächste Sparringspartner in den Ring. Nach dem Training verliefen sich Zuschauer und Journalisten. Nur einer blieb einsam und verlassen auf seinem Stuhl: der Herkules.

„Was ist denn mit dir los?" fragte Machon. „Willst du nicht nach Hause gehen?"

„Ich? Ich kann nicht", lallte er, „ich muss gegen Schmeling boxen!"

Er hatte seine fünf Sinne noch nicht wieder beisammen und hätte sie doch so nötig gebraucht: Er war nämlich gelegentlicher Mitarbeiter der großen illustrierten Zeitung „Graphic", und die Redaktion wartete bestimmt schon ungeduldig auf seinen Bericht.

„Ringrichter, mach Schluss!"

Mrs. Hearst hatte die Redakteure ihres Mannes auf Trab gebracht. Fast 40.000 Zuschauer, durch die Zeitungsberichte neugierig geworden, drängten sich am 26. Juni durch die Drehkreuze des Yankee-Stadions. Sie bezahlten insgesamt über 360.000 Dollar Eintrittsgeld – eine beachtliche Summe, wenn man bedenkt, dass zwei Nichtamerikaner gegeneinander antraten.

Der Kampf um die Weltmeisterschaft warf seine Schatten voraus. Dem Sieger des Tages war die Teilnahme am Titelfight so gut wie sicher.

„Good luck to you, Max!" – „Viel Glück!" sagte Paolino, als wir uns nach der Unterweisung des Ringrichters in die Ecken begaben.

„Good luck!"

Gong zur ersten Runde!

Wie der Blitz war Paolino in der Ringmitte. Ein bulliger Fighter mit gedrungenem Hals, kantigem Schädel und Oberarmen, so dick wie bei anderen die Schenkel. Der Spanier war kleiner als ich und besaß eine geringere Reichweite. Seine Taktik hatte er auf diesen Nachteil abgestimmt: Überraschend sprang er mich an, schlug gefährliche Aufwärtshaken und zog sich sofort wieder zurück. Durch diese Überfälle suchte er mich zu erschüttern.

Mir gelang es verhältnismäßig schnell, mich auf den „Baskischen Holzfäller" einzustellen. Systematisch unterminierte ich ihn durch haargenaue Schläge. Bald hatte ich ihn soweit, dass er für jeden Treffer zwei Konterschläge von mir einstecken musste.

Fünfzehn Runden sollte der Kampf dauern! Schon nach der vierten, sechsten, achten war den Fachleuten klar, dass Paolinos einzige Chance in einem Zufallstreffer gelegen hätte. Immer wieder schnellte er vor, setzte zu seinen Haken an. Ich konterte eiskalt.

In den letzten Runden stand der Spanier bereits auf weichen Beinen. Er hatte die Übersicht so sehr verloren, dass er nach dem Gong der elften oder zwölften Runde nicht mehr in seine Ecke zurückfand.

Eine Runde später mussten ihn seine Betreuer in der einminutigen Pause auf dem Schemel festhalten, sonst wäre er ihnen auf den Boden gerutscht.

Paolino war groggy, doch immer wieder stellte er sich. Schwer gezeichnet und so gut wie wehrlos war er meinen Schlägen ausgesetzt.

Unbewusst registrierte mein Gehör die Vielfalt der Geräusche von den Rängen des hufeisenförmigen Yankee-Stadions: dumpfes Grollen der Erregung, grelle Beifallspfiffe, missbilligende Buuu-Rufe.

Plötzlich wurde die Lautkulisse durch fanatisches Geschrei zerrissen. In den ersten Reihen am Ring stiegen Männer auf ihre Sitze, fuchtelten mit den Fäusten und brüllten aus Leibeskräften:

„Referee, stop it! He loses his eyes!"

„Ringrichter, mach endlich Schluss! Er sieht ja nicht mehr!"

Das waren die Claqueure eines Mannes, der 25.000 Dollar gewettet hatte, dass ich Paolino noch vor Ablauf der Fünfzehn-Runden-Distanz besiegen würde. Ein Betrag in Höhe von 105.000 Mark stand auf dem Spiel.

„Ringrichter, mach Schluss!" grölten sie pausenlos.

Das war Amerika!

Aber auch der Unparteiische war ein Kind des Landes. Er stellte sich taub und ließ sich in seiner Entscheidung nicht im geringsten beeinflussen. Paolino musste weiterkämpfen.

Völlig am Ende und bös zugerichtet saß der Spanier nach der vierzehnten Runde in seiner Ecke. 40.000 erwarteten, dass ich mich in den letzten drei Minuten auf ihn stürzen und ihm den Rest geben würde. Es widerstrebte mir, auf den Wehrlosen einzuschlagen. Ich hielt ihm die Hand hin, zog ihn in die Mitte des Rings und wartete, bis er wieder einigermaßen reaktionsfähig war.

„Deine Großzügigkeit kann sich noch mal bitter rächen", sagte Machon später. „Was ist, wenn dem Gegner ein Zufallstreffer gelingt? Was ist, wenn dir aus Versehen ein Tiefschlag unterläuft und du disqualifiziert wirst?"

Nur unter Qualen überstand Paolino die letzte Runde. Endlich beendete der Gong die ungleiche Partie.

Gewohnt zu siegen, hatte der Baske bisher nach jedem Kampf auf dem Ringboden mit einer akrobatischen Übung geglänzt, aus der er in elastischem Sprung wieder auf die Beine federte. ‚Schaut, Leute, so frisch bin ich noch!' wollte er damit sagen, und dieser Kraftbeweis hatte ihm noch jedes Mal Riesenapplaus eingebracht.

In der Nacht vom 26. Juni 1929 war dem Spanier jeder Gedanke an seinen berühmten Luftsprung vergangen. Geschlagen wie noch nie verließ er den Ring ...

Der 103.333. Teil

Der Beifall für den Sieger war grenzenlos. Die Funkstationen meldeten meinen sensationellen Erfolg über den ganzen Erdball. Kurze Zeit später hielt ich bereits die ersten Telegramme in der Hand. Emil Jannings, Conrad Veidt, Reinhold Schünzel, Fritz Kortner, Renée Sintenis, Lee Parri, Heinrich Schlusnus – alle gratulierten mir. Noch nie im Leben hatte ich so viele Freunde.

Und nie im Leben hatte ich so viele Dollar. Für den Kampf gegen Paolino Uzcudun bekam ich fast 74.000 – eine Summe, der etwa 310.000 Reichsmark entsprachen.

310.000 Reichsmark!

1925 war ich für den 103.333. Teil dieses Betrages zu Fuß von Köln nach Bonn getippelt. Ein Freund meines damaligen Managers Hugo Abels hatte mir einen Scheck über 3 Mark – in Worten drei – geschenkt, weil er ihm wohl zum Einlösen zu lächerlich schien.

„Mach dir einen guten Tag", sagte er gönnerhaft.

Pleite wie ich war hatte ich den Scheck angenommen. Unerfahren in Banktransaktionen, machte ich mich von Köln aus auf die Socken, um ihn bei der Bonner Bank einzulösen, auf die er ausgestellt war.

25 Kilometer! Kein schlechtes Training für einen jungen, ehrgeizigen Berufsboxer.

Als ich in Bonn ankam und mich endlich zu der Bank durchgefragt hatte, stand ich vor verschlossenen Türen!

Was tun?

Verzweifelt drehte ich meine Taschen um, obwohl ich wusste, dass ich keinen Pfennig mehr besaß. Was blieb mir anderes übrig, als die Strecke, die ich gekommen war, wieder zurückzulaufen?

50 Kilometer!

Als ich mit durchwetzten Sohlen in Köln eintraf, nahm mich Hugo Abels liebevoll in Empfang:

„Mensch, Max, wo treibst du dich denn die ganze Zeit 'rum? Zieh dich gleich um, heute wird noch anständig trainiert!"

Es war eine verflucht harte Schule, die ich am Anfang meiner Karriere durchmachen musste. Doch erscheint sie mir heute nicht als böser Albtraum, sondern als klare Notwendigkeit und Voraussetzung für spätere Erfolge.

Billy mit dem Glasauge

Nach dem Sieg über Paolino stand ich am Sockel des Weltmeisterschaftsthrones. Gegen wen ich um die allerletzte Entscheidung boxen musste, würde sich in den nächsten Wochen herausstellen …

Inzwischen erhielt ich die fantastischsten Angebote.

„Max, wollen Sie 15.000 Dollar verdienen?" fragte mich ein Agent.

„Well, warum nicht?" sagte ich. „Was muss ich dafür tun?"

„Wir schenken Ihnen das Geld beinahe! Sie brauchen nur in unserer Broadway-Show aufzutreten."

„Herzlichen Dank für Ihr Geschenk. Ich muss mir die Sache noch überlegen."

Ein paar Stunden später tauchte schon der nächste Agent auf.

„Hallo, Max, wollen Sie 20.000 Dollar verdienen?"

„Well, warum nicht?" sagte ich. „Was muss ich dafür tun?"

„Nur eine Bagatelle. Eine Formsache sozusagen. Machen Sie Shakehands mit den Gästen unseres Restaurants ..."

Und so ging es weiter; Varietés, Nachtklubs, Filmfirmen und Rundfunkgesellschaften boten mir märchenhafte Summen. Das Geld lag gewissermaßen auf der Straße. Aber ... ich hob es nicht auf. Broadway-Shows und ähnliche Veranstaltungen zehren an der Substanz. Jeden Tag ein paar Mal auf die Bühne – eine derartige psychische und physische Belastung konnte ich mir nicht leisten. Auch lag es mir nicht, mich so weit von meinem eigentlichen Element, dem Boxsport, zu entfernen.

Lieber ging ich mit Machon, Jacobs und drei Sparringspartnern auf Schaukampftournee durch die Vereinigten Staaten.

Am 8. Juli 1929 brachen wir mit einem Berg von Koffern von Boston aus auf. Wir reisten mit Auto, Bahn und Flugzeug – nach genau festgelegtem Plan. Detroit, Philadelphia, Milwaukee, Los Angeles, San Francisco waren nur einige der 24 Städte, in denen wir erwartet wurden.

Ein Schaukampf fand immer nur im Rahmen von örtlichen Boxveranstaltungen statt, dauerte gewöhnlich vier Runden und brachte pro Abend 1.000 Dollar ein. Ich boxte meist gegen die eigenen Sparringspartner, manchmal aber auch gegen einen Lokalmatador. Ein solcher Boy hatte natürlich den Ehrgeiz, vor heimischem Publikum gegen einen Mann, der in kurzer Zeit um die Weltmeisterschaft kämpfen würde, gut abzuschneiden. Lokalmatadoren gingen immer aufs Ganze, und ich konnte mir nicht erlauben, unachtsam zu sein und mich von den Beinen holen zu lassen.

Joe Jacobs und Billy McCarney hatten die „National Tour" ausgeklügelt. Billy war wie Joe ein erfahrener Manager und konnte allerhand aus der Praxis erzählen ...

Er hatte ein Glasauge, doch man merkte so gut wie nichts davon. Oft fungierte er als Ringrichter. Eines Tages kam ein Boxer auf die Idee, Billys Schwäche auszunutzen. Der Held des Ringes hatte miserabel geboxt und einwandfrei verloren. Bei der Urteilsverkündung – Billy wollte gerade den Arm des Siegers hochheben – schlich er sich auf der Glasaugenseite an den Ringrichter heran. Und schon passierte es: McCarney nahm den falschen Arm! Als er den Irrtum bemerkte, war es zu spät. Die Zuschauer hätten ihn um ein Haar gesteinigt.

Ein anderes Mal gab Billy ein Erlebnis von seiner Afrikareise zum besten:

„Tja ... und da traf ich dann eine wunderschöne Frau."

„Mitten in der Wüste?" fragten wir.

„Natürlich nicht! Ihr braucht es ja nicht zu glauben, aber sie wollte mich tatsächlich verführen."

„Mitten in der Wüste?"

„Hört doch mit eurem Unsinn auf! Wisst ihr, was sie sagte? ‚Hör zu, mein Freund', sagte sie, ‚es war schon mal einer da, der nichts von mir wissen wollte. Dem Kerl habe ich mit diesem ganz kleinen Revolverchen ein ganz kleines Loch in den Kopf geschossen.' – Ja, das sagte sie, so wahr ich hier stehe. Und dabei spielte sie mit dem Mordinstrument vor meiner Nase herum."

„... und dann?"

„Was und dann? Hab' ich vielleicht ein Loch im Kopf?"

„Du bist doch ein gerissener Hund, Billy", sagte ich voll Bewunderung. „Die Geschichte musst du doch an mindestens 100 Witzblätter verkauft haben, so oft hab' ich sie nämlich schon gelesen."

Wie freundlich hier die Leute sind ...

Die enormen Entfernungen auf der Schaukampftournee brachten es mit sich, dass wir oft in Zeitverlegenheit gerieten. In einem Fall wären wir um Stunden zu spät an unser Ziel gekommen, hätte nicht der Florida-New York-Express auf freier Strecke gehalten, um uns einsteigen zu lassen.

Auf dem Weg nach Kalifornien hatten wir neue Schwierigkeiten. Irgendwo hinter einem kleinen, gottverlassenen Nest im Staate New Mexiko hieß es plötzlich:

„Der Zug fährt nicht weiter!" Was war passiert?

Ein Wolkenbruch hatte die Bahngleise unterspült. Vor 36 Stunden war nicht an Weiterfahrt zu denken.

„Damned!" fluchte Joe und schob seine Mütze in den Nacken.

Aber ein Wolkenbruch war keine Sache, die ihn ernstlich aus der Fassung brachte. Er forderte sofort ein Flugzeug an. In kurzer Zeit stand eine zweimotorige Maschine zur Verfügung.

„Schau dir mal den linken Motor an", sagte ich schon bald nach dem Start zu Machon. „Da stimmt doch was nicht."

Es tropfte, sprühte und rauchte.

„Etwas nicht in Ordnung?" fragten wir den Piloten.

„Everything is o.k." – „Alles o.k." beruhigte er uns.

Es tropfte und sprühte aber immer noch. Uns wurde mulmig zumute. Doch bevor wir blass werden konnten, setzte der Pilot auf einem der vielen in der Wüste von Arizona eingerichteten Notplätze zur Landung an.

„Das hätte leicht schiefgehen können", lachte er.

Nach einigen Stunden war der gar nicht so harmlose Schaden am linken Motor behoben; wir starteten wieder.

Etwa 30 Stunden früher, als wenn wir mit dem Zug gefahren wären, trafen wir in Los Angeles ein.

In Hollywood war ich Gast bei Ernst Lubitsch, dem großen Regisseur der aufgelockerten Statisterie, der bewegten filmischen Massenszenen. Lubitsch lebte gerade in Scheidung.

„Ein paar glückliche Jahre kommen einem verflucht teuer zu stehen", klagte er.

„Eine Million Abfindung muss er zahlen", verrieten mir die Kollegen hinter seinem Rücken.

Lubitsch führte mich durch die Ateliers und machte mich mit vielen Schauspielern bekannt, mit Mary Pickford und Clara Bow zum Beispiel. Vor allem die deutsche Kolonie freute sich riesig über meinen Besuch, glaubten doch alle, in mir den künftigen Weltmeister in Schwergewicht zu sehen. Ein Landsmann als Weltmeister! Boxen war damals in Hollywood groß in Mode. Es gehörte fast zum guten Ton, sich einmal in der Woche einen Kampf in der „Hollywood Bowl" anzusehen. Emil Jannings war hier Stammgast. Eines Tages nahm er Conrad Veidt mit, der eben aus Deutschland gekommen war. Als die bei den die Arena betraten, stiegen die Zuschauer gerade auf ihre Stühle und brüllten:

„Come on! Fight! Fight!"

„Come on! Veidt? Veidt?"

Conny – der „fight" – kämpft! – derselben Aussprache wegen mit „Veidt" verwechselte, fragte perplex:

„Gilt das mir?"

„Na klar", brummte Jannings seelenruhig.

„Freundlich sind die Leute hier ...", wunderte sich Conrad Veidt, stand von seinem Platz auf und verneigte sich höflich nach allen Seiten.

Die „freundlichen Leute" beachteten ihn nicht. Fanatisch brüllten sie jetzt:

„Kill him! Kill him!"

„Bring ihn um!" heißt das auf Deutsch. Das verstand Veidt sehr gut. Wer sollte wen umbringen? Er fühlte sich immer noch angesprochen. Ängstlich kroch er auf seinem Stuhl in sich zusammen.

Allen Besuchern aus Deutschland tischte man in Hollywood diese Geschichte auf. Es blieb dabei jedem überlassen, sie zu glauben oder nicht.

Lauter Helden

Für die Wahrheit eines anderen sprachlichen Missverständnisses aber kann ich mich verbürgen. Die Geschichte trug sich ebenfalls in Kalifornien zu, und der Held war ein Boxer, der wie ich auf einer Schaukampftournee durch das Land reiste. Er wurde von einem sehr cleveren Manager gerade aufgebaut und schlug alle Gegner, die man ihm vorsetzte, windelweich. Dieser Mann hieß Primo Carnera.

Ein Wolkenkratzer von Mannsbild!

„How do you do, Primo?" fragte ich freundlich, als wir uns zum ersten Mal begegneten.

„Hallo, Max", antwortete der Italiener mit unheimlichem Bierbass. Mehr sagte er nicht. Mit dem Englischen stand er noch nicht auf gutem Fuß.

„Wie gefällt dir Los Angeles?" erkundigte ich mich, um das Gespräch in Gang zu halten.

„Los Angeles?" donnerte Primo. „Los Angeles?" Er rollte furchtbar die Augen. „I knock him out in two rounds!" – „Den schlag ich in zwei Runden k.o.!"

Das war Primo Carnera! Primo, der gutmütige Riese, der später Weltmeister wurde und heute in Amerika als Berufsringer eine Menge Geld verdient ...

So strapaziös die Tour auch war – ich machte es mir zum Gesetz, die Welt mit offenen Augen zu betrachten. In Denver, Colorado, besuchte ich das Grab des amerikanischen Nationalhelden Buffalo Bill, in Detroit die Fordwerke und in Chicago – aber das ist eine Sache für sich ...

Eines Tages rief mich Mister Czermak, der Oberbürgermeister von Chicago, an.

„Hallo, Mister Schmeling, es wäre uns eine Ehre, Sie als Gast bei uns zu sehen. Darf ich Sie morgen abholen? Draußen am Michigansee wird die ‚Blütenkönigin' gekrönt."

Ich sagte zu. Warum sollte ich nicht auch einmal „Ringrichter" spielen? In Gesellschaft der Stadtväter wählte ich mit Vergnügen die schönste Miss zur „Blossom Queen".

Abends fuhr mich Oberbürgermeister Czermak in seinem Wagen ins Hotel zurück. Als wir die Peripherie der Stadt erreichten, bremste der Chauffeur scharf ab. Vor uns war ein Auto gegen eine Verkehrsampel geprallt und brannte lichterloh. Der Fahrer saß hilflos eingezwängt hinter dem Steuer.

Ich lief so schnell ich konnte auf den brennenden Wagen zu, riss unter Aufbietung aller Kräfte an der verklemmten Tür. Endlich gab sie nach, und ich konnte den halb ohnmächtigen Mann herauszerren. Der Verunglückte wurde sofort von einem Sanitätswagen abtransportiert.

Meine Kraftprobe hatte Mister Czermak, der im Fond des Wagens sitzen geblieben war, sichtlich beeindruckt.

Am nächsten Tag stand dick in der Zeitung:

„Oberbürgermeister von Chicago rettet Verunglückten vor dem sicheren Tod."

Ungefähr ein Jahr später las ich eine Meldung, die leider der Wahrheit entsprach: Bei einem Attentat, das in Florida auf Franklin Delano Roosevelt verübt wurde, fand der Oberbürgermeister von Chicago den Tod. Die Kugel, die Roosevelt galt, traf Czermak.

Niemand darf etwas erfahren!

„Jetzt aber auf dem schnellsten Wege heim nach Deutschland!" sagte ich zu Machon nach Abschluss der anstrengenden Schaukampftournee. Die Schiffskarten hatten wir bereits gebucht.

Es war uns schon fast zur Gewohnheit geworden: In den ersten zwei Tagen der Seereise aßen wir wie die anderen Passagiere Kaviar und Hummer. Am dritten Tag riefen wir den Obersteward.

„Können wir nicht mal was Anständiges zu essen bekommen, etwas Zusammengekochtes? Irish Stew, Plum und Klüten oder Labskaus?"

Der Steward lächelte verständnisvoll. Boxer haben nun mal komische Angewohnheiten. Zum Beispiel laufen sie stundenlang an Deck herum, haben überhaupt nur eines im Sinn: ihre Kondition.

Der Weg zum Gipfel lag nun klar vor mir: Jack Sharkey hatte alle Rivalen besiegt, er sollte mit mir am 12. Juni 1930 um die Weltmeisterschaft kämpfen. Max Machon hütete mich wie seinen Augapfel. Zuviel stand auf dem Spiel!

Aber das Unheil nahm seinen Lauf. Bei einer Veranstaltung im Deutschen Theater in Berlin sprang ich von der Bühne ins Parkett hinab und verletzte mir den Fuß. Ich hielt die Geschichte nicht für tragisch. Die Schmerzen würden schon wieder vergehen.

Nichts verging. Die harmlose Verletzung entwickelte sich zu einer bösen Sehnenscheidenentzündung.

„Wenn man Pech hat, stolpert man über einen Strohhalm", sagte Machon und raufte sich die Haare. Zwar blieb noch über ein halbes Jahr Zeit bis zum Sharkey-Kampf, aber die Gefahr, außer Form zu kommen, war groß.

„Schließlich verfällt in Amerika noch jemand auf die Idee, einen anderen um die Weltmeisterschaft boxen zu lassen", meinte ich besorgt zu Max Machon.

„Niemand darf etwas von deinem Pech erfahren", folgerte er.

„Und wie stellst du dir das in der Praxis vor, mein Lieber?"

„Das lass nur meine Sorge sein!"

Wochenlang musste ich das Bett hüten. Ich lebte völlig abgeschlossen. Machon hielt alle Besucher fern. Welches Märchen er ihnen erzählte – ich weiß es nicht. Als ich endlich wieder aufstehen konnte, verriet er mir seinen Plan:

„Wir fahren nach Sizilien. In Taormina kannst du dich erholen."

Am Stock, mit einer großen Sonnenbrille getarnt, humpelte ich im Anhalter Bahnhof zum Zug. Wahrscheinlich hätte mich auch ohne die dunklen Gläser keine Menschenseele erkannt: Ich war bis zum Fliegengewicht abgemagert. Sehen lassen konnte sich nur meine Hautfarbe. Machon hatte mich täglich unter die Höhensonne gesetzt. Aber ein gesunder Teint macht noch lange keinen guten Schwergewichtler! Ich jedenfalls stellte mir einen Boxer kurz vor dem Kampf seines Lebens anders vor …

Nu, guck emal ...

Auf die Dauer gelang es uns beim besten Willen nicht, während der Erholungsreise mein Inkognito zu wahren. Als wir einen Abstecher nach Tripolis, der nordafrikanischen Hafenstadt, machten, wurden wir von der halben Einwohnerstadt erwartet. Abordnungen der Sportvereine begrüßten uns, und Hunderte von zerlumpten Kindern gaben uns das Geleit.

„Bakschisch! Bakschisch!" bettelten sie.

Wir hatten unsere liebe Not, die kleinen Plagegeister abzuschütteln, um ungestört auf Entdeckungsreise gehen zu können.

Vom Hafen aus bummelten wir durch die Straßen des modernen Viertels und wagten uns dann in die enge, malerische Altstadt. Neugierige, manchmal unfreundliche Blicke folgten uns, als wir durch die schmalen, dunklen Gässchen gingen. Gefolgt von dem unverständlichen Stimmengewirr der Araber drangen wir weiter vor.

Auf einmal blieben wir wie angewurzelt stehen. Sonnenstich? Eine akustische Fata Morgana?

„Nu guck emal, Max Schmäling!" klang es in schönstem Sächsisch an unsere Ohren.

In der niedrigen Tür eines wenig vertrauenerweckenden Hauses stand ein altes, ein sehr altes Mädchen, das früher vielleicht mal eine blühende Schönheit gewesen, jetzt aber gewaltig aus der Form gegangen war.

Nu guck emal, wo man doch nicht iberall Landsleite trifft!

„Gommen Se doch 'rein auf en gleenes Blauderstindchen", lud uns die erfreute Sächsin ein.

Sollten wir?

Na, was konnte schon passieren? Wir waren ja zu zweit!

Wir wurden von der berufsmäßig auf Männerfang ausgehenden Dame in ihr Etablissement komplimentiert. Alles in Ehren! Sie sah in uns wohl keine Kundschaft – sie wollte mit uns vielleicht nur ein paar Worte deutsch reden, eine armselige halbe Stunde an die Heimat denken ...

Wir hockten während der Unterhaltung auf hart ausgestopften Lederkissen. Die reiche Ornamentik von Teppichen und Vorhängen konnte über den Dreck im Raum nicht hinwegtäuschen. Höflich, wie wir nun mal sind, bemühten wir uns, unser Unbehagen nicht merken zu lassen.

Die Gastgeberin klatschte in die Hände ...

Ein paar Sekunden lang war es totenstill. Machon und ich saßen starr wie Buddha auf unseren Lederkissen und harrten der Überraschungen, die die Afrikanerin aus Sachsen für uns parat hielt.

Lautlos teilte sich der Vorhang, der die rückwärtige Wand verdeckte. Ein dunkelbrauner Dreckfink – gegen alle Erwartungen und Befürchtungen männlichen Geschlechts – schlich herein.

Was wollte er?

Geräuschlos fing er an, in einer dunklen Ecke des Raumes ein Holzkohlenfeuer zu entfachen.

„Sie trinken doch een Dässchen Gaffee?" wandte sich die Dame aus dem zwielichtigen Etablissement an uns.

„Bliemchengaffee?"

„Nu, warten Se mal ab, Se griegen een echt afriganischen!"

Während sie in der rußigen Zimmerecke überwachte, wie der schmuddelige Diener Kaffee braute, beugte ich mich zu Machon hinüber.

„Den trink' ich nicht", flüsterte ich, „da wirst du dich opfern müssen."

„Denkste!"

„Die Schöne ist zu Tode beleidigt, wenn wir ihr Gebräu nicht anrühren."

„Das bring' ich schon in Ordnung", sagte Machon und tippte vielsagend auf die Brieftasche. Er erhob sich von seinem Lederkissen und begann in der Kochnische mit der Dame des Hauses die Kapitulationsverhandlungen. Er muss ein anständiges Lösegeld bezahlt haben, denn als wir uns Hals über Kopf verabschiedeten, war die Sächsin die Freundlichkeit selbst ...

Ein Prinz, der Boxer werden wollte

Zehn Wochen noch bis zum Weltmeisterschaftskampf Schmeling – Sharkey!

Mein Trainer und ich faulenzten weiter in Taormina. Ich erholte mich ganz gut, konnte leidlich gehen, aber noch nicht laufen. Im Ring hätte ich im Ernstfall wohl noch keine einzige Runde durchgestanden.

Eines Tages hielt vor unserem Hotel mit quietschenden Bremsen ein Rennwagen. Ein lebhafter, betont elegant gekleideter Mann sprang heraus, knallte den Schlag zu und stürmte durch die Drehtür ins Foyer.

Ich saß gerade in der Halle und hörte, wie der Unbekannte im Gespräch mit dem Portier meinen Namen nannte. Schon kam er auf mich zugeschossen.

„Hallo, Mister Schmeling, how do you do?" begrüßte er mich auf Englisch und schüttelte mir überschwänglich die Hand.

„Hallo, how are you?" sagte ich höflich.

„Ich bin Prinz Giulio von Catanien."

Was verschaffte uns die Ehre? Der Besucher gab sich als begeisterter Sportler aus. Er sei leidenschaftlicher Rennfahrer, behauptete er, und wolle es nun auch im Boxen zu etwas bringen.

Mit Kennermiene musterte Machon den ehrgeizigen Prinzen. Ich spürte förmlich, wie er ihm mit seinen Blicken die Jacke auszog, wie er berechnete, was ohne die Wattepolster von der eleganten Gestalt übrig blieb.

„Wenn Sie ein guter Boxer werden wollen", riet er, „dann müssen Sie Holz hacken, Hoheit! Sehen Sie Schmeling an – er verdankt seine Erfolge nur dieser Beschäftigung. Hacken Sie Holz, Hoheit! Hacken Sie Holz!"

Der Prinz nahm die Aufforderung, mich anzusehen, sehr wörtlich. Ungeniert musterte er mich von Kopf bis Fuß und nickte nachdenklich ...

„Zwischen Taormina und Syrakus liegt mein Schloss", sagte er zum Abschied. „Sie müssen mich morgen besuchen!"

Am nächsten Nachmittag, Punkt drei Uhr, schickte uns der Prinz seinen Wagen. Als Machon und ich in den Schlosshof einfuhren, schauten wir uns beeindruckt an: Es wimmelte nur so von Menschen – Zofen und Küchenmädchen, Köchen und Chauffeuren, Dienern, Gärtnern und Landarbeitern!

Nanu, soviel Ehre für mich, den Weltmeisterschaftskandidaten?

Keine Spur! Soviel Ehre für einen Boxsäugling – für den Principe di Catania! Er stand inmitten eines riesigen Stapels von gespaltenem Holz und schwang immer noch wütend die Axt. Zwei gelernte Holzhacker hätten in einer Woche nicht bewältigt, was er von gestern auf heute geschafft haben wollte. Wir heuchelten Anerkennung, befühlten die prinzlichen Oberarme und klopften unserem Gastgeber kräftig auf die Schultern.

Hoheit hatte es verflucht eilig, ein großer Boxer zu werden ...

TITEL OHNE GLANZ

Acht Wochen noch bis zum Weltmeisterschaftskampf!

Als wir von Sizilien nach Berlin zurückkamen, brauchte ich mich nicht mehr zu verstecken. Ich hatte mich prächtig erholt, und mein Stock schwamm längst irgendwo im Mittelmeer. Gott sei Dank!

Ein Weltmeisterschaftskandidat, der in New York an Land gehumpelt wäre – nicht auszudenken!

Schmeling am Stock – unvorstellbar, wie die amerikanischen Journalisten darauf reagiert hätten!

Schmeling am Stock – Sharkey hätte sich gebogen vor Lachen.

Soweit war es zum Glück nicht gekommen. Als ich Anfang April nach drüben fuhr, ahnte niemand, was hinter mir lag. Ich war gesund und munter; dass der Knöchel meines verletzten Fußes nach längerem Laufen noch anschwoll, brauchten wir schließlich nicht auszuposaunen. Machon massierte die Stelle unermüdlich.

Wir hielten uns nur solange wie eben nötig in New York auf und fuhren weiter nach Endicott-Johnston, acht Eisenbahnstunden von der Millionenstadt entfernt.

Endicott-Johnston, eine Gründung der Gebrüder Johnston, ist wegen seiner Schuhfabriken in ganz Amerika bekannt. Schon seit Generationen sorgten die Johnstons dafür, dass die Yankees von New York bis San Francisco, von Seattle im Norden bis nach New Orleans im Süden nicht barfuß laufen mussten. Der Enkel des Gründers der Schuhmetropole hatte mich zu sich eingeladen.

„The City is yours", empfing er mich pathetisch. „Die Stadt gehört euch" – und er meinte es, wie er es sagte.

Unsere Unterkunft war wirklich feudal. Mir standen Trainingsräume im Freien und in der Halle zur Verfügung. Auch für Joe Jacobs, Max Machon und die vierzig oder fünfzig Journalisten, die das Trainingscamp eines bekannten Boxers anzieht wie das Honigbrot die Fliegen, wurde hervorragend gesorgt.

Schuhkönig Johnston war damals glatt seine 80 Millionen Dollar schwer. Eine Kleinigkeit für ihn, das Camp zu finanzieren. Purer Idealismus? Bewahre! Die Investition würde sich doppelt und dreifach verzinsen, denn überall, wo man Zeitungen las, musste der Name „Endicott-Johnston" bis zum Kampftag, dem 12. Juni 1930, immer und immer wieder genannt werden.

Unser großzügiger Gönner verstand es meisterhaft, mit der einen Hand zu geben und mit der anderen zu nehmen. 70 Prozent der Einwohner von Endicott arbeiteten in seinen Fabriken. Was sie während der Woche verdienten, gaben sie sonntags beim Pferderennen wieder aus; Rennbahn und Totalisator gehörten aber auch Johnston – und so floss das Geld in harmonischem Kreislauf in seine Kassen zurück ...

Viele Monate später erteilte mir der x-fache Millionär eine für Leute seines Schlages charakteristische Belehrung. Ich hatte ihm aus Florida eine Karte geschickt und sie, weil gerade keine Zwei-Cent-Marke aufzutreiben war, mit drei Cent frankiert.

Wütend antwortete Johnston:

Lieber Max,

Du brauchst mir nicht mehr zu schreiben, denn ich weiß jetzt, dass aus Dir nie etwas wird. Wer eine Karte falsch frankiert und der Post glatt 50 Prozent schenkt, der kann es zu nichts bringen."

In kleinen Dingen war Johnston sparsam bis zum Geiz, ähnlich wie der steinreiche Rockefeller, der den Caddies – den jungen Burschen, die ihm beim Golfspiel die Schläger nachtrugen – nie mehr als zehn Cent Trinkgeld gab. Diese zehn Cent waren allerdings immer funkelnagelneu und sollten für jeden Caddy Ansporn sein, sich emporzuarbeiten und ein Vermögen zu erwerben.

„Wer den Cent nicht ehrt", sagte Rockefeller, „dem nutzen auch 100.000 Doller nichts!"

Mrs. Hearst lässt trommeln

„Wann fängst du mit dem Training an, Max?" fragten mich die Reporter.

„Wie beurteilst du deine Chancen?"

„Hältst du Sharkey für besonders gefährlich?"

„Weißt du, dass er dich schon in der dritten Runde auf die Bretter legen will?"

Ich sprach inzwischen schon ganz gut englisch und konnte die Fragen ohne Dolmetscher parieren. Kritisch wurde es nur, wenn einige der Zeitungsleute mich festzunageln versuchten und klipp und klar wissen wollten:

„Max, wann machst du deinen Waldlauf? Welche Strecke hast du dir vorgenommen?"

Sie berührten einen wunden Punkt.

„Wenn ihr mich laufen sehen wollt, Kinder, dann müsst ihr früher aufstehen", scherzte ich möglichst unbefangen. „Die Morgenluft bekommt mir nun mal am besten."

In diesen Tagen war ich tatsächlich schon in aller Herrgottsfrühe auf den Beinen. Wenn die Journalisten, ihre Telefon- und Morseapparate noch schliefen, verließ ich mit Machon im Laufschritt das Camp. Sobald wir außer Sichtweite waren, musste er meinen

Knöchel massieren. Ganz allmählich nur konnte ich an ernsthafte Straßenarbeit denken.

Vier Wochen noch bis zum Weltmeisterschaftskampf!

Die Ballyhoo-Maschine war längst wieder in Gang gesetzt. Mrs. Hearst, die Verlegersgattin, ließ die Redakteure ihres Mannes noch lauter für ihren Milchfonds trommeln als vor meinem Fight gegen Paolino. Neue Babys schrien nach Milch.

Drei Wochen noch!

Ganz Amerika fieberte der Weltmeisterschaft entgegen. Am Pazifik und am Atlantik verschlang man die Zeitungen mit den Vorschauen und den Berichten aus Endicott und aus Orangeburg, wo sich Sharkey vorbereitete. Zentrum des irrsinnigen Reklame-Tamtams aber war New York, war der Broadway. Vor den Kassen der Großkinos drängten sich abends die Massen. Tausende sahen Sharkey und mich in den Wochenschauen. Wenn wir auf der Leinwand erschienen, ging ein Raunen durch die Zuschauerreihen, und jedem wurde „in Bild und Ton" erneut eingehämmert, welches „Weltereignis" bevorstand.

In Deutschland konnte sich bestimmt kein Mensch einen Begriff davon machen, in welchen Strudel von Sensationen ich geraten war. Woher sollte man auch? In der Heimat hatte es noch nie einen Weltmeisterschaftskampf im Boxen gegeben. Ganz abgesehen davon, dass man in Europa und in Amerika mit zweierlei Maß misst. Und doch fieberte man auch in Hamburg, München, Köln, Berlin fieberte man in ganz Deutschland dem Kampf entgegen. Noch nie war seit Kriegsende ein deutscher Sportler so oft in der Weltpresse zitiert worden, noch nie hatten sich einem deutschen Boxer solche Chancen geboten.

Zwei Wochen noch!

Mein Training in Endicott hatte seinen Höhepunkt erreicht.

„Er ist gut gelaunt", telefonierten die Reporter ihren Redaktionen.

„Er ist miserabler Stimmung", telegrafierten sie am nächsten Tag.

„Er ist fit wie nie zuvor!"

„Er ist müde wie ein alter Mann", wussten sie Stunden später zu berichten.

Ihre Schilderungen waren zuweilen so grau in grau, dass ich auf mich selbst keinen Cent mehr gesetzt hätte. 24 Stunden später wurden sie dafür rosarot gefärbt, so, als wartete nur ein harmloser Spaziergang auf mich.

Verhältnismäßig schnell fand ich heraus, dass man sich unter diesem Wolkenbruch von Meldungen schütteln musste wie ein nasser Pudel ...

„Lass sie schreiben, was sie wollen", sagte Jacobs, „es ist ihr Job. Letzten Endes kommt es ja doch uns zugute. Je mehr Leute neugierig sind, um so mehr werden ins Yankee-Stadion kommen. Je höher die Einnahmen, um so höher unsere Börse!"

Eine Woche noch!

Die Folgen meiner Krankheit hatte ich restlos überwunden. An der vorzüglichen Form, in die ich mich hineinsteigern konnte, war ein ganzes Team beteiligt: mein Trainer Max Machon, der deutsche Koch Joe Daschner, Joe Jacobs und Doc Casey, ein bewährter Fachmann, der mir mit seinen Erfahrungen im amerikanischen Boxsport wertvolle Tipps gab.

„Hast du gesehen, Max", rief er, als wir uns den Film von einem Sharkey-Kampf ansahen, „hast du gesehen, wie er seine Linke einsetzt? Mit ihr schlägt er Haken und Gerade gleich gut."

„Eines kann man dem Burschen nicht abstreiten: er ist ein glänzender Techniker", warf Machon ein.

„Das nenne ich Boxen", begeisterte sich Doc Casey, als Sharkey auf der Leinwand seinem Gegner verpasste, was er wollte. „So hat er auch den großen Jack Dempsey 1927 beinahe lächerlich gemacht, bis er sich eine Blöße gab und selbst k.o. geschlagen wurde."

Und dann predigten sie alle im Chor noch einmal: „Max, sei vorsichtig! Du bist ein langsamer Starter. Lass dich am Anfang nicht überrumpeln! Max, sei vorsichtig!"

So endet eine große Feindschaft ...

Noch einer gehörte zu meinem Stab, dessen Hauptaufgabe darin bestand, mir möglichst viele Unannehmlichkeiten vom Hals zu halten: mein Sekretär Herbert Ritze!

Dieser Ritze war ursprünglich gar nicht so gut auf mich zu sprechen. Doch das lag schon Jahre zurück ...

Ich, der Volksschüler Max Schmeling, war von der zweiten Jugendmannschaft des Fußballklubs Hamburg-St. Georg als Torwart in die erste geholt worden. Der Realschüler Ritze wurde dafür in die Zweite abgeschoben. Eine haarsträubende Zurücksetzung, fand er, trat aus dem Verein aus und war bitterböse auf mich.

Viele Jahre später meldete mir der Portier des Hotels „Commodore" in New York einen Herrn, der mich unbedingt sprechen wollte.

Sprechen wollten mich viele. Schon nach dem Paolino-Kampf war mit „Sprechen" meist „Anpumpen" gemeint. Manche baten nur um 500 Dollar für eine todsichere Sache, manche baten um 1.000. Ein paar schon um 10.000, aber das kann auch in späteren Jahren gewesen sein.

„Was will er denn von mir?" fragte ich beim Portier zurück.

„Er behauptet, Sie aus Hamburg zu kennen!"

„Schicken Sie ihn 'rauf!"

Es klopfte, und herein kam ein junger Mann, der längst aus den Fußballschuhen einer Schülermannschaft herausgewachsen war: Herbert Ritze!

„Nanu, was tust du in Amerika?"

„Ich bin schon lange hier."

„Bist du etwa damals meinetwegen ausgewandert?" fragte ich, und wir lachten gemeinsam über unsere kindische Eifersucht von einst und freuten uns über das Wiedersehen.

„Spaß beiseite, Max", sagte Ritze, „kann ich nicht irgendwie mit dir arbeiten? Ich spreche perfekt Englisch und könnte dir in vielen Dingen behilflich sein."

„Ist gemacht!" Ich ging erfreut auf sein Angebot ein, und so wurde Herbert mein Sekretär ...

Die Tage bis zum Kampf ließen sich inzwischen an den Fingern einer Hand abzählen. Die Ballyhoo-Maschine lief sich heiß. In den Zeitungen verschwanden die politischen Meldungen mehr und mehr von den Titelseiten und machten den Vorschauen auf das große Weltmeisterschaftstreffen Platz. Boxen war Hauptthema, Boxen und immer wieder Boxen!

Der Nervenkrieg tobte.

Das Lager der Journalisten war geteilt. Viele fanatische Sharkey-Anhänger zeigten die Krallen. Sie stellten nun keine harmlosen Fragen mehr, sondern stichelten ganz bewusst.

„Max, sag mal, hast du keine Angst, dass dir deine Braut davon läuft, wenn du solange in Amerika bist?"

„No, ich habe keine Braut!"

„Wir haben gehört, deine Mutter ist krank. Stimmt das?"

„No!"

„Weißt du, dass Sharkey dich die Ecke aussuchen lässt, in der du liegen wirst?"

„No!"

„Come on, Mäx, es ist soweit!"

12. Juni 1930!

Die amtlichen amerikanischen Wetterbüros gaben ihre Vorhersage für den Abend bekannt:

„Teilweise bewölkt, etwas Nebel, kein Regen!"

Der Madison Square Garden warf erst am Morgen des Kampftages die billigsten Karten auf den Markt – 22.000 Stück zu 2 Dollar 10 Cent. Sie waren im Nu vergriffen. Man sah, dass die Veranstalter trotz der Summe, die sie für den Milchfonds abzweigen mussten, doch auf ihre Kosten kommen würden. Die teuersten Plätze, die zu 25 Dollar – über 100 Mark – waren längst ausverkauft.

Im „Concourse Plaza-Hotel", direkt gegenüber dem Yankee-Stadion, machten wir uns für die Fahrt zur Boxkommission fertig. Acht Stunden vor dem Kampf sollten Sharkey und ich, wie üblich, gewogen und untersucht werden.

Der Präsident der New York Boxing Commission, seine Beisitzer, Vertrauensärzte und Journalisten wohnten der Zeremonie bei. Sharkey wog 178, ich 170 Pfund. Wir schüttelten uns die Hände, wiederholten den Fotografen zuliebe die freundliche Geste ein paar Mal und verabschiedeten uns mit wohldosierten Worten.

„Wir sehen uns ja heute noch ..."

Wenn es doch schon Abend wäre! Die Stunden vor dem Kampf waren immer die schlimmsten. Die Freunde bemühten sich krampfhaft, mich abzulenken. Wir spielten Skat, erzählten Witze, reizten frech einen Grandhand und – waren doch nicht bei der Sache. Konsequent hielten wir uns nur an eines: Vom Boxen durfte nicht gesprochen werden.

Schwer zu beschreiben, wie einsam man ist, obwohl Millionen Herzen für einen schlagen, obwohl Millionen Daumen gedrückt werden. Die Erlösung brachte auch vor meinem Kampf um die Weltmeisterschaft erst die Fahrt zum Stadion.

Mehr als 80.000 füllten die riesige Arena, in der normalerweise Baseball gespielt wird, eine der nationalen Leidenschaften der Amerikaner. In der Mitte des Platzes, auf dem sonst Babe Ruth, der unerreichte Meister dieses Sports, seine Anhänger faszinierte, war der Ring aufgebaut. Ihn umgaben 50 Sitzreihen: die teuersten Plätze. Dahinter stiegen die Ränge steil nach oben. Doch ob 25 oder 2 Dollar 10 Cent für einen Platz bezahlt wurden – im Preis waren auf jeden Fall Nervenkitzel, Sensationslust, Sportbegeisterung einbegriffen, außerdem die Antwort auf die einzig wichtige Frage, die an diesem 12. Juni 1930 die Sportfans der ganzen Welt interessierte:

Wer wird Weltmeister?

Schmeling?

Sharkey?

Die Rahmenkämpfe waren bereits im Gang. Die Erregung der erwartungsvollen Menge schlug nur in sanften Wellen an die Kabinentür. Und doch wusste ich, dass die Masse auf den Rängen pfeifen, johlen, trampeln und toben kann. Wehe dem, den sie nicht liebt!

Mit Machons Hilfe wickelte ich mir die Bandagen, argwöhnisch belauert von einem Sekundanten des gegnerischen Lagers. Wir hatten Doc Casey in Sharkeys Kabine geschickt. Doc war der richtige Mann für diese Aufgabe. Er würde kritisch darauf achten, dass niemand die Bestimmungen verletzte. Ihm, dem abgebrühten Professional, würde das Herz nicht in die Hose fallen, wenn Sharkey einen seiner berühmten Tobsuchtsanfälle bekäme, mit denen er seiner Aufregung gewöhnlich Luft zu machen suchte.

Nerven, dick wie Stricke musste man haben! Ich hatte sie, Gott sei Dank.

„Come on, Mäx", brüllte endlich einer zur Tür herein. „Come on! Es ist soweit!"

Die letzte Meile

„The last mile" nennt man in Amerika den Weg von der Todeszelle zum elektrischen Stuhl – den Weg von der Kabine zum Boxring. Er kann zum Triumphzug werden, wenn einem die Gunst der Massen gehört, er kann ein grausames, erbarmungsloses Spießrutenlaufen sein, wenn einen die Bestie Publikum am liebsten zerreißen möchte.

Einmal hätte sie mich fast zerrissen – acht Jahre später, am 22. Juni 1938. Coca-Cola-Becher, Zigarettenschachteln und Bananenschalen flogen mir um den Kopf, als ich mir mit Hilfe eines starken Polizeiaufgebotes den Weg zum Ring bahnen musste. An jenem 22. Juni kämpfte ich zum zweiten Mal gegen Joe Louis, den „Braunen Bomber". Darüber wird später noch eine Menge zu erzählen sein ...

Heute, am 12. Juni 1930, galt das Missfallen der Menge nicht mir, sondern dem wenig populären Sharkey. Der stämmige Jack hatte das Sternenbanner über eine Schulter gelegt – er, der Sohn litauischer Eltern, wollte sein Yankeetum betonen. Den Zuschauern gefiel das nicht.

Kurze Zeit nach Jack betrat ich die Arena. Max Machon, Joe Jacobs und Doc Casey begleiteten mich. Als ich unter dem Beifall des Publikums in den Ring kletterte, war es in Deutschland 3 Uhr 23 nachts – in Amerika 9 Uhr 23 abends.

Um diese Zeit rasselten in der Heimat viele Wecker. Der Boxkampf sollte von den deutschen Sendern übertragen werden. Harry Sperber von der „New Yorker Staatszeitung" stand im Yankee-Stadion am Mikrofon und versuchte, die brodelnde Stimmung für die Hörer daheim einzufangen; während er das dramatische Geschehen der nächsten Viertelstunde schilderte, ahnte er nicht, dass in Deutschland niemand ein Wort verstand – atmosphärische Störungen!

Verschwommen und völlig uninteressiert sah ich die Prominenz auf den Ringplätzen. Mrs. Hearst war da, die Wohltätige. Sie würde mit ihrem Milchfonds aus diesem Kampf auf jeden Fall als Siegerin hervorgehen. Gene Tunney war gekommen, der Exweltmeister. Er hatte seine nicht nur reiche, sondern auch bezaubernde Frau mitgebracht. Ich sah Jack Dempsey und Jimmy Walker, den Oberbürgermeister von New York, den Automobilindustriellen Chrysler, die Filmschauspielerin Lia de Putty und viele andere mit Rang und Namen.

Der offizielle Sprecher, in feierliches Schwarz gekleidet, stellte Jack Sharkey und mich vor. Ringrichter Jim Crowley rief uns zur Mitte und ermahnte uns, fair zu kämpfen. Grell konzentrierten sich die Scheinwerfer auf unsere Einsamkeit.

Nervenzerreißende neun Minuten waren vergangen, seit ich den Ring betreten hatte.

Kampf mit sensationellem Ausgang.

Gong zur ersten Runde!
„Max, sei vorsichtig!"
Ich dachte sofort an Machons Ermahnungen, als Sharkey auf mich losstürzte und mir gleich einen linken Haken an den Kopf schlug. Er traf mich zwei-, drei-, viermal. Vielleicht machten sich meine Freunde

schon Sorgen um mich. Unnötig! Sie mussten wissen, dass ich langsam startete. Der Kampf ging über 15 Runden.

Ob man diesem stämmigen Jack im Nahkampf beikommen konnte? Ich versuchte es. Aber mein Gegner löste sich blitzschnell. Nur gegen Ende der Runde kassierte er einen linken Körperhaken und ein paar rechte Gerade. Harmlose Sache für ihn! Der Amerikaner zeigte keine Wirkung. Die erste Runde ging klar an ihn.

„Max, sei vorsichtig", beschwor mich Machon. Joe Jacobs war aufgeregt wie noch nie. Auch für ihn stand alles auf dem Spiel.

Gong zur zweiten Runde!

Wieder zeigte sich Sharkey aktiver als ich. Er war auf ein schnelles Ende aus. Ich hatte Zeit. Acht, zehn, fünfzehn Runden Zeit! Bis dahin würde ich längst auf vollen Touren laufen.

Ein schwerer linker Magenhaken ließ mich zusammenzucken. Jack setzte sofort nach, drängte mich an die Seile. Wollte er mich schon endgültig abknallen? Der Bursche musste zur Raison gebracht werden! Peng! Meine Rechte saß mitten in seinem Gesicht.

Ich merkte, wie er zurücktaumelte. Schnell noch zwei Linke hinterdrein gejagt! Jetzt sah er rot – der Junge aus Boston. Wild fing er zu schlagen an. Zu wild! Ich konnte der Attacke mit heiler Haut entkommen. Ein paar Treffer ins Gesicht hatten nichts zu sagen!

Auch diese Runde ging an Sharkey.

Gong zur dritten Runde!

Schon in den ersten Sekunden merkte ich, dass mein Gegner alles auf eine Karte setzte. Er wollte den langsamen Starter Schmeling – taktisch richtig – erledigen, bevor dieser warm gelaufen war. Er traf mich mehrere Male und kam mit einer schweren Rechten auf den Körper durch.

Machon zitterte vor Aufregung. Ich selbst weiß zwar nicht mehr so genau, was nach der dritten Runde in der Ecke los war, aber mein Betreuer erzählt mir heute noch oft, dass mir Joe besorgt das Fläschchen mit Riechsalz unter die Nase halten wollte.

„Was soll das?" hatte ich angeblich ärgerlich gefragt und ihm das Ding wütend aus der Hand geschlagen. „Er hat mich mal getroffen. Das kommt doch vor. Keine Angst, ich werde ihn schon auch noch treffen!"

Gong zur vierten Runde!

Auch die zehnte Kampfminute begann mit einem ungestümen Angriff Sharkeys. Die meisten seiner Schläge blockte ich ab und ließ ihn durch Sidesteps ins Leere laufen. Dann wurde ich warm! Ich konterte, traf Jack ein paar Mal mitten ins Gesicht und trieb ihn vor mir her.

Wendete sich das Blatt?

Meine Anhänger auf den Rängen, die viele Tausend Deutschamerikaner aus New York, Harry Sperber am Mikrofon, Joe, Machon und Doc – sie alle atmeten auf. Ihr Mann schien sich gefunden zu haben.

Doch man durfte Sharkey, der mit Phil Scott und Loughran fertig geworden war, nicht unterschätzen. Er ging abermals zum Angriff über, bis zur Weißglut gereizt. Als Boxer war er gefährlich, als Wüterich nicht! Bestimmt würde er sich in seiner Rage eine Blöße geben! Meine Rechte lag abschussbereit. Am Kinn wäre sie vernichtend gewesen, vorläufig traf ich ihn nur am Körper, einmal, zweimal!

Der Bostoner schlug zurück. Ungefährlich!

Sekunden später durchzuckte mich ein irrsinniger Schmerz. Brüllte ich los? Ich weiß es nicht mehr. Ich weiß nur noch, dass ich keine Sekunde die Besinnung ganz verlor.

Sharkey hatte tiefgeschlagen!

Ich sackte in die Knie und stützte am Boden den Kopf auf den rechten Unterarm. Ringrichter Crowley fing zu zählen an:

„One – two – three – four – five – six – ..."

Dann kam der Gong.

80.000 sprangen von ihren Sitzen hoch und schrien Empörung und Enttäuschung in den nächtlichen Himmel von New York. Straßenweit musste man das frenetische Gejohle hören.

Joe Jacobs war kreideweiß geworden.

Ich lag immer noch am Boden und reklamierte mit schmerzverzerrtem Gesicht „Tiefschlag". Jack Sharkey stand unschlüssig in seiner Ecke, umringt von aufgeregten Sekundanten.

Nun kam Joes großer Auftritt. Zu allem entschlossen kletterte er durch die Seile und schoss auf den Unparteiischen los.

„Tiefschlag! Klarer Tiefschlag!" schrie er.

Ringrichter Crowley musste die krasse Regelwidrigkeit doch gesehen haben! Musste? Er hatte sie angeblich nicht gesehen ...

Es wäre schlecht um mich gestellt gewesen, hätte nicht Punktrichter Harold Barnes bessere Augen als Crowley gehabt. Barnes bestätigte, dass mich Sharkey weit unter dem Gürtel getroffen hatte.

„Tiefschlag! Sharkey muss disqualifiziert werden!" brüllte Joe wie besessen. Er fuchtelte aufgeregt mit den Armen und beschwor die Journalisten, die unten am Ring saßen. Er hämmerte mit den Fäusten gegen seine Stirn – kurz, er kämpfte wie ein Löwe. Von seiner berechtigten Forderung überzeugt, zerrte er Ringrichter Crowley zu Punktrichter Barnes.

Mich hatte man unterdessen in meine Ecke getragen. Immer noch glich das Yankee-Stadion einem brodelnden Krater der Erregung. Viele von den 80.000 hatten vielleicht noch gar nicht begriffen, was geschehen war.

Ringrichter Crowley stand vor der schwierigsten Entscheidung seines Lebens. Leidenschaftlich redeten Sharkeys Leute auf ihn ein.

„Der Kampf muss weitergehen!"

„Wir lassen uns nichts vormachen!"

„Haben Sie denn den Tiefschlag gesehen?"

Auf der anderen Seite machten Joe Jacobs und Doc Casey dem Unparteiischen, der in diesen denkwürdigen Minuten Mittelpunkt eines gewaltigen Infernos war, die Hölle heiß.

Tiefschlag? Kein Tiefschlag?

In dem unbeschreiblichen Tohuwabohu verschaffte sich ein Mann Gehör beim Kampfgericht – ein Mann, den ganz Amerika kannte, dessen Wort in ganz Amerika etwas galt: Arthur Brisbane, der bestbezahlte Journalist der Welt.

„Wenn Sharkey nicht disqualifiziert wird, dann mache ich den Berufsboxsport in Amerika kaputt!"

Ganz kühl und sachlich sagte er das, und niemand, der seine Worte hörte, zweifelte daran: Brisbane, der mächtige Mann der Hearst-Presse, würde seine Empörung über ein ungerechtes Urteil nicht für sich behalten. Blätter mit Millionenauflage standen hinter ihm.

Hatte der Ringrichter Brisbanes Worte gehört?

Vertraute er der Zuverlässigkeit seines Punktrichters?

Wer weiß, was in Crowley vorging ...

Endlich fällte er sein Urteil. Intuitiv spürte die Menge, dass er den Gordischen Knoten der Verwirrung durchschlagen hatte. Der ohrenbetäubende

Lärm ebbte zu einem spannungsgeladenen Raunen ab. Und dann überdröhnte der Lautsprecher hallend das Stimmengewirr:

„Jack Sharkey: disqualification! The winner and the new champion: Max Schmeling!"

„Jack Sharkey disqualifiziert! Sieger und neuer Weltmeister: Max Schmeling!"

Das letzte Wort war noch nicht ausgesprochen, da brach die Hölle wieder los. Ungeheuerlich, was sich ereignet hatte! Zum ersten Mal in der Boxgeschichte verdankte ein Weltmeister seinen Sieg einem Tiefschlag.

„Buuu! Buuu! Buuu!"

Soweit ich mich erinnern kann, flaute die Erregung schnell ab; man musste ja einsehen, dass mich an dem ungewöhnlichen Ausgang des Weltmeisterschaftskampfes die allergeringste Schuld traf. Es ging schließlich schlecht an, den Ermordeten und nicht den Mörder anzuklagen.

In der Kabine wurde ich sofort gründlich untersucht.

„Einwandfreier Tiefschlag!" stellte der Arzt fest. Der Befund wurde über Lautsprecher im Stadion bekannt gegeben.

„Haben Sie schon gehört, der Max ist tot ..."

Der Traum meines Lebens hatte sich erfüllt – ich war Weltmeister! Und doch konnte ich mich nicht freuen! Niedergeschlagen hockte ich in der Kabine. Unzufrieden mit mir und der ganzen Welt starrte ich vor mich hin.

„Auf diesen Titel pfeif' ich", sagte ich zu meinen Freunden. „Ich nehme ihn nicht an!"

„Sei doch vernünftig, Max", beschwichtigte mich Machon. „Es liegt doch nicht an dir, dass alles so gekommen ist!"

„Egal! Unter diesen Umständen ist der Titel für mich nichts wert."

„Schlaf erst mal eine Nacht über der Geschichte", riet Doc Casey besonnen.

„Der Fall ist ganz klar für mich, ich will den Titel nicht!"

„Ja, bist du denn wahnsinnig geworden?" fuhr mich jetzt mein Manager Joe Jacobs an. „Du willst den Titel nicht? Die ganze Welt würde über dich lachen! Kommt ja gar nicht in Frage! Du bist Weltmeister und du bleibst es auch. In den nächsten Kämpfen kannst du beweisen, was in dir steckt."

Mit vereinten Kräften redeten sie auf mich ein. Hatten sie nicht recht? War die vernünftigste Lösung nicht wirklich, in Zukunft Weltmeisterschaftsformat zu zeigen?

Und doch bedauerte ich in den folgenden Monaten oft, nachgegeben zu haben. Demütigungen blieben mir nicht erspart. Die New Yorker Boxkommission verweigerte mir die Anerkennung; man lehnte es auch ab, meinen Namen auf dem Sockel der Muldoon-Statue im Madison Square Garden eingravieren zu lassen, auf dem alle Weltmeister verewigt sind. Was nutzte es mir, dass mich die übrigen 47 amerikanischen Staaten und die Europäische Box-Union als Meister bestätigten?

Auch in Deutschland griffen mich viele Zeitungen heftig an. Dass ich Monate später im Berliner Sportpalast ausgepfiffen und vor einer Frau, ausgerechnet vor einer entzückenden Frau, bis auf die Knochen blamiert wurde, konnte ich in New York noch nicht ahnen.

Die Rundfunkübertragung über den Ozean hatte, wie gesagt, nicht geklappt. Dieses Missgeschick war mit dafür verantwortlich, dass in der Heimat nach dem Kampf die unsinnigsten Gerüchte kursierten:

„Haben Sie schon gehört, Schmeling liegt im Krankenhaus!"

„Haben Sie schon gehört, er muss operiert werden!"

„Haben Sie schon gehört, der Max ist tot!"

Wie ein Lauffeuer hatte sich diese Hiobsbotschaft unter Freunden und Anhängern verbreitet. Mich erreichte die Nachricht von meinem Tod erst, als ich mit der tiefunglücklichen Mutter in Berlin telefonierte.

Frau Ondra bedauert ...

Meine guten Vorsätze, mich in kommenden Kämpfen in Weltmeisterform vorzustellen, wogen in der Öffentlichkeit begreiflicherweise nicht viel. Es kam genauso, wie ich befürchtet hatte: Auch in der Heimat zeigte man mir nach meiner Rückkehr die kalte Schulter.

Ein Deutscher war Weltmeister geworden – großartig!

Doch unter diesen zwielichtigen Umständen – ein unverzeihlicher Schönheitsfehler!

„Wissen Sie, Schmeling, ich überlege, ob es nicht besser wäre, wenn Sie den Titel ..."

„Das Überlegen habe ich Ihnen bereits abgenommen", unterbrach ich den Präsidenten des Boxverbandes. „Wie viele Amerikaner bin auch ich der Meinung, dass die Zukunft mich rehabilitieren wird."

Aber das Vorurteil der Berliner ließ sich nur schwer überwinden. Nach dem Kampf gegen Risko – im vergangenen Jahr – war man stolzer auf mich gewesen ...

Ich wohnte damals am Sachsenplatz Nr. 10. Von meinem Schlafzimmer aus konnte ich die Rückfront von Sachsenplatz Nr. 12 vortrefflich beobachten. Das Nachbarhaus zwang meine Aufmerksamkeit direkt auf sich: Viele Stunden am Tag stand auf dem Balkon ein Kinderwagen, in dem ein Baby wimmerte und schrie.

Barbaren mussten das sein, die Mieter von Nr. 12!

Wie konnte man ein hilfloses Wesen nur so herzzerreißend brüllen lassen?

„Eine Filmstar wohnt nebenan", radebrechte mein Freund Paul Damski, ein russischer Emigrant. „Eine bekannte Filmstar, Max: die Ondra!"

Ondra? Den Namen hatte ich doch schon mal gehört? Ach ja, Jarmila! Meine Freundin Jarmila aus Prag hatte von einer Anny Ondra gesprochen. Die gute Jarmila – wie es ihr wohl ging?

Eines Tages meldete sich Olga Tschechowa bei mir, meine Verführerin aus „Liebe im Ring". Sie lud mich ein, mit ihr ins Kino zu gehen.

„Welchen Film hast du denn ausgesucht?" erkundigte ich mich vorsichtshalber.

„Am Kudamm läuft ‚Die vom Rummelplatz'. Die Ondra soll darin eine Bombenrolle haben", sagte Olga.

Ondra! Immer wieder Ondra! Die Dame sollte sich meiner unmaßgeblichen Meinung nach lieber um ihren unehelichen Schreihals kümmern, statt auf der Leinwand herumzuhopsen! Und einen weniger eingebildeten Chauffeur sollte sie sich anschaffen. Unverschämt, mit welcher Geringschätzung der arrogante Pinsel meinen meist dreckverspritzten Lancia musterte! Ich hatte Besseres zu tun, als die Karre ständig auf Hochglanz zu polieren!

„Können wir uns nicht was anderes ansehen?" versuchte ich Olga Tschechowa umzustimmen. „Vielleicht ‚Lichter der Großstadt' mit Charly Chaplin?"

„Ach, Max, tu mir den Gefallen und komm mit. ‚Die vom Rummelplatz' soll ganz nett sein."

„Na, meinetwegen!"

In dem großen Kino am Kurfürstendamm entdeckte ich dann, dass die quicklebendige, blonde, hübsche, freche, kesse, liebe, kleine Ondra eigentlich doch mein Typ war.

„Ich möchte sie gern kennenlernen", gestand ich Olga.

„Tja, mein Lieber, da kann ich dir herzlich wenig behilflich sein", lachte sie. „Da wirst du dich schon selbst bemühen müssen!"

Sie hatte gut reden! Wie sollte ich es wohl in der Praxis bewerkstelligen, die Diva kennenzulernen? Wenn ich nur an den Lackaffen von Chauffeur dachte, plagten mich schon Minderwertigkeitskomplexe.

„Du musst mir helfen", überfiel ich Freund Damski.

„Ich?"

„Ja, du?"

„Brüderchen, was soll ich machen für dich?"

„Na, ganz wenig nur. Du klingelst nebenan, lässt dich der gnädigen Frau melden und sagst, dass ich sie kennenlernen möchte!"

„Zum Lachen einfach, Max! Ich will dir den Gefallen tun."

„Lass mich nicht so lange warten", bat ich.

„Oh, wenn ich fliege raus, ich bin ziemlich schnell zurück!"

Damski entpuppte sich als wahre Perle von einem Freund. Zu dem Mädchen, das ihm im Haus Nr. 12 die Tür öffnete, sagte er:

„Hören Sie zu, ich möchte sprechen die gnädige Frau!"

„Wen darf ich bitte melden?"

„Damski! Paul Damski! Manager!"

„... und in welcher Angelegenheit?"

Paul wurde der Antwort enthoben, weil Anny höchstpersönlich im Türrahmen erschien.

„Sie wünschen, mein Herr?" fragte sie erstaunt.

„Wissen Sie, gnädige Frau – meine Freund, der Schmeling ... ich wollte sagen, ich bin gekommen ... kurz, es handelt sich um ein Arrangement."

„Ach, Fotos wollen Sie machen?" missverstand ihn die Ondra. „Nein, danke, das kommt mir im Augenblick sehr ungelegen. Ich bedauere, mein Herr!"

„Aber mich schickt doch meine Freund, Max Schmeling", versuchte Paul sie umzustimmen.

„Schmeling? Ach, das ist wohl der Boxer, der nebenan wohnt? Ja, aber ich kann Ihnen trotzdem nicht dienen, tut mir leid."

Damski erstattete mir achselzuckend Bericht:

„Nix zu machen, Max. Deine Herzblatt will dich nicht."

Ich wollte es nicht wahrhaben, dass Pauls Mission ein Fiasko war.

„Paulchen, Bester, sollte ich dich so überschätzt haben? Weißt du was? Geh noch mal!"

Zur Verblüffung der Filmschauspielerin und des Mädchens erschien der abgewimmelte Damski erneut an ihrer Wohnungstür. Anny wölbte hochmütig die Augenbrauen. Das war vielleicht ein hartgesottener Geselle!

„Hören Sie zu, gnädige Frau", ging Damski jetzt ohne Umschweife aufs Ganze, „meine Freund hat am kommenden Sonntag Geburtstag. Wollen Sie ihm nicht sagen viele Glückwünsche?"

„Eine witzige Art, Bekanntschaften zu machen", meinte die Ondra spitz.

„Sie werden kommen?" drängte Paul.

„Na schön! Aber wohin denn?" fragte Anny, um den lästigen Besucher loszuwerden.

„Ich werde Sie abholen, gnädige Frau!"

Mit Herzklopfen, über das jeder Ringarzt den Kopf geschüttelt hätte, saß ich am 28. September 1930 mit Machon in einem Café am Reichskanzlerplatz. Aufgeregt und blass murmelte ich immer nur einen einzigen tschechischen Satz vor mich hin:

„Jak se Vám daří?" – „Wie geht es Ihnen?"

Warum? Ich hatte längst herausgebracht: Anny Ondra, der beliebte Kobold des deutschen Films, war tschechischer Abstammung – wie Jarmila, meine und ihre Prager Freundin.

„Wie geht es Ihnen?"

„Jak se Vám daří?"

Endlich führte Damski sie herein. Liebenswürdig lächelnd kam sie auf mich zu und streckte mir die Hand entgegen.

„Jak se Vám daří?"

Es war eine Dummheit! Die Ondra musste mich für einen Landsmann halten! Sichtlich erfreut sprudelte sie temperamentvoll in ihrer Muttersprache los. Kaskaden von Tschechisch brachen über mich herein.

„Um Himmels willen", wehrte ich erschrocken ab. „Ich verstehe kein Wort. Den einen Satz hatte ich auswendig gelernt."

Enttäuscht, aber ohne Groll, nahm sie Platz.

„Darf ich eine Tasse Kaffee für Sie bestellen?" fragte ich.

„Nein, danke, ich trinke keinen Kaffee!"

„Einen Likör?"

„Nein, danke!"

Unsere Unterhaltung drohte sehr einsilbig zu werden. Schon nach fünf Minuten begann mein genügsamer Gast ostentativ auf die Armbanduhr zu blicken. Die Ondra wollte schon gehen? Auf keinen Fall durfte sie mir so schnell entwischen!

„Ich habe mir gedacht, Sie würden vielleicht gern mit uns ein bisschen durch die Gegend fahren", wagte ich einen Generalangriff.

„So, haben Sie das gedacht?" lachte sie.

„Bitte, tun Sie mir doch den Gefallen."

„Gut! Aber nur, weil heute Ihr Geburtstag ist."

Ihr geschniegelter Fahrer wäre wahrscheinlich in Ohnmacht gefallen, hätte er seine Brotgeberin in meinen weniger gepflegten als schnellen Lancia steigen sehen. Über Stock und Stein, durch Pfützen und Schlaglöcher chauffierte ich meine Gratulantin nach Lanke, meinem ersten Berliner Trainingslager. Ich weiß selbst nicht, was in mich gefahren war, aber ich drehte nur so auf! 100 Kilometer! 110! 120! Wenn das keinen Eindruck machte!

Anny Ondra neben mir kauerte sich ganz in sich zusammen. Als ich sie einmal schnell von der Seite ansah, sagte sie schnippisch:

„Wenn Sie meinen, mir mit Ihrer verrückten Fahrerei zu imponieren, dann irren Sie sich aber gewaltig!"

Da hatte ich es! Brav ging ich 'runter auf 80, auf 70. Nun gut, wie sie wollte!

„Ich rufe Sie mal an", sagte sie beim Abschied.

Eine Wespe war schuld!

Immer schon interessierte ich mich für die Kunst, und andererseits interessierte sich die Kunst für mich. Bei Flechtheim, einem der bekanntesten Kunsthändler Berlins, lernte ich Maler, Bildhauer und Schauspieler kennen. Durch Ausstellungen bei Flechtheim wurde mir zum Beispiel der Name Picasso schon 1927 ein Begriff. In den Verkaufsräumen am Lützow-Ufer traf ich George Grosz, der damals wegen seiner Gotteslästerungsprozesse sehr umstritten war. Dort traf ich Renée Sintenis, die dem Sport manche Anregung verdankte und eine der schönsten Plastiken von Nurmi schuf. Ernesto de Fiori fertigte eine Bronzestatue von mir an, und Rudolf Belling – heute Professor in Ankara – verewigte mich in einem Torso.

„Künstler, schenkt mir eure Gunst/Boxen ist auch eine Kunst", schrieb ich in das Gästebuch, das im Künstlerlokal Schwannicke auslag.

Unter den Malern und Bildhauern, mit denen ich stundenlang im Romanischen Café oder bei Schwannicke zusammensaß, gab es nicht einen, den ein unsolides Leben gereizt hätte. Sie alle waren Menschen, die ernsthaft arbeiteten, keine Bohemiens, die sich in Lokalen herumtrieben und sich betranken.

War ein Sportsmann ihnen nicht wesensverwandt?

Lag im Sport nicht auch Schöpferisches?

Dieser Hang zur Kunst mag vielen bei einem Boxer als paradox erscheinen. Doch es gibt wohl mehr Dinge zwischen Himmel und Erde, die man einem robusten Faustkämpfer nicht zutraut. Boxer können ausgesprochen sensibel sein. Machon bestätigt es jedem, der es bestätigt haben will, dass ich niemandem die winzigste Fliege aus dem Auge entfernen kann, dass ich einen Kampf verlor, nur weil mein ästhetisches Gefühl verletzt worden war. Das trug sich 1925 in Köln zu ...

Ich strebte nach vorn. Viel bekannter als ich war Hein Domgörgen, aber auch Larry Gains aus Kanada, der sich am Rhein niedergelassen hatte. Gegen den Schwarzen Gains sollte ich mich behaupten.

Im Kölner Stadion, das von dem damaligen Oberbürgermeister Dr. Konrad Adenauer erbaut worden war, trainierte ich. In einer Pause trank ich ein Glas Milch. Während des Trinkens trat ich auf eine Wespe. Es knirschte und knarschte schauerlich. Mir wurde speiübel; um ein Haar hätte ich das Glas fallen lassen.

„Max, was ist los mit dir?" fragte Hugo Abels, mein damaliger Manager, besorgt.

Ich konnte ihm nicht antworten. Die Milch verwandelte sich vor meinen Augen in eine giftgrüne, ekelerregende Flüssigkeit, und in den Ohren schwoll das Knirschen der zertretenen Wespe zu einem schauerlichen Konzert an.

„Mensch, komm nach Hause", drängte Hugo, „du siehst ja so weiß aus wie die Wand!"

Doch Abels konnte mit mir anstellen, was er wollte – ich wurde die grässliche Vorstellung von der widerlichen Milch und dem zertretenen Insekt nicht mehr los. Mein Gesicht verfärbte sich gelb, und das Fieberthermometer kletterte auf 40 Grad.

„Und so willst du gegen Larry Gains gewinnen!" stöhnte Hugo Abels.

„Was soll ich tun, Hugo? Hol einen Arzt!"

„Das sieht nach Gelbsucht aus", konstatierte der Mediziner. „Die Symptome sind eindeutig."

„Wird er kämpfen können?" fragte Hugo entsetzt.

Der Arzt zuckte die Schultern.

„Der Kampf muss also verschoben werden?"

„Lass dir keine grauen Haare wachsen, Hugo", mischte ich mich entschlossen ein. „Ich werde boxen. Es wird schon gehen."

Heute wäre es ganz ausgeschlossen, dass ein Mann in einem derartigen Zustand in den Ring dürfte. Damals nahm man es mit den ärztlichen Untersuchungen noch nicht so genau.

Ich boxte also.

Doch was brachte mir mein missverstandenes Heldentum ein? Ich musste in der zweiten Runde aufgeben! Ich hatte verloren, weil ich vor Magenschmerzen und Übelkeit einfach nicht mehr weiterkämpfen konnte ...

Sieben Wochen lang lag ich mit schwerer Gelbsucht im Bett. Eine kleine Wespe hatte einen kräftigen Athleten umgeworfen!

Überhaupt stehe ich auf dem Standpunkt, dass es rauere Gesellen gibt als die Boxer. Was sollte man sonst davon halten, wenn drei ausgewachsene Mannsbilder mit der Peitsche auf einen kleinen Jungen einschlagen, nur weil er sich an ihren Wagen gehängt hat?

Das passierte auch in Köln und etwa um die gleiche Zeit wie die Geschichte mit der knirschenden Wespe.

Ein kleiner Junge also hatte sich an ein Pferdefuhrwerk angehängt. Er hätte, als einer der drei Männer auf dem Kutschbock auf ihn einschlug, gern wieder losgelassen. Doch er wagte es nicht mehr, weil der Wagen inzwischen viel zu schnell fuhr.

„Heda, seid ihr wahnsinnig geworden?" rief ich den Kerlen zu. „Lasst doch das Kind in Frieden!"

„Was willst du?" schrie einer von den Dreien und brachte mit einem Ruck die Pferde zum Stehen. Er sprang auf die Straße, die bei den andern ihm nach. Zu dritt bauten sie sich drohend vor mir auf.

Da standen sie – drei riesenstarke, schnauzbärtige Klötze! Doch während sich die drei Peitschenhelden die Hemdsärmel hochkrempelten, um mich vorwitzige Rotznase Mores zu lehren, tippte ich jedem einzelnen von ihnen schnell und kurz aufs Kinn.

Bum! Bum! Bum!

Wie abgesägte Baumstämme stürzten sie in den Dreck der Landstraße.

Als ich mich nach dem kleinen Jungen umschaute, dem ich hatte helfen wollen, sah ich ihn nur noch in der Ferne davonlaufen. Schnell machte auch ich mich aus dem Staub.

Man sieht, Männer mit harten Fäusten müssen nicht unbedingt harte Herzen haben ...

Ich blamiere mich

Anny Ondra hatte versprochen, mich anzurufen.

Ich wartete einen Tag, zwei, drei, acht Tage und wagte kaum, aus dem Haus zu gehen. Nichts rührte sich. Sollte ich so wenig Eindruck bei meiner Nachbarin hinterlassen haben?

Endlich wurde mir die Warterei zu dumm. Ich wählte ihre Nummer.

„Ach, hoffentlich sind Sie mir nicht böse", sagte die Ondra unschuldig. „Ich hatte so schrecklich viel zu tun. Wissen Sie was? Kommen Sie mit Ihren Freunden Sonntag für eine Stunde zum Tee."

Wir erschienen pünktlich. Mit Vergnügen sah ich mich in der gemütlichen Wohnung um. Weit und breit kein schreiendes Baby! Voll Genugtuung hatte ich schon am Eingang festgestellt, dass Haus Nr. 12 noch von anderen Parteien bewohnt wurde. Erst später erfuhr ich von Anny, dass einer der Mieter Joachim Ringelnatz war. Auch ich hatte mit Prominenz aufzuwarten: In Nr. 10 wohnten Willi Forst und eine Zeit lang Henny Porten.

Max Machon und Paul Damski fühlten sich sichtlich wohl bei der fröhlichen, blonden Filmschauspielerin. Nach einer halben Stunde aber besannen sie sich auf ihre Freundespflicht. Ich sah gerade noch, wie Machon unter dem Tisch Paul auf die Zehen trat.

„Zu dumm, gnädige Frau, wir haben leider eine wichtige Verabredung!"

„Sie wollen schon gehen?" fragte die Ondra.

„Ich eigentlich nicht", fiel ich ihr schnell ins Wort, „mit der Verabredung hab' ich nichts zu tun."

„Na, dann leisten Sie mir noch ein bisschen Gesellschaft", meinte sie.

Ich blieb.

Meine Gastgeberin hatte sich eine originelle Methode ausgedacht, mich nicht zu vertrauensselig werden zu lassen. Sie gab ihrem Mädchen den Auftrag, das Grammofon zu bedienen. Die Zofe drehte fleißig die Kurbel, wechselte die Nadel und zog sich dann diskret zurück. Prompt war sie schon nach drei Minuten wieder im Zimmer, um eine neue Platte aufzulegen. Dieses Manöver wiederholte sich regelmäßig, und ich war bald vollauf damit beschäftigt, mir den Auf- und Abtritt des Mädchens auszurechnen.

Anny beobachtete mich amüsiert. Doch schließlich siegte ihr gutes Herz.

„Ich habe das Gefühl, Sie machen sich nicht viel aus Musik?" fragte sie.

„O doch, aber ..."

„Aber?"

„Heute nicht!"

Noch an diesem Nachmittag wurden Anny und ich gute Freunde.

Sie hatte noch nie in ihrem Leben einen Boxkampf gesehen.

„Dann wird es aber langsam Zeit", sagte ich. „In der nächsten Woche gehen wir in den Sportpalast."

25 Jahre war ich alt und zum ersten Mal in meinem Leben bis über beide Ohren verliebt. Wie gern hätte ich mich vor Anny als prominenter, gefeierter Mann gezeigt!

Hätte!

Im Programm war vorgesehen, dass ich, wie andere bekannte Boxer, dem Publikum vorgestellt werden sollte. Ich bahnte mir den Weg zum Ring und kletterte durch die Seile, während der Lautsprecher über die Köpfe hinweg brüllte:

„Max Schmeling, der neue Weltmeister aller Klassen."

Sofort setzte von überallher ein wüstes Pfeifkonzert ein. Noch nie in meinem Leben war ich derart ausgepfiffen worden. Ich schämte mich entsetzlich.

Da unten saß die Frau, in die ich verliebt war. Ich hatte ihr imponieren wollen, statt dessen erlebte ich diese demütigende Szene. Es war schlimmer als ein K.o. in der ersten Runde.

Doch gerade dieses Missgeschick rief die echte Anny auf den Plan.

„Ach, mach dir nichts draus, Max", sagte sie hinterher. „Das kommt überall mal vor. Das interessiert mich gar nicht. Die Menschen sind nun mal so!"

Die Saat meiner Feinde

Ein ganzes Jahr lang nahm das Spießrutenlaufen kein Ende. Ich wurde ausgepfiffen, wo immer ich mich blicken ließ. Die Saat meiner Feinde ging auf.

Ich hatte sie in erster Linie unter den Journalisten zu suchen. Sie bekämpften mich in zahlreichen Zeitungen. Mein Todfeind hieß Rolf Nürnberg. Ihm wäre es am liebsten gewesen, wenn kein Hund mehr ein Stück Brot von mir genommen hätte.

Der Presse gegenüber nahm ich im Grunde einen ganz gesunden Standpunkt ein. Ich fand es damals schon nicht unbedingt erforderlich, dass ein Sportsmann nur gelobt und in den Himmel gehoben wird. Wenn er keine ehrliche Kritik vertragen kann, dann ist etwas faul im Staat!

Doch welchem Bombardement von Schmähungen ich lange Zeit ausgesetzt war, spottete jeder Beschreibung. Nun, ich habe daraus gelernt, und die Epoche, in der ich von vielen nicht als Weltmeister anerkannt wurde, hat mich nur härter gemacht.

Warum bekämpfte mich Rolf Nürnberg so leidenschaftlich?

Er war Chefredakteur des „12-Uhr-Mittag" in Berlin; die Zeitung gehörte seinem Vater. Über dem Schreibtisch von Nürnberg junior hing – ausgerechnet – ein riesengroßes Bild von mir; trotzdem setzte er mich herab, wo er nur konnte. Er ging so weit, dass er Pamphlete gegen mich schrieb und das Buch „Die Geschichte einer Karriere". Geld spielte keine Rolle. Nürnberg warf seine gehässigen, glänzend geschriebenen Produkte zu Schleuderpreisen auf den Markt; bei seinem Buch musste er aus eigener Tasche draufzahlen.

„Mach dir nichts draus", sagte Machon. „Nürnberg ist ein alter, unverbesserlicher Nihilist. Der glaubt überhaupt an nichts Gutes auf der Welt."

Machon hatte nicht unrecht. Nürnbergs Hass galt nicht nur mir. Er saß tiefer. Nürnberg geißelte die ganze damalige Gesellschaftsordnung, den Kapitalismus und natürlich auch das Boxgeschäft.

Seine Angriffe ließen mich, gerade weil sie von einem so klugen Kopf diktiert wurden, auf die Dauer nicht kalt. Sie wurmten mich, und in mir wuchs der brennende Ehrgeiz, ihm, vor allem ihm, zu beweisen, dass ich ein guter Boxer war, dass ich meinen Titel verdiente.

Als Rolf Nürnberg 1933 nach Amerika emigrieren musste, habe ich ihm seine Hetze gegen mich nicht heimgezahlt. Ich versuchte, ihm drüben die Wege zu ebnen und machte ihn mit Journalisten und einflussreichen Leuten bekannt. 1936, nach meinem Sieg über Joe Louis, schickte mir Nürnberg ein Telegramm, das mich mehr freute als alle anderen:

„Ich nehme zurück, was ich jemals gegen Sie gesagt habe", telegrafierte er, „und mein Buch ziehe ich sofort aus dem Handel."

Doch bis zu dem Tag, der mir diese Genugtuung brachte, war es noch weit ...

ICH BLEIBE WELTMEISTER

Hoch lebe die Bürokratie!

Ich verdanke ihr allerhand: drei Monate Gefängnis zum Beispiel, endlose Devisenschwierigkeiten und dann – die Sache mit dem Kaktus.

Sie ereignete sich, wenn ich mich recht erinnere, im Jahr 1931, als ich nach Amerika fuhr, um zum ersten Mal meinen Weltmeistertitel zu verteidigen. Unser Schiff hatte im Hafen von New York fest gemacht. Das Gepäck war ausgeladen, und die Passagiere begaben sich zur Zollkontrolle zum Pier hinunter.

„Tut uns leid, Max, dieses Mal müssen wir deine Koffer gründlich durchsuchen."

Was war in die amerikanischen Zollbeamten gefahren? Sie machten doch sonst nicht so viele Umstände.

„Ich hab' bestimmt keinen Schnaps versteckt", scherzte ich.

Die Weinbrandbohnen, die ich immer aus Deutschland mitbrachte, hatte ich schon weit vor dem Hafen den Journalisten spendiert, die dem Ozeandampfer mit dem Emigration-Tender entgegengekommen waren. Ich besaß nichts mehr, was die strengen Gesetze der Prohibition verletzt hätte. Mein Gewissen war rein; es ärgerte mich deshalb maßlos, dass die Zöllner in meinen sämtlichen Koffern das Unterste zuoberst kehrten und jeden einzelnen nach einem doppelten Boden abklopften.

Als sie mein Gepäck durchstöbert hatten, kam das von Machon an die Reihe.

„Sagt mal, Boys, was habt ihr vor?"

Die merkwürdige Schnüffelei ging mir allmählich auf die Nerven.

„Wir haben Order!"

„Order? Wozu?"

Jetzt wurde mir die Sache zu bunt. Alle Reisenden waren längst abgefertigt.

„Verdammt noch mal, was sucht ihr denn eigentlich?" fragte ich.

„Stell dich doch nicht dumm, Max – den Kaktus natürlich!"

„Den was?"

„Den Kaktus!"

Ich verstand kein Wort.

„Den Kaktus, den dir die Dame in Berlin überreicht hat." Langsam, sehr langsam ging mir jetzt ein Licht auf: Beim Abschied in Berlin hatte mir die Braut meines Bruders ein besonders sinniges Geschenk gemacht: eine Gurke, die in einem Blumentopf steckte und mit Gewürznelken gespickt war.

Diesem „Kaktus" gingen in den Pressemeldungen für Amerika die Anführungszeichen verloren; aus der gespickten Gurke war ein richtiger Kaktus geworden. Da in den Vereinigten Staaten die Einfuhr von Pflanzen aber streng verboten ist, wurde unser Gepäck rücksichtslos durchwühlt.

„Also, Max, wo ist das Ding?"

Ich wusste genau, wo das Ding war: kurz hinter Berlin hatte ich es aus dem Zug geworfen.

Die mehr als pflichtgetreuen Zollbeamten im New Yorker Hafen – durch Spezialisten aus Washington verstärkt – machten ungläubige Gesichter. Nach kurzem Hin und Her entschlossen sie sich aber doch, mir zu glauben. Befreit brachen wir gemeinsam in schallendes Gelächter aus.

Der Seeteufel ruft an

Im Juli 1931 sollte ich zum ersten Mal meinen Titel verteidigen. Der Herausforderer hieß William Young Stribling. Manager Joe Jacobs hielt es für richtig, die Zeit bis zum Kampf durch eine Tournee auszufüllen. Es konnte nicht schaden, die Aufmerksamkeit früh genug auf den großen Titelfight zu lenken, der nicht in New York, sondern in Cleveland im Staate Ohio stattfinden sollte.

Die Reiseroute führte uns auch nach Florida im Südosten der USA, in das Land der luxuriösen Bäder und Winterkurorte. Wir machten Station im Millionärsbad Miami und wohnten im „Beach"-Hotel.

Hier rief mich eines Tages ein Landsmann an, den in der Heimat jedes Kind kannte und der in ganz Amerika sehr beliebt war: Graf Luckner, der „Seeteufel". Als Schriftsteller, vielfacher Weltumsegler und fairer Kriegsgegner hatte er sich einen hervorragenden Ruf erworben.

Wie verdient sich Luckner um die Verständigung zwischen Deutschland und Amerika gemacht hatte, beweist allein die Tatsache, dass er Ehrenbürger mehrerer US-Städte ist und dass amerikanische Müttervereinigungen die Aufnahme des Kapitels „Ritterlichkeit und Menschlichkeit" aus seinem Buch „Der Seeteufel" in die Lesebücher ihrer Kinder durchsetzten.

„Ich erwarte Sie heute Abend auf der ‚Mopelia'", sagte der Graf.

Pünktlich fanden wir uns an Bord der Jacht ein. Und hier lernte ich nun einen der charmantesten und originellsten Männer kennen, die mir im Leben je begegneten.

Luckner war nicht nur ein amüsanter Plauderer, sondern auch ein trickreicher Zauberkünstler. Er riss, wie inzwischen überall bekannt, die dicksten Telefonbücher entzwei, verbog zwischen Daumen und Zeigefinger blanke Dollarstücke und durchschlug – was uns am meisten verblüffte – mit einem scharf gefalzten Geldschein Bleistifte.

Ich traf Graf Luckner im Laufe der Jahre noch oft, zuletzt 1954 in seiner neuen Wahlheimat Schweden, wo man mir als „bekanntestem Deutschen" nach den drei Oberbürgermeistern der Hansestädte Hamburg, Lübeck und Bremen eine Medaille verlieh.

Luckner, inzwischen 73 Jahre alt, staunte nicht schlecht, als ich ihm seinen Trick mit dem Geldschein vorexerzierte. Diebisch aber freute er sich, weil ich immer noch nicht dahintergekommen war, wie man ein Telefonbuch durchreißt ...

Bei Gangsterkönig Al Capone

Eine Einladung, die uns ebenfalls in Miami erreichte, machte uns viel Kopfzerbrechen. Al Capone, der Herr der Chicagoer Unterwelt, hatte uns zu einer Party gebeten. Am Stadtrand von Miami lag seine prächtige, weiße Villa.

„Kann ich mir leisten, hinzugehen?" fragte ich Joe Jacobs, der sich in amerikanischen Gepflogenheiten normalerweise gut auskannte. In diesem Fall wusste auch er nicht sofort eine Antwort und telefonierte deshalb mit ein paar Bekannten ...

Al Capone war der Chef einer weitverzweigten Schmugglerorganisation. Man erzählte sich, dass er an der ungesetzlichen Alkoholeinfuhr jährlich Millionen verdiente, dass er sogar Polizei und Behörden mit seinen Leuten durchsetzt hatte und dem Staat auf der Nase herumtanzte, wie niemand vor ihm.

„Schmeling kann die Einladung ruhig annehmen", riet man Joe Jacobs.

Al Capone, der seine Karriere mit ein paar gut gezielten Revolverschüssen begonnen haben soll, führte seinerzeit nach außen hin das Leben eines biederen Geschäftsmannes. Da man ihm keine Verfehlungen nachweisen konnte, wagte niemand, seine Stellung in der amerikanischen Gesellschaft anzufechten. Künstler, Politiker, Industrielle und Sportler gaben sich in seinem gastfreundlichen Haus ungeniert ein Stelldichein.

Voll prickelnder Neugier sahen wir dem Abend in der Villa des Gangsterkönigs entgegen. Ein schweres Auto holte uns vor dem Hotel ab: Machon, Joe Jacobs und mich.

„Kinder, wenn diese Luxuslimousine nicht gepanzert ist, will ich nicht mehr Max heißen", flüsterte Machon, als wir im Fond Platz genommen hatten.

„Ihr glaubt wohl, ihr habt es mit einem Bilderbuch-Gangster zu tun?" spottete Joe.

Er konnte uns als sachlicher Amerikaner die gruselige Freude an der Räuberromantik nicht austreiben. Als der Chauffeur das Auto durch eine Toreinfahrt in den märchenhaft schönen Park der Villa lenkte, glaubten wir in der Mauernische den Lauf eines drohend auf uns gerichteten Maschinengewehrs zu sehen.

Doch es ging viel bürgerlicher zu, als wir meinten. Ein Diener nahm uns in der Vorhalle die Mäntel ab, und Mrs. Al Capone, die Hausfrau, kam uns mit ausgestreckten Armen entgegen.

„Oh, Mister Schmeling, how wonderful to see you!" – „Wie schön, Sie zu sehen!"

„Nice to see you", äffte Sonny nach, Al Capones zehnjähriger Sprössling. Im Lauf des Abends festigte er seinen Ruf als der ungezogenste Junge Amerikas. Er tobte herum, schikanierte und erschreckte die Gäste, wo sich nur eine Gelegenheit dazu bot. Seine Ma-

ma fand das anscheinend ganz in Ordnung. Sie vergötterte ihren Sohn, und er nahm sich jede Freiheit heraus. Leider gab es niemanden, der Sonny übers Knie gelegt hätte. Wer riskierte es schon, seinen gefährlichen Papa zu verschnupfen?

Erstaunlich und selbstverständlich zugleich: Im Haus Al Capones gab es Sekt, Wein, Kognak und Likör im Überfluss. Doch so ausgiebig die Gäste diesen verbotenen Genüssen auch zusprachen, die Stimmung blieb seltsam bedrückt.

Was war los?

Warum wurde auf diesem Fest so wenig gelacht?

Al Capone war – wir erfuhren es später – wenige Stunden zuvor verhaftet worden. An sich kein ungewöhnliches Ereignis! Der Hausherr saß ja nicht zum ersten Mal hinter Schloss und Riegel. Er hatte sich gelegentlich sogar freiwillig festnehmen lassen, aus den nichtigsten Anlässen. Gab es einen Ort, wo er sicherer aufgehoben war als im Gefängnis, wenn zwischen seiner Bande und einer anderen wieder einmal ein blutiger Konkurrenzkampf tobte?

Doch diesmal sah die Sache weniger harmlos aus. Al Capone war auf Veranlassung eines Bundesrichters, den die merkwürdige Popularität des Gangsterkönigs herzlichst kalt ließ, wegen schwerer Steuerhinterziehung verhaftet worden. Jetzt gelang es dem Herrn der Unterwelt nicht noch einmal, den Maschen des Gesetzes zu entschlüpfen: Ein paar Monate nach dieser denkwürdigen Party wurde er zu elf Jahren Zuchthaus verurteilt. Nachdem der Bundesgerichtshof seine Berufung verworfen hatte, verbannte man Al Capone auf die Teufelsinsel Alcatraz in der Bucht von San Francisco, wo er wie ein „ganz gewöhnlicher" Verbrecher seine Strafe verbüßen musste.

Wenn auch keiner der Gäste das unerbittliche Ende Al Capones voraussehen konnte – die Ungewissheit lag drohend wie eine Gewitterwolke in der Luft.

„Da, schau dir den an", flüsterte Machon, als wir den mit kostbaren Möbeln eingerichteten Salon betraten, in dem das kalte Büfett aufgebaut war. In einem Sessel in der Ecke saß ein Mann, der aus dem Verbrecheralbum entsprungen schien. Er hatte ein grobes, pockennarbiges Gesicht und eine fliehende Stirn, die höchstens zwei Fingerbreit hoch war. Die ruhelosen Augen verschwanden fast unter den buschigen Brauen.

Genau so hatten wir uns einen Gangster vorgestellt.

Joe Jacobs, der unter den Gästen Al Capones ein paar Bekannte getroffen hatte, brachte heraus, wer der stiernackige Bursche war: „Joe, the Boss". Dieser Name stand natürlich nicht im Taufregister. Im Kreis der Gangster aber war er zum Begriff geworden.

„Joe, the Boss", Unterführer in der Bande Al Capones, schaute nicht ohne Grund so finster drein. Vor 48 Stunden hatte er zwei Männer, die ihm nicht ins Programm passten, auf offener Straße umgelegt. Vorerst war er durch seine Flucht nach Florida vor der Verhaftung sicher – nach damaligem Gesetz dauerte es nämlich geraume Zeit, bis ein US-Staat Verbrecher an einen anderen auslieferte.

Der Doppelmörder entging der Gerechtigkeit nicht, das Schicksal saß ihm bereits im Genick. Als wir ein paar Wochen später nach Cincinnati kamen, lasen wir in der Zeitung, dass er von Unbekannten aus dem Hinterhalt niedergeknallt worden war.

Von einer anderen Bande?

Von seinen eigenen Kumpanen, denen er zu mächtig wurde?

Wer hätte das mit Sicherheit feststellen können?

Ungebetene Gäste

Der Zufall – oder besser: ein cleverer Veranstalter – wollte, dass Young Stribling und ich in Florida nacheinander bei ein und demselben Schaukampf auftraten. Unsere Tourneen kreuzten sich. Während mein Herausforderer gegen seine Sparringspartner boxte, beobachtete ich ihn. Natürlich hütete sich Stribling, die letzten Raffinessen seines Kampfstils preiszugeben. Aber eines erkannte ich doch: Ich durfte meinen künftigen Gegner auf keinen Fall unterschätzen!

Meine Tournee war so eingerichtet, dass wir zum Abschluss in Cleveland landeten. Von dort aus bezogen wir gleich unser Camp in Conneaut Lake Park, weit außerhalb der Stadt.

Wir waren gerade im Begriff, uns einzurichten und den Ring aufzubauen, als uns etwas Merkwürdiges auffiel: Wir hämmerten und zimmerten nicht allein. In unmittelbarer Nachbarschaft ließ sich jemand häuslich nieder.

Zunächst kümmerten wir uns nicht weiter darum. Schließlich konnte sich in Conneaut Lake Park ansiedeln, wer wollte. Doch als plötzlich Wagen mit Särgen an uns vorbeifuhren, einer nach dem anderen, wurde uns etwas unheimlich zumute.

„Los, Machon, spionier mal", sagte ich.

Aber Machon wollte nicht. Er schickte die beiden Detektive los, die uns der Veranstalter als Beschützer zugeteilt hatte. Sie waren schnell wieder zurück.

„Harmlose Angelegenheit, Max, da findet eine Undertaker-Convention statt!"

Eine Undertaker-Convention? Das war eine Einrichtung, die wir in Deutschland nicht kannten: Beerdigungsinstitute tagten! Der Park verwandelte sich nach und nach in einen regelrechten Friedhof. Gräber wurden angelegt und mit Blumen bepflanzt; Urnen wurden ausgestellt und offene Särge mit Leichen aus Wachs.

Da gab es wächserne Tote, die in einen Frack gekleidet waren, andere im schlichten Straßenanzug. In den billigeren Begräbnisklassen sah man unbekleidete Wachsleichen, über deren Nacktheit man lediglich ein weißes Leintuch gebreitet hatte.

Die Undertaker blieben zehn Tage lang. Für die Journalisten im Trainingscamp war ihre Nachbarschaft ein gefundenes Fressen.

„Nun, Max, welchen Sarg hast du dir denn ausgesucht?" frotzelten sie.

„Bei deiner Börse kannst du dir bestimmt ein Begräbnis erster Klasse leisten!"

„Hast du dich in deinen Träumen noch nicht mitten unter den Wachsleichen liegen sehen?"

Ich ließ mich durch die menschenfreundlichen Anspielungen nicht aus der Ruhe bringen. Man muss auch anderen Leuten einen Spaß gönnen! Die Reporter machten sich ein Vergnügen daraus, mich mit pietätvollen Slogans der Beerdigungsinstitute zu traktieren:

„Das Leben dauert nicht ewig. Bedenke es beizeiten!"

„Wie man sich bettet, so liegt man."

„Denk an deine letzte Stunde!"

Nach zehn Tagen war der makabre Spuk vorüber. Conneaut Lake Park gehörte wieder den Lebenden.

Neben diesen zufälligen Nadelstichen ins Gemüt gab es natürlich auch wieder die planmäßigen Attacken im Nervenkrieg, der vor einem großen Boxkampf unumgänglich schien.

Wenn ich nachmittags um drei trainierte, überflog mit konstanter Pünktlichkeit ein Sportflugzeug in geringer Höhe den Freiluftring, machte mit heulendem

Motor ein paar waghalsige Kunstflugfiguren und brauste wieder davon.

„Das war Young Stribling", flüsterten sich die Zuschauer respektvoll zu.

„Imponiert dir das nicht kolossal?" fragten die Journalisten.

„Dieser Mann, der zwei Stunden später ebenfalls trainiert, steigt kaltblütig in seine Maschine, um dich zu besuchen ..."

„Mir imponiert das gar nicht", sagte ich kalt.

Im Grunde imponierte es mir sehr. Überhaupt – dieser Stribling war ein erstaunlicher Kerl! Von 300 Kämpfen hatte er 116 durch K.o. gewonnen. Er selbst war noch nie ausgezählt worden. Bis heute hält er mit 127 K.o.-Siegen einen Rekord ...

Stribling liebte die Geschwindigkeit. Er besaß nicht nur ein Privatflugzeug, sondern auch die schnellsten und schönsten Autos. Das Schicksal ereilte ihn einige Jahre später auf einem Motorrad: Mrs. Stribling lag im Entbindungsheim, und ihr Mann raste mit seinem Motorrad los, um sie zu besuchen. Doch er sah sein Kind nicht mehr. Unterwegs verunglückte er schwer, und die Ärzte mussten ihm im Krankenhaus ein Bein amputieren. William Young Stribling starb während der Operation.

Als ich von seinem tragischen Schicksal erfuhr, war ich ehrlich erschüttert. Vielleicht aber bedeutete der Tod in diesem Fall eine Erlösung: Ich konnte mir nicht vorstellen, wie der vitale Mann das harte Los, ein Krüppel zu sein, ertragen hätte ...

Stribling sollte mir nach Meinung der Öffentlichkeit im 25. Weltmeisterschaftskampf der Boxgeschichte den Titel abnehmen. Wenige Tage vor dem 3. Juli 1931 standen die Wetten 7:5 für ihn. Jetzt konnte ich beweisen, was zu beweisen ich seit dem unglücklichen Treffen mit Sharkey schuldig war: die Würde eines Weltmeisters im Schwergewicht zu verdienen.

Um diese Zeit – mein Training war bereits abgeschlossen saßen wir abends im Camp beim Kartenspiel. Gegen zehn Uhr klopfte es, und schon flog die Tür auf. Herein kam ein kleiner, eleganter Mann, der seinen Hut tief ins Gesicht gezogen hatte. Er war von zwei Burschen flankiert – wuchtig wie Baumstämme.

Der Kleine tippte mit dem Finger salopp an die Hutkrempe und sagte:

„Hallo, Boys!"

„Hallo!" erwiderten wir erstaunt.

Was wollte er? Ein Interview?

„Max, gewinnst du den Kampf gegen Stribling?" fragte der Unbekannte.

„Selbstverständlich gewinne ich. Das bedarf keiner Frage."

„Well, das ist alles, was ich hören wollte! Good luck to you, Max!"

Und raus war der späte Gast mit seinen zwei Leibwächtern. Ich starrte dem Trio perplex nach.

„Wer war denn das?"

„Den kennst du nicht?" staunte Joe Jacobs. „Das war Augi Scalfaro."

Joe musste es wissen. Die großen Gangster sind in Amerika nicht weniger bekannt als die Filmstars.

„Und was wollte er von mir?"

„Herausbringen, wie die Stimmung ist. Augi will todsicher eine Stange Geld in Wetten anlegen."

Später erfuhr ich, dass sich Augi auch in Striblings Camp informiert hatte.

Ein Vater wirft das Handtuch

Unter Sirenengeheul hielt ich Einzug in Cleveland. Meinem Wagen folgten zehn mit Journalisten voll besetzte Autos. Am Stadtrand wurden wir von einer Motorradeskorte der Polizei erwartet und zum Hotel geleitet. Tausende säumten die Straßen. Der Boxsport hat in Amerika eine magnetische Anziehungskraft!

Am Mittag des Kampftages, am 3. Juli 1931, fand in den Räumen der Clevelander Boxkommission das obligatorische Wiegen statt. Von der New York Boxing Commission war ich immer noch in Acht und Bann getan. Um allen Unannehmlichkeiten aus dem Weg zu gehen, hatte der veranstaltende Madison Square Garden den Titelfight in den Staat Ohio verlegt. Schließlich mussten nicht alle bedeutenden Kämpfe in New York stattfinden. Die ganz Großen, Dempsey und Tunney, hatten einmal in Chicago und einmal in Philadelphia gegeneinander geboxt.

250 Bogenlampen tauchten das neue Stadion von Cleveland, das mit diesem Kampf eingeweiht wurde, in gleißendes Licht. Auf den Ring waren 32 Tiefstrahler gerichtet, die die entsetzliche sommerliche Hitze noch vergrößerten. Mit ohrenbetäubendem Lärm saugten vier Spezialmaschinen Myriaden von Mücken ab. An diesem Tag gab es in Cleveland nichts als Hitze und Mückenschwärme.

An diesem Tag gewann Cilly Aussem als erste Deutsche in Wimbledon gegen Hilde Krahwinkel die inoffizielle Tennis-Weltmeisterschaft; an diesem Tag diskutierten die deutschen Zeitungen den Hoover-Plan; an diesem Tag lief in den Kinos der Heimat der unvergessliche René-Clair-Film „Unter den Dächern von Paris".

Kurz nach 22 Uhr amerikanischer Zeit gab der weithin als objektiv bekannte Ringrichter George Blake, der für seine Arbeit 2.500 Dollar bekam, Stribling und mir die letzten Anweisungen.

„Hals- und Beinbruch" hatte mir kurz vorher der frühere deutsche Mittelgewichtsmeister Kurt Prenzel gewünscht, der am Mikrofon für Millionen Rundfunkhörer in Deutschland den Kampf schilderte. Heute noch behauptet man, Prenzels Boxreportage sei die beste gewesen, die je über den Äther ging. Ganz objektiv war sie, nüchtern, ohne jedes Drum und Dran.

Stribling, der in der Ringecke von seinem Vater betreut wurde, galt als gerissener Boxer – mit allen Haken und Ösen, wie man so sagt. Dass er in den ersten Runden die Initiative an sich riss, hatten alle Experten erwartet. Ich auch. Was mich etwas aus dem Konzept brachte, war einer seiner Tricks: Stribling spreizte den Daumen weg und stieß ihn mir auf der Seite, die der Ringrichter nicht beobachten konnte, immer wieder ins Auge.

„Verflucht und zugenäht, ich kann nichts mehr sehen", schimpfte ich, als ich nach der zweiten Runde tränenüberströmt in meine Ecke kam. „Der Kerl piekst mir ständig seinen Daumen in die Augen."

„Mensch, mach doch dasselbe!" verlangte Max Machon wütend.

„Wir sind hier nicht im Kindergarten."

Raue Sitten! Ich war nicht erbaut davon. Doch was blieb mir anders übrig? Also schlug ich auch einmal mit weggestrecktem Daumen. Der Herausforderer blickte mich verdutzt an, begriff, dass ich ihn durchschaut hatte, und hielt sich von nun an einwandfrei an die Bestimmungen. Sauber und fair lief der Kampf weiter.

Sechs Runden lagen hinter uns, als ich zum ersten Mal die Möglichkeit zu sehen glaubte, Schluss zu machen. Stribling schien müde zu werden. Er hatte kaum noch Luft.

Nach dem Gong zur Runde sieben sprang ich ihn entschlossen an, bearbeitete ihn mit Körperschlägen, trieb ihn vor mir her ...

Kein sanftes Handwerk, das ich mir ausgesucht hatte! Mein Gegner blutete heftig aus der Nase. Empfand ich Mitleid mit ihm? Bestimmt! Doch mit Mitleid hat noch niemand seinen Titel verteidigt. Mitleid ist im Ring erst nach dem „Aus" des Ringrichters angebracht.

Wie man sich täuschen kann! In der Pause zur achten Runde hatte sich der Amerikaner gut erholt. Er machte wieder eine bessere Figur. Runde acht war die letzte, die ihm zugesprochen wurde.

Runde neun, zehn, elf – jede hätte das Ende bringen können, wenn – ja wenn mein Gegner nicht ein so hervorragender Boxer gewesen wäre, ein Boxer mit übermenschlicher Härte im Nehmen. Er verdaute ganze Serien von Körper- und Kopfhaken, er wankte, aber fiel nicht. Immer wieder rettete er sich in den Clinch, klammerte und suchte sich in kurzen Schnaufpausen zu erholen.

Die nächsten drei Runden boten ein unverändertes Bild. Bei den 40.000 Zuschauern, die das große Clevelander Stadion nur zum Teil füllten, durften über den Sieger des Kampfes kaum noch Zweifel bestehen. Fraglich blieb nur: Würde ich nach Punkten gewinnen oder durch K.o.?

Gong zur fünfzehnten und letzten Runde!

Entschlossen, ein Ende zu machen, schlug ich Stribling einen wuchtigen rechten Haken ans Kinn. Langsam sackte er in sich zusammen.

Ringrichter Blake fing zu zählen an:

„One – two – three ..."

Bei jeder Zahl breitete er die Arme über den am Boden liegenden Yankee aus.

„... four – five – six ..."

Bei „nine" war der tapfere William Young Stribling wieder auf den Beinen – groggy, wehrlos, schwer angeschlagen. Ob er es noch schaffte, über die Distanz zu kommen?

Er schaffte es nicht mehr. 30 oder 20 Sekunden vor Schluss fiel er kampfunfähig in seine Ecke. Striblings Vater, sein Chefsekundant, warf zum Zeichen der Aufgabe das Handtuch.

Ringrichter Blake brach den Kampf ab, kam auf mich zu und hob meinen Arm hoch.

„Sieger durch technischen K.o. – Max Schmeling!"

Erst nach diesem Sieg über Stribling wurde ich für viele zum wahren Weltmeister. Auch die widerspenstige New York Boxing Commission beeilte sich nun, mich anzuerkennen. Nat Fleischers weltberühmte Fachzeitschrift „Der Ring" überreichte mir den Weltmeisterschaftsgürtel, und die Boxbehörden zögerten nicht mehr, meinen Namen zu denen der übrigen Weltmeister in den Sockel der Muldoon-Statue einzugravieren.

Ich hatte erreicht, was ich erreichen wollte: Deutschland, Amerika, die Welt musste anerkennen, dass ich den Titel zu Recht trug.

Ein paar Tage nach dem Kampf – ich war im Hotel „Commodore" gerade mit Kofferpacken beschäftigt – klopfte es an meine Zimmertür. Vor mir stand der geheimnisvolle Besucher aus dem Trainingscamp, Augi Scalfaro, mit seinen baumlangen Begleitern.

„It was a nice fight, Mäx!" – „Es war ein schöner Kampf!" lobte er und drückte mir ein kleines Päckchen in die Hand. „Nimm das zum Andenken! Gute Reise!"

Ich steckte das Präsent achtlos in die Jackentasche.

3.000 begeisterte Amerikaner standen abends am Pier, als wir auf das Schiff gingen. Ich hatte es mir in Kabine 264 der „Europa" gerade gemütlich gemacht, als Machon sagte:

„Willst du denn nicht mal nachschauen, was dir der Augi geschenkt hat?"

Ich wickelte das bereits, vergessene Päckchen aus und hielt zu meiner Verblüffung eine wertvolle, mit Brillanten besetzte Uhr in der Hand.

„To Max Schmeling from Augi Scalfaro", war auf der Rückseite eingraviert.

Augi hatte enorme Summen auf meinen Sieg gewettet und viel gewonnen ... Die Uhr schätzte ein Juwelier später auf 4.000 Mark. In Berlin wurde sie mir eines Tages gestohlen.

Muss ich betonen, dass es mich mit Macht in die Heimat zog? Dort wartete nicht nur die Mutter, dort wartete nun auch Anny Ondra auf mich.

Bei der Ankunft in Bremerhaven und später auf dem Tempelhofer Feld in Berlin, wohin uns ein Sonderflugzeug brachte, merkte ich, dass der Widerstand meiner Landsleute gegen mich geschmolzen war. Tausende begrüßten mich jubelnd. Ich war wieder daheim.

Für Anny hatte ich mir eine besondere Freude ausgedacht.

In Saarow-Pieskow, 70 Kilometer östlich von Berlin, wo ich im vergangenen Jahr ein Haus gemietet und es später angekauft hatte, wollte ich sie überraschen – mit Blumen, ganz besonderen Blumen aus Amerika.

Es war schon dunkel, als ein Spediteur die Kisten nach Saarow brachte. Ich ließ sie in der Halle absetzen und aufmachen, holte Anny und zeigte ihr voll Stolz die Schätze. Wenn sie sich darüber nicht freute!

Sie schaute mich überrascht und – wie mir vorkam – ein bisschen verlegen an. Dann suchte sie eine Taschenlampe und nahm mich bei der Hand.

„Komm!" sagte sie, führte mich in den Garten und ließ den Lichtkegel über die schönsten Blumenbeete, über einen zauberhaften Steingarten wandern.

„Schau, Max, wie schön alles blüht!"

Um mir eine Freude zu machen, hatte sie den Garten bereits großartig anlegen lassen.

Der Gärtner, dem ich am nächsten Morgen die Pflanzen aus Amerika zeigte, bewies weniger Zartgefühl:

„Det is ja Phlox!" sagte er verächtlich. „Den hätten Se hier ooch koofen können! Und dat andere Zeugs dito! Da hätten Se sich 'nen schönen Batzen Geld gespart."

Die Kunst, im Sattel zu bleiben

Alles im Leben will gelernt sein: die Blumenzucht, das Boxen und natürlich auch – das Reiten.

Zu meinem Landhaus in Saarow hatte ich mir einen Pferdestall gebaut; ich glaubte, Reiten wäre ein günstiger Ausgleichssport für mich. Also ging ich zu meinem Nachbarn, dem Bildhauer Professor Thorak, und fragte ihn:

„Wo kann ich hier ein gutes Pferd kaufen?"

Auf einem Gut in Beeskow versuchten wir unser Glück. Der Gaul, der zum Verkauf angeboten war, wurde aus dem Stall in den Hof geführt. Machon, ein alter Fachmann, erkundigte sich sofort:

„Wie lange hat das Tier gestanden?"

„Etwa sechs Wochen!"

Machon schwang sich in den Sattel und ritt ein paar hundert Meter. Mich kribbelte es in den Beinen.

„Los, komm 'runter!" schrie ich. „Ich möchte auch mal rauf!"

Er ließ mich nicht lange zappeln.

„Sei vorsichtig, Max, der Gaul hat sich noch nicht ausgetobt!" Doch ich saß bereits im Sattel und kitzelte das Pferd ein ganz klein wenig mit den Hacken. Brrr – weg waren wir! Der Hengst galoppierte wie wahnsinnig über die Felder. Mir verging Hören und Sehen. Plötzlich merkte ich, dass ich keinen Sattel mehr unter mir hatte. Ich rutschte immer höher, während der tobende Gaul über die Kartoffeläcker stürmte.

Mittlerweile hatte es sich im Dorf herumgesprochen:

„Der Schmeling ist da und will ein Pferd kaufen!"

Aus allen Gehöften liefen die Leute zusammen, um mich reiten zu sehen.

Ich rutschte dem wild gewordenen Gaul bis dicht hinter die Ohren. Für ihn muss das kein angenehmes Gefühl gewesen sein. Er machte eine kurze, heftige Kopfbewegung, und ich klatschte wie ein Frosch auf allen Vieren in den Kartoffelacker.

Das Gelächter der Dorfbewohner von Beeskow brachte mich um das letzte bisschen Verstand. Ich beging die größte Dummheit, die ich begehen konnte: Ich rannte hinter dem davongaloppierenden Pferd her, wollte es einholen. Ein Ding der Unmöglichkeit, natürlich! Doch lief ich ja eigentlich aus einem ganz anderen Grund aus purer Verlegenheit.

Auf riesigen Umwegen schlich ich langsam zum Gut zurück. Inständig hoffte ich, die Neugierigen würden sich inzwischen verlaufen haben.

Sie waren alle noch da. Keiner wollte sich die Gelegenheit entgehen lassen, mich auszulachen.

Mit der Suppe stimmt was nicht!

Professor Joseph Thorak, mein nächster Nachbar in Saarow, war damals immer knapp bei Kasse. Um den Speisezettel für seine Frau und die zwei Kinder aufzubessern, hielt er jedes Jahr ein Schwein. Jolanthe wurde gemästet und musste, wenn sie fett war, dran glauben.

Zum Schlachtfest lud Thorak seine sämtlichen Mäzene ein, alles Leute, von denen er Geld gepumpt hatte oder von denen er einen Auftrag erhoffte. Es kamen die Schauspieler Harry Liedtke, Eugen Klöpfer und Käthe Dorsch, der Maler Professor Bruno Krauskopf, einige einflussreiche Wirtschaftler aus Berlin, der Bürgermeister von Saarow, Max Machon und noch ein paar Bekannte. Insgesamt waren wir etwa 20 Personen.

Aus Beeskow hatte Thorak einen Metzger bestellt, der weit und breit wegen seiner Wurstsuppe berühmt war.

„Hausgemacht!" prahlte der urwüchsige Bildhauer mit der langen Künstlermähne, als er aus einem dampfenden Kessel die Suppe in die Teller füllte.

Alles griff beherzt zum Löffel. Das erwartungsvolle Gemurmel machte einer andächtigen Stille Platz. Doch die Gesichter wurden lang und länger. Jeder würgte tapfer zwei, drei Löffel Suppe hinunter und bemühte sich dann, seine plötzliche Appetitlosigkeit zu verbergen.

„Was ist denn los?" fragte Thorak erschrocken. „Esst doch, ihr seid doch noch nicht satt!"

„Zu dumm, ich musste schon vorher mit meinem Regisseur essen", sagte Harry Liedtke.

„Ausgerechnet heute hab' ich so verdammtes Magenweh", entschuldigte sich der Direktor der Bewag.

Faule Ausreden!

Der Gastgeber war ganz blass geworden. Bisher hatte er doch bei jedem Schlachtfest soviel Anklang mit seiner Spezialität gefunden!

„Die Suppe war schon mal besser", sagte schließlich Eugen Klöpfer ehrlich.

„Kochen ist immer Glückssache", beschwichtigte die Dorsch.

Thorak war verbittert. Sofort rief er den Metzger an und machte ihm einen heillosen Krach.

„Keiner hat's g'fressen, dei Wurstsupp'n!" wetterte der erboste Steiermärker, „da hab' ich mich sauber blamiert."

„Mit meiner Wurstsuppe? Ausgeschlossen!" protestierte der Metzger.

„Komm und probier's!"

„Ich bin gleich da!"

Der Schlachtermeister, der sich in seiner Standesehre gekränkt fühlte, war eine Viertelstunde später zur Stelle.

„Wo ist die Suppe?" fragte er.

„Da steht's! Der ganze Kessel ist noch voll!"

Den Metzger hätte beinahe der Schlag getroffen.

„Und das haben Sie Ihren Gästen vorgesetzt?" rief er entgeistert, griff in den Kessel und holte zu Thoraks maßloser Verblüffung ein Schlachtbeil und mehrere Messer aus der Brühe.

Mein Nachbar hatte uns Spülwasser serviert! Der Topf mit der richtigen Wurstsuppe stand unbeachtet in einer Ecke.

Anny Ondra stürzt sich in Unkosten

Von Heiraten war zwischen Anny und mir bisher nie die Rede. Wir mieden dieses Thema, obwohl wir sehr oft zusammen waren.

„Du, sag mal", fragte ich meinen Freund Paul Damski, „was schenkt man einer Dame zu Weihnachten, wenn man sich nicht allzu sehr verpflichten will?"

„Weißt du denn schon, was sie dir kauft?"

„Wir haben ausgemacht, uns nichts zu schenken. Aber eine Kleinigkeit ... weißt du ..."

Damski überlegte.

„Schenk deinem Herzblatt doch einen schönen Schal", riet er.

Grandioser Einfall!

Weihnachten bei Anny ... Wir saßen gemütlich auf dem Sofa. Die Tannenzweige dufteten, und im Rohr brutzelten die Bratäpfel.

„Du, Max", sagte Anny nach einiger Zeit, „eigentlich wollten wir uns ja nichts schenken ..."

„Was heißt eigentlich? Ich hab' bestimmt nichts für dich!"

Das Päckchen mit dem Schal steckte noch in meiner Jackentasche.

„Würdest du dich freuen, wenn ich doch eine Kleinigkeit für dich hätte?"

„Nein, das wäre gegen die Abmachung. Das heißt – wenn es wirklich nur eine Kleinigkeit ist ..."

Anny sprang auf, holte ein kleines Päckchen aus ihrem Safe und drückte es mir freudestrahlend in die Hand. Neugierig wickelte ich ein Etui aus und wurde vor Schrecken blass: Auf schwarzem Samtkissen lag eine wunderbare Platinuhr.

Da stand ich nun mit meinem Schal!

Schöne Blamage!

„Freu dich doch, Mäxchen! Damski hat mir verraten, dass du dringend eine Uhr für deinen Frack brauchst."

„Ja, Damski weiß genau, was uns fehlt", sagte ich wütend und holte den Schal aus der Tasche.

Die Harmonie des Weihnachtsabends war gestört. Anny legte die Uhr in den Safe zurück und holte sie erst an unserem Hochzeitstag wieder hervor.

Übrigens hatte ich mit dieser Uhr dasselbe Pech wie mit der des Gangsters Augi Scalfaro: Auch sie wurde mir eines Tages gestohlen.

EIN UNVERDIENTER RÜCKSCHLAG

In Amerika wartete ein Mann mit fanatischer Besessenheit darauf, noch einmal gegen mich zu kämpfen: Jack Sharkey.

Zahllose Amerikaner machten sich zu seinem Anwalt. Auf einer neuen Schaukampftournee, die wieder Joe Jacobs zusammengestellt hatte, wurde ich überall herzlich begrüßt. Doch Zurufe aus dem Publikum gehörten bald zur Tagesordnung.

„What about Sharkey, eh?"

„Was ist mit Sharkey? Es wird Zeit, dass du ihm Revanche gibst, Max!"

Sharkey hatte inzwischen nicht geschlafen. Er war nach seiner Disqualifikation im Jahre 1930 durch ein paar Kämpfe wieder aufgebaut worden und streckte nun erneut die Hand nach dem Titel aus.

„Was ist mit Sharkey, Max?"

Joe, mein Manager, hielt es für taktisch falsch, so ohne Weiteres auf die Forderungen nach Revanche einzugehen. Er meinte, ein wenig Spannung, ein wenig Hinhalten könnten dem Geschäft nicht schaden.

Eines Tages führte uns die Tournee auch nach Boston, Sharkeys Heimatstadt. Die Zeitungen in ganz Amerika verfolgten neugierig, wie unser Zusammentreffen ausgehen würde. Sie stellten die unglaublichsten Prognosen:

„Jack wird unten am Ring sitzen und Schmeling bis zur Weißglut reizen."

„Jack wird ihn lächerlich machen."

„Jack wird ihn ohrfeigen."

Es kam anders, als sie alle dachten. Unter kritischen Zurufen und Beifall kletterte ich mit meinem Sparringspartner in den Ring. Ehe der Kampf losging, wurde das Publikum mit der anwesenden Prominenz bekannt gemacht, dazu gehörte natürlich auch Sharkey.

Riesiger Beifall für ihn!

Er verbeugte sich geschmeichelt nach allen Seiten und kam dann auf mich zu.

Atemlose Stille!

Ich wusste selber nicht, was sich im nächsten Moment ereignen würde. Nur eines stand fest, Sharkey würde bestimmt versuchen, mich zum Clown zu machen. Soweit durfte es nicht kommen. Deshalb drehte ich den Spieß um.

Ich schüttelte Jack lachend die Hand, klopfte ihm auf die Schulter und gab ihm in aller Freundschaft einen Klaps auf den Hintern. Höflich hielt ich die Seile auseinander und schob ihn – er war vor Überraschung ganz perplex – aus dem Ring.

Als das Publikum merkte, dass ich Herr der Lage blieb, gehörte mir im Handumdrehen seine Gunst.

Noch an diesem Abend gab ich offiziell bekannt, dass ich meinen Titel gegen Jack Sharkey verteidigen würde. Der italienische Riese Primo Carnera und der frühere Halbschwergewichts-Weltmeister Mickey Walker, die beide als Herausforderer zur Diskussion standen, mussten warten.

Bereits ein paar Tage später wurden in New York die Verträge unterzeichnet. Man einigte sich auf den 21. Juni 1932 als Kampftermin.

Jetzt, ein knappes halbes Jahr vorher, lief schon die Ballyhoo-Maschine an. Die Veranstalter begnügten sich aber nicht damit, in alle Welt hinauszuposaunen, dass sich die beiden alten Kontrahenten nun endlich zum zweiten Mal gegenüberstehen würden, es gab noch ganz andere Methoden: Aus propagandistischen Gründen stempelte man Jack und mich zu Todfeinden ab. Aus propagandistischen Gründen legte man uns krasse Schimpfwörter in den Mund.

Die Veranstalter versprachen sich allerhand von unserer Begegnung – so viel, dass sie in Rekordzeit ein Riesenstadion bauen wollten. Sie hatten den verständlichen Wunsch, die Einnahmen in die eigene Tasche zu stecken und nicht gewaltige Summen für die Miete des Yankee-Stadions auszugeben.

Auch Mrs. Hearst, die Verlegersgattin, trat wieder auf den Plan. Ihre Prozente aus dem Paolino- und aus dem ersten Sharkey-Kampf hatte sie längst in Milch für notleidende Babys umgesetzt. Der Milchfonds hungerte nach einem neuen Zuschuss.

Während auf Long Island bei New York in amerikanischem Tempo die „größte Suppenterrine der Welt" – das Riesenstadion „the Bowl" – gebaut wurde, fuhr ich nach Unterzeichnung der Verträge noch einmal in die Heimat.

In meinem Haus in Saarow warteten waschkörbeweise Briefe von wildfremden Leuten auf mich: Rührende, vernünftige, gut gemeinte, verrückte. Und Schnorrbriefe! Ich hatte mir zum Prinzip gemacht, grundsätzlich alle zu beantworten. Doch bald wuchs mir die Arbeit über den Kopf; ich musste zeitweilig zwei Schreibkräfte einstellen.

Als ich einmal verreist war, vereinfachten die beiden Damen das Verfahren: Sie ließen einen Faksimilestempel meiner Unterschrift anfertigen und stempelten die Antwortbriefe kurzerhand ab. Diesen Unfug bremste ich schnell. Jeder, der sich die Mühe machte, mir zu schreiben, hatte ein Recht darauf, eine persönliche Antwort zu bekommen. Berufsboxer leben schließlich von der Gunst ihrer Anhänger – eine Tatsache, die ich nie vergaß ...

Wie gesagt – nicht jeder Brief verdiente es, ernst genommen zu werden.

Eines Tages wandte sich Herr Vero, der sich selbst „das Wunder der Anatomie" nannte, an mich – per Einschreiben. Er versprach nicht mehr und nicht weniger, als mich – gegen entsprechende Entschädigung natürlich – zum Übermenschen zu machen. Undenkbar, dass ich mit seiner Methode den Weltmeistertitel jemals wieder verlieren könnte!

In Zusammenarbeit mit Max Machon und Paul Damski schrieb ich einen völlig unsinnigen Antwortbrief:

„Sehr geehrtes Wunder der Anatomie!

Ihr Hochgeehrtes habe ich erhalten. Mit Ihren Vorschlägen bin ich gerne einverstanden, leider aber muss ich – Sie werden das verstehen – vorher Präventritipeze einziehen. Ich nehme bestimmt an, dass sie günstig ausfallen und dass auch die Magnosuperlafenze in Ordnung sind. Unter diesen Umständen stünde einer annosozialitisierenden Zusammenarbeit nichts im Wege. Was Ihre finanziellen Forderungen betrifft, so müssten Sie sich unbedingt an die Summazwibulamaggilos halten.

Mit dem Ausdruck vorzüglicher Hochachtung ..."

Postwendend kam die Rückantwort. Der merkwürdige Herr teilte mir überschwänglich mit, dass er alles, aber auch wirklich alles verstanden hätte, nur – über die Surnmazwibulamaggilos möchte er gern erschöpfendere Auskunft ...

Man sieht, dem Blödsinn sind keine Grenzen gesetzt. Sobald es jedoch ums Geld geht, schreit auch der größte Narr nach Klarheit.

„Sie hat mich nie geliebt ..."

Von den guten Wünschen meiner Anhänger begleitet, reiste ich wieder nach Amerika.

Während der Überfahrt steckte ich voll Unternehmungsgeist. Was ich im Schwimmbassin und im

Gymnastikraum an Tatendrang nicht austoben konnte, setzte ich in dumme Streiche um.

Mit dem Heldenbariton Michael Bohnen ging ich nach Einbruch der Dunkelheit an Deck spazieren.

„Kennst du den?"

„Weißt du, wer das ist?"

Unentwegt wurde hinter uns getuschelt.

„Guten Abend", grüßten wir würdig und waren uns natürlich bewusst, dass der Boxer und der Sänger ein ungleiches Gespann abgaben. Gelassen bummelten wir weiter, von neugierigen Blicken verfolgt.

„Los!" kommandierte ich in einem günstigen Augenblick, und Michael verschwand in einer dunklen Ecke. Ich stellte mich in Positur, räusperte mich vernehmlich und fing zu singen an.

Denkste! Ich sang keinen Ton! Bohnen schmetterte aus seinem Versteck „Sie hat mich nie geliebt ...", während ich mit Bühnenpathos die Arme ausbreitete und stumm wie ein Fisch den Mund auf und zu machte.

Die Vorstellung war ein grandioser Erfolg. Mit überschwänglicher Begeisterung stürzten aus der Schar der Zuhörer, die sich inzwischen angesammelt hatten, ein paar Amerikanerinnen auf mich zu.

„Oh, Mister Smelling, you have a wonderful voice!"

Von wegen – wundervolle Stimme! Ihr hättet mein Fiasko als Schallplattensänger erleben müssen!

Das dicke Ende kam nach. Man bestand darauf, den „singenden Boxer" beim Captainsdinner zu hören, das auf Ozeandampfern am zweiten Tag der Reise stattfindet.

Während sich der Speisesaal 1. Klasse langsam füllte – die Damen trugen große Abendtoilette, die Herren Smoking –, wusste ich immer noch nicht, wie ich mich am geschicktesten aus der Affäre ziehen könnte. Machon half mir mit einer sehr simplen, aber wirksamen Bemerkung aus der Klemme:

„Mein Gott, Max, bist du heut' heiser ... Du musst dich gestern Abend an Deck erkältet haben."

„Leider, leider", hüstelte ich. „Ich kann beim besten Willen nicht singen."

Michael Bohnen war so liebenswürdig, als „Ersatz" für mich einzuspringen. Ich muss sagen: Er machte seine Sache auch ganz gut!

Joe benimmt sich unmöglich

Schon bei der Ankunft in New York begannen die Schwierigkeiten. Joe Jacobs holte Max Machon und mich am Hafen ab. Sofort versetzten wir ihm einen Tiefschlag.

„Joe, du musst mit in die ‚Götterdämmerung'!"
„Götterdämmerung? Was ist ‚Götterdämmerung'?" erkundigte er sich misstrauisch.

„Du wirst es übermorgen in der Metropolitan Opera schon merken."

„Opera?" rief Joe entsetzt. „Max, bist du nach Amerika gekommen, um zu boxen oder um in die Oper zu gehen?"

Die amerikanischen Journalisten, die uns umdrängten, grinsten hämisch. Während sie mich nach meinen Plänen für die nächsten Wochen ausquetschen, hatte Joe die kategorische Einladung immer noch nicht verdaut. Ich musste sie ihm schmackhaft machen und stellte ihm unseren Reisegefährten vor:

„Das ist Michael Bohnen, einer der berühmtesten Sänger der Welt."

Joe war beeindruckt.

„Er singt in der Metropolitan Opera den Hagen und lässt uns drei prima Plätze reservieren."

Meinem Manager war die unvermeidliche Zigarre ausgegangen. Er knautschte an dem erkalteten Glimmstängel herum und überlegte. In den Büros der Veranstalter und der Boxkommissionen, in Trainingscamps und in der Ringecke fühlte er sich zu Hause – für die Opera hatte er nichts übrig. Außerdem besaß er nicht einmal einen Smoking.

„Ohne Smoking kannst du nicht gehen!" sagte Machon.

Und auf einmal wurde der clevere, gerissene Joe, der wie ein Löwe kämpfen konnte, wenn es bei Vertragsabschlüssen um Prozente ging, folgsam wie ein Lamm. Er kaufte sich einen Smoking von der Stange.

Zwei Tage später saßen wir im Parkett des berühmtesten Opernhauses Amerikas. Es war bis zum letzten Platz besetzt. Premierenstimmung. In den Logen funkelten die Juwelen der amerikanischen Millionärsgattinnen. Die Vanderbilts, die Carnegies und Rockefellers rückten sich die Sessel zurecht. In die gedämpfte Unterhaltung mischte sich das Stimmen des Orchesters.

Und dann fing es an ...

Schon nach fünf Minuten fühlte sich Joe todunglücklich. Er steckte einen Finger in den steifen Kragen seines Hemdes und zerrte und zog dar an herum. Er stöhnte, schwitzte und war groggy wie ein Boxer nach dem zweiten Niederschlag.

In einer Gesangspause – man hätte eine Stecknadel fallen hören – rammte er mir den Ellbogen in die Seite.

„Mäx, when is the show over?" fragte er laut und ungeniert „Wann ist die Show endlich vorbei?"

„Psst! Psst!" zischte es wütend von allen Seiten, und ich hatte das Gefühl, als ob die 4.000 Premierengäste böse auf uns starrten. Am liebsten wäre ich im Erdboden versunken. Joe aber sackte wie ein Häufchen Elend in sich zusammen, als ich ihm die fünf gespreizten Finger der linken Hand vor die Nase hielt. Fünf – fünf Stunden noch, hieß das ...

In der Pause besuchten wir Michael Bohnen in der Garderobe. Er stand damals auf dem Höhepunkt seiner Karriere und wurde nicht nur als stimmgewaltiger Heldenbariton, sondern auch als begnadeter Mime gepriesen.

„Haaah", donnerte er uns entgegen, „wie war ich?"

„Michl, du warst großartig."

„Jetzt sing ich dann den Mannenruf."

„What did he say?" fragte Joe, der nur schlecht deutsch sprach und nicht verstanden hatte. „Was sagte er?"

„Ich übersinge vierhundert Mann", deklamierte Bohnen weiter.

„What did he say?"

Machon und ich dolmetschten. Joe fing plötzlich Feuer. Einer gegen vierhundert? Als wir wieder auf unseren Plätzen saßen, dachte er nicht mehr an seinen steifen Kragen. Sollte die Show doch noch interessant werden?

Auf der Bühne rührte sich was. Hagen rief Gunthers Mannen zusammen; er stand hoch droben auf einem Felsvorsprung und sang ... aber nur, wenn der Chor der Mannen schwieg. Joe wartete vergeblich, dass Bohnen die vierhundert in Grund und Boden schmettern würde.

„That's all?" fragte er enttäuscht – und ward nie mehr in einer Wagner-Oper gesehen ...

Am Sonntag kommt Roosevelt

Sechs Wochen vor dem Kampftag, dem 21. Juni 1932, hielt ich im Trainingscamp Greenskill Lodge bei

Kingstone meinen Einzug. Greenskill ist ein hübsch gelegener Ausflugsort, eineinhalb Autostunden von New York entfernt.

Sharkey zog, wie bei seinem ersten Kampf gegen mich, ins Camp Orangeburg.

Ich steckte mitten im Training, als uns ein Anruf aus Albany, der Hauptstadt des Staates New York, erreichte. Franklin Delano Roosevelt, der Gouverneur, ließ durch einen Sekretär seinen Besuch ansagen.

Große Aufregung im Camp!

Große Aufregung bei den Veranstaltern! Sie rieben sich vergnügt die Hände. Das gab dem Boxsport, das gab dem bevorstehenden Weltmeisterschaftskampf gewaltigen Auftrieb! Niemand zweifelte daran, dass Franklin D. Roosevelt aus der nächsten Wahlkampagne als Sieger hervorgehen und als Präsident der Vereinigten Staaten in das Weiße Haus einziehen würde.

Wie verhält man sich einer so gewichtigen Persönlichkeit gegenüber? Wie empfängt, wie begrüßt man sie?

„Man sagt: ‚Your Honour, Sir, Mister Governor'", behauptete Billy McCarney, und ich beschloss, mich nach ihm zu richten. Ich war der Gastgeber und musste Roosevelt begrüßen.

Für kurze Zeit trat Sharkey, trat der Gedanke an den bevorstehenden Kampf in den Hintergrund. Statt dessen übte ich die Begrüßungsformel: „Your Honour, Sir, Mister Governor ...", und legte mir ein paar geeignete Themen zur Unterhaltung zurecht.

Roosevelt kam sonntags. Er kam genau fünf Minuten vor drei Uhr, fünf Minuten vor Trainingsbeginn. Die Fotoreporter arbeiteten fieberhaft, und die zahlreichen Zuschauer drängten sich nach vorn, als die Wagenkolonne sichtbar wurde.

Der Gouverneur war, wie wir wussten, durch spinale Kinderlähmung gehbehindert. Um ihm das Aussteigen aus dem Auto zu erleichtern, hatten wir eine hölzerne Plattform gebaut. Doch Roosevelt dachte nicht daran, sie zu benutzen.

„Take that thing away!" – „Nehmt das Ding weg!" verlangte er. Erst als man seinen Befehl ausgeführt hatte, verließ er den Wagen. Mit einem breiten Lächeln, die Hand leicht auf den Arm seiner Frau gestützt, kam er auf uns zu.

Ich ging ihm entgegen und wollte meinen Spruch aufsagen:

„Your Honour ..."

„Oh, never mind, Max", unterbrach mich Roosevelt sofort. „Wir wollen doch deutsch miteinander reden."

Langsam schlenderten wir zum Freiluftring.

„Ich kenne Ihre Heimat sehr gut", sagte der Gouverneur in einem angenehmen, fast fließenden Deutsch, „besser vielleicht, als viele Ihrer Landsleute."

„Ich wusste gar nicht, dass Sie schon in Deutschland waren."

„Ich habe eine Zeit lang dort gelebt und mich gründlich umgesehen."

Die Journalisten, die uns dicht auf den Fersen folgten, sperrten Mund und Nase auf. Nur die wenigsten von ihnen sprachen deutsch, und sie verstanden von der Unterhaltung, auf die sie so gespannt waren, kein Wort. Hunderttausende von Deutschamerikanern aber, für die Roosevelts Besuch in einer Rundfunkreportage übertragen wurde, spitzten die Ohren. Es lag auf der Hand, dass viele dem Mann, der so gut über die Heimat ihrer Väter Bescheid wusste, bei der Präsidentenwahl vertrauensvoll die Stimme geben würden ...

Ich führte meine Gäste zu ihren Plätzen auf der Schattenseite des Rings und kletterte durch die Seile. Wie gewohnt absolvierte ich mein Arbeitspensum – die Runden mit den Sparringspartnern, Seilspringen, Bodenübungen. Der künftige Präsident der Vereinigten Staaten und seine Gattin Eleanor saßen eine Stunde lang am Ring und schauten mir interessiert zu.

Nach dem Training drückte mir Roosevelt anerkennend die Hand. In angeregte Unterhaltung vertieft, begleitete ich ihn zum Wagen.

„Ich bin zwar Amerikaner, Max", sagte er zum Abschied, „trotzdem wünsche ich Ihnen viel Glück für den Kampf!"

„Viel Glück bei den Wahlen!" erwiderte ich ...

Als Roosevelt Monate später Präsident der USA geworden war, schickte er mir sein Bild mit persönlicher Widmung. Jahre danach – ich flog mit dem Zeppelin von Lakehurst nach Frankfurt – kaufte ich einen Satz Sonderbriefmarken, ließ sie an Bord abstempeln und sandte sie dem Präsidenten, der als eifriger Philatelist bekannt war.

„His Honour, Sir, Mister President" dankte mit einem herzlichen Brief.

13:10 für mich

Die Handwerker hatten am 21. Juni 1932 in der „Bowl" den letzten Hammerschlag noch nicht getan, da strömten schon die ersten Boxfanatiker in das neue Riesenstadion. Die Erwartungen der Veranstalter gingen glänzend in Erfüllung, obwohl auf Wunsch von Mrs. Hearst die Eintrittskarten etwas billiger waren als bei meinem ersten Kampf gegen Sharkey.

13:10 standen die Wetten für mich. Daran mochten unter anderem die Gerüchte schuld sein, dass Jack Fett angesetzt habe und etwas behäbig geworden sei.

Ich hatte mein bestes Kampfgewicht, 85 Kilo, und befand mich in blendender Verfassung, wenn auch längst nicht alles nach Wunsch gegangen war.

Ein paar Tage vor dem Fight zum Beispiel war Joe Jacobs in mein Zimmer gestürmt.

„Weißt du, wen man uns als Ringrichter vorsetzt?" hatte er geschnaubt.

„Keine Ahnung!"

„Gunboat Smith! Ausgerechnet Gunboat Smith!"

Joe konnte sich kaum beruhigen.

Es war wirklich keine Freudenbotschaft, die er da brachte. „Kanonenboot Smith" gehörte zum engsten Freundeskreis Sharkeys. Seine Antipathie gegen mich lag klar auf der Hand.

„Und was willst du tun?" fragte ich Joe.

„Protestieren!"

„Hat das Zweck?"

„Mal sehen!"

„Und die Punktrichter?" fiel mir ein.

„Der eine ist Kelly, der andere Charles F. Mathison, der Kerl, der Sharkeys Tiefschlag damals nicht gesehen hat."

In seiner Wut störte Joe wirklich alles. Ganz so aufgebracht wie er war ich nicht; ich konnte mir schlecht vorstellen, dass man von einem Kampfgericht regelrecht „verschoben" werden könnte. Schließlich und endlich kam es doch auf die Fäuste an ...

Punkt neun Uhr begannen die Vorkämpfe. Es ging schon auf zehn zu, aber immer noch strömten Scharen von Zuschauern in die „Bowl". Die Zufahrtsstraßen nach Long Island waren katastrophal verstopft.

70.000 füllten endlich das imposante Oval des Stadions. Sie pfiffen beifällig, als ich gegen zehn Uhr, begleitet von Max Machon, Joe Jacobs und Doc Casey, in den Ring kletterte. Auch Sharkey wurde mit Applaus begrüßt.

Während pausenlos die Blitzlichter der Fotografen aufzuckten, sah ich zu den ersten Ringreihen hinunter. Dort saß die Boxprominenz, die darauf wartete, wie üblich dem Publikum vorgestellt zu werden: Primo Carnera und Mickey Walker. Gene Tunney war da und „Gentleman Jim", Altmeister Jim Corbett, Dempsey und viele andere.

Soeben führte ein Ordner den eleganten Oberbürgermeister von New York, Jimmy Walker, auf seinen Platz.

Primo, Mickey, Gene – sie alle kletterten durch die Seile. Im Ring ging es zu wie in einem Bienenstock. Über die Lautsprecher wurden die einzelnen Namen durchgegeben. Viel Beifall, wenig Beifall – je nach dem Grad der Beliebtheit.

Endlich wurden die Bandagen gewickelt und die Handschuhe ausgelost. Jetzt erst waren die nervenfressenden Präliminarien vorbei.

„Schau Jack an! Der ist nervös – merkst du was?" sagte Machon zuversichtlich.

Er hatte recht. Sharkey war nicht so seelenruhig, wie er sich den Anschein geben wollte. Bestimmt war ihm der ganze Rummel mehr auf die Nerven gegangen als mir ...

Urteil ist Urteil!

Genau um 10.09 Uhr ertönte der Gong zur ersten Runde.

Ich war Weltmeister, und Sharkey wollte es werden – also musste er kommen, musste er angreifen, stürmen. Jack tat es nicht. In den ersten Runden tasteten wir uns nur ab, studierten einander, warteten auf eine Blöße.

„Gut! Forciere jetzt das Tempo!" riet Max Machon, als ich in der Pause zur vierten Runde auf meinem

Schemel saß. Sharkey war bereits von meiner Linken gezeichnet.

In den nächsten Minuten wird er wohl daran gedacht haben, dass ein Herausforderer fighten muss. Wütend, besessen, hartnäckig – wie es für ihn typisch war – stürmte er gegen mich an. Er kämpfte verzweifelt, und es gelang ihm, seinen Punktrückstand zu verringern ...

„Halt dich 'ran! Er wird müde!" flüsterte Machon vor der achten Runde.

Jack schien wirklich ausgepumpt – aber was hieß das schon bei einem so gerissenen Fuchs! Er steckte einen Hagel von Treffern ein. Durch seine Cleverness überwand er die kritische Situation.

Die neunte Runde verlief müde, in der zehnten dominierte Jack. Der Rest des Kampfes aber – fünf volle Runden – gehörte mir.

In der Pause zum elften Gong sagte Machon nur:

„Sein linkes Auge!"

Ich wusste Bescheid. Energisch hämmerte ich auf Sharkey ein. Sein bereits geschwollenes Auge schloss sich ganz. Ein ekelhaftes Handicap – das wusste ich aus eigener Erfahrung. Hier lag meine Chance! Der Herausforderer war einwandfrei zum Verteidiger geworden – ein schlechtes Zeichen für ihn.

Auch in den nächsten Runden änderte sich das Bild nicht.

„Knall ihn doch ab!" verlangte Max Machon.

Ich hätte es gern getan, aber der Bursche war zäh wie alle amerikanischen Profis, zäh, clever und hart, hart, hart! Er steckte alles ein und blieb doch auf den Beinen ... Nur einem krassen Laien aber konnte verborgen bleiben, was wirklich los war.

„Informatorisch für Redakteure: Schmeling Sieger", wurde nach der dreizehnten Runde in der internen Presseübertragung des Kampfes durchgegeben. Ich erfuhr von diesem Zwischenurteil natürlich erst später, und da sah die Sache bereits ganz anders aus ...

Die fünfzehnte und letzte Runde brachte den Endspurt. Mein Punktvorsprung musste genügen. Trotzdem griff ich noch einmal erbittert an, versuchte, Jack auf die Bretter zu legen. Es gelang mir nicht mehr.

Und nun warteten 70.000 auf das Urteil. Die Spannung schien längst nicht so groß wie nach vielen anderen Kämpfen. Die Angelegenheit war klar genug ausgegangen. Klar genug?

Ringrichter Gunboat Smith konferierte mit seinen zwei Punktrichtern und kam zu folgendem Urteil:

„Sieger nach Punkten und neuer Weltmeister: Jack Sharkey!"

Heute, 24 Jahre danach, ist viel Gras über die Geschichte gewachsen. Ich habe größere Schicksalsschläge erlebt, größere Enttäuschungen.

Damals aber brach in mir eine Welt zusammen! Urteil ist Urteil! Und meinen Titel war ich los!

Ich gab mir einen Ruck. Mir standen zwar Tränen in den Augen, doch lächelnd ging ich auf Jack Sharkey zu und gratulierte. In aller Freundschaft schüttelte ich ihm die Hand. Ihn traf an diesem überraschenden Ausgang keine Schuld.

Mein Manager Joe Jacobs war nicht der Mann, der das Urteil widerspruchslos hingenommen hätte.

„We were robbed!" brüllte er außer sich vor Wut, „we were robbed!"

„Man hat uns den Titel gestohlen!" schrie er immer wieder ins Mikrofon, „man hat uns den Titel gestohlen!"

Harry Sperber, der den Kampf für die Rundfunkhörer in Deutschland geschildert hatte, hielt mir das Mikrofon vor den Mund.

„Ich glaube nicht, dass ich verloren habe", war alles, was ich herausbrachte.

„Ein glattes Fehlurteil!" bestätigte Jimmy Walker, der Oberbürgermeister von New York. „Max war einwandfrei der Bessere."

Ich wollte nichts mehr hören und nichts mehr sehen.

Resigniert verließ ich den Ring. Resigniert saß ich in der Kabine. Ein Boxer muss allein mit einer Niederlage fertig werden. Er kann seinen Kummer nicht durch elf dividieren wie ein Fußballspieler.

Max Machon und Doc Casey versuchten, mich zu trösten. Umsonst! Joe Jacobs fluchte wie ein Fuhrknecht. Umsonst!

„Für mich sind Sie der wahre Sieger", versicherte Jimmy Walker, der mir in die Kabine nachgekommen war, nochmals und schüttelte mir die Hand.

Auch Exweltmeister Gene Tunney meinte:

„Ich hätte den Sieg an Max gegeben. Es war noch nie da, dass einer von uns durch feine Verteidigungstaktik Weltmeister wurde, so wie Jack."

Ein Journalist, der in aller Eile unter den Prominentesten seiner Kollegen eine Umfrage gestartet hatte, pflichtete bei:

„23 von 25 stimmten für Max!"

„Kommentar überflüssig!" sagte Machon.

„Sogar Muldoon war von dem Urteil überrascht."

Muldoon, der 86jährige Präsident der New York Boxing Commission! Nach dem ersten Kampf gegen Sharkey hatte er mir die Anerkennung als Weltmeister versagt. Jetzt wog seine Ansicht viel, denn Muldoon galt nie als mein besonderer · Freund.

Doch die Unzufriedenheit über die umstrittene Entscheidung hielt den greisen Präsidenten nicht davon ab, meinem Manager Joe Jacobs wegen ungebührlichen Benehmens für einige Zeit die Lizenz zu entziehen. „We were robbed!" hatte Joe ins Mikrofon gebrüllt, und das ging – so fand Muldoon – denn doch zu weit ...

Am Morgen nach dem Kampf konnte ich in den amerikanischen Zeitungen – bei aller Genugtuung, die sie über den Sieg ihres Landsmannes Sharkey empfanden – die Meinung bestätigt finden, dass der neue Weltmeister seine Würde einem Fehlurteil verdankte.

In zahllosen Telegrammen, die ich aus allen Teilen der Vereinigten Staaten erhielt, wurde dieselbe Ansicht vertreten.

„Die Entscheidung ist so faul, dass sie bis nach Kalifornien stinkt", telegrafierte ein mir völlig unbekannter Mister Plant aus Los Angeles.

„Man hat Ihnen den Titel gestohlen", kabelten gemeinsam drei Dänen, drei Schweden und ein Deutscher aus Minneapolis.

Aus Buffalo, Atlanta und Philadelphia, aus Kansas City, Milwaukee und vielen anderen Städten der USA erhielt ich Zuschriften von Unbekannten.

WENIG GLÜCK UND VIEL PECH

Nach dem niederschmetternden Ausgang meines dritten Weltmeisterschaftskampfes hatte ich es noch eiliger als sonst, heimzufahren. Schon drei Tage nach der Niederlage reiste ich auf der „Columbus" in die Heimat zurück.

Amerika – Deutschland!

Deutschland – Amerika!

Die Welt war klein geworden für mich – die Fahrten über den Atlantik wurden zum Pulsschlag meines Lebens.

Viele Amerikaner nahmen es mir übel, dass ich immer nur kämpfte, kassierte und – heimfuhr. Sie meinten, ich könnte getrost einen Teil meiner Börse drüben unter die Leute bringen. Dabei vergaßen sie ganz, dass die amerikanischen Steuerbehörden ohnehin den Löwenanteil schluckten.

Anny Ondra steckte, als ich nach Berlin kam, mitten in den Aufnahmen zu „Kiki". Der Film war noch nicht abgedreht, da musste ich schon wieder die Koffer packen. Im September sollte ich in New York gegen Mickey Walker antreten.

Mickey war zu diesem Zeitpunkt der richtige Mann für mich. Er hatte einige Monate vor meinem Kampf in der „Bowl" auch gegen Jack Sharkey geboxt. Jack hatte nicht mehr als ein mageres Unentschieden erreichen können. Alle erinnerten sich noch daran. Nichts lag also näher, als mich über Walker wieder aufzubauen.

Auf keinen Fall wollte ich den Titel endgültig verloren geben. Um jeden Preis musste ich ihn zurückerobern!

They never come back!

Sie kommen niemals wieder!

Noch keiner, der im Schwergewicht den Titel verlor, hat ihn sich ein zweites Mal geholt. They never come back – noch keiner hat diese alte Box-Prognose widerlegen können.

Ich setzte es mir in den Kopf, mit diesem Aberglauben aufzuräumen. Warum auch nicht? Wenn alles glatt lief und ich gegen Walker gewinnen würde, konnte ich Sharkey herausfordern. Es müsste doch mit dem Teufel zugehen, wenn nicht nach einer Disqualifikation und nach einem Fehlurteil unser dritter Kampf eindeutig klären würde, wer der Bessere war.

Als Annys Film *„Kiki"* uraufgeführt wurde, sah man in der Wochenschau bereits Bilder aus meinem Trainingscamp Speculator.

Doch es gab zu dieser Zeit Ereignisse, die mehr diskutiert wurden: die X. Olympischen Spiele in Los Angeles zum Beispiel oder Hitlers marschierende SA-Kolonnen. Mit Besorgnis sah Amerika, dass sich in Deutschland eine politische Umwälzung anbahnte. Die Arbeitslosigkeit, das soziale Elend und die wirtschaftliche Depression öffneten Hitler, der mit seinem Parteiprogramm die Massen aufputschte, Tür und Tor.

Obwohl das ganze Land einem riesigen Hexenkessel der politischen Erregung glich, interessierten sich Millionen für meinen Kampf gegen Mickey Walker. Die Niederlage gegen Sharkey hatte man nicht auf mein Schuldkonto gebucht. Alle schienen das Unrecht, das mir zugefügt worden war, mitzufühlen. Sie drückten die Daumen, dass mir der Wiederaufstieg gelingen möge.

Ich hatte Mickey Walker 1927 in London boxen gesehen, als er seinen Weltmeistertitel im Mittelgewicht gegen den Schotten Milligan verteidigte. Mein damaliger Manager Arthur Bülow war mit mir in die englische Hauptstadt gereist. Das lag nun fünf Jahre zurück. Die Freikarten, die man mir als frischgebackenem Europameister im Halbschwergewicht zur Verfügung gestellt hatte, galten nur für mittelmäßige Plätze. Als wir die Olympia Hall betraten, bahnte uns einer der uniformierten Ordner ehrerbietig den Weg.

„Pass by, Jack Dempsey!" sagte er.

Er hatte mich mit dem großen Dempsey, dem ich in jungen Jahren tatsächlich verblüffend ähnlich sah, verwechselt ...

Damals also hatte ich Walker zum ersten Mal gesehen. Er war klein und untersetzt, ein Typ wie Adolf Heuser, und er galt als einer der wildesten Kampfhähne, die es jemals gab. Der Amerikaner hatte seinen Gegner Milligan erbarmungslos in Grund und Boden geschlagen, so erbarmungslos, wie ich es noch nie erlebte.

Gegen diesen Walker sollte ich nun boxen.

Dick Merril, einer der bekanntesten amerikanischen Flieger, holte mich im Flugzeug aus dem Trainingslager Speculator ab und brachte mich nach New York. Die Veranstalter waren nicht erbaut davon, denn auch Tunney war einmal zu einem Kampf geflogen und eine glatte halbe Stunde überfällig gewesen. Da bei jedem großen Fight Hunderttausende oder gar Millionen auf dem Spiel stehen, hatte man für Aufregungen dieser Art begreiflicherweise nicht viel übrig.

Der Ringrichter stellt sich taub

In der „Bowl", dem neuen Stadion auf Long Island, stand ich Walker nach zweimaliger Verschiebung des Kampftermins gegenüber. Die „Suppenterrine" war nicht ganz so gut besetzt wie bei meinem Fight gegen Sharkey. Daran mochte die leidenschaftlich geführte Präsidentenwahl schuld sein und natürlich auch die Tatsache, dass es nicht um einen Titel ging.

Doch als der Gong ertönte, fuhr die Spannung in die 40.000 Zuschauer wie ein zündender Funke.

Ganz gegen meine sonstige Gewohnheit kämpfte ich von Anfang an offensiv. Da auch Walker den Angriff bevorzugte, kam es sofort zu lebhaftem Schlagabtausch. Nach einem Trommelfeuer gegen den Kopf musste Mickey schon in der ersten Runde zu Boden. Bei „sechs" stand er wieder auf den Beinen.

Ich boxte mit einer Zuversicht, wie ich sie selten besaß, und konterte die Angriffe der „Wütenden Bulldogge aus Nebraska", so nannte man Mickey allenthalben, eiskalt mit meiner Rechten.

„Mit dem Jungen werde ich fertig", sagte ich zwischen zwei Runden zu Machon. „Heute geht alles glatt!"

„Werd' nicht leichtsinnig, Max!"

Während ich das Wasser, mit dem ich den Mund ausgespült hatte, in den Eimer spuckte, fiel mir ein, dass Sharkey, ausgerechnet Sharkey, einen hohen Betrag auf meinen Sieg gewettet haben sollte. Vielleicht handelte es sich nur um ein Gerücht, doch wenn etwas Wahres daran war – ich würde mein Möglichstes für den Geldbeutel des alten Rivalen tun.

In der sechsten Runde schrien sich die Zuschauer heiser. Vom Gong weg kam es zu einem erbitterten Schlagabtausch. Doch es wurde immer deutlicher: Walker hämmerte zwar wild und hemmungslos, aber hinter seinen Schlägen steckte kein System. Ich blockte sie weg, duckte sie ab und nahm ihnen durch Mitgehen die Wirkung. Dann hielt ich ihn auf Distanz. Es fiel mir nicht allzu schwer. Ich hatte eine überlegene Reichweite.

Ich schoss die Linke ab. Zwei-, dreimal flog sie an den eisenharten Schädel des Amerikaners.

Mickey war gezeichnet, aber er versuchte immer noch mitzuhalten. Da er nicht an meinen Kopf herankommen konnte, musste er sich mit Schlägen auf den Körper begnügen.

„Du hast noch nicht gewonnen", sagte Machon in der Pause zur achten Runde.

„Noch nicht, aber bald!"

„Täusch dich nicht! Das ist der zäheste Hund, den ich je gesehen habe. Der hat immer noch die Kraft zu einem entscheidenden Schlag!"

In den nächsten drei Minuten musste Mickey unmenschlich einstecken. Er kam aus der Defensive nicht mehr heraus. Ich traf ihn mit der Linken und jagte dann blitzschnell die Rechte hinterher ans Kinn.

Walker sackte in die Knie und blieb bis „acht" auf den Brettern. Als er sich wieder zum Kampf stellte, war er immer noch groggy. Auf hundert Stunden merkte man ihm an, wie wehrlos er war.

Zum Teufel, ich konnte es nicht mehr verantworten, noch länger auf ihn einzuschlagen!

„Stoppen Sie doch den Kampf!" sagte ich zu Ringrichter Jack Denning.

Er tat, als hätte er mich nicht gehört. Er reagierte überhaupt nicht.

Was sollte ich machen? Denning noch einmal zum Kampfabbruch auffordern? Dieses Risiko durfte ich nicht eingehen, denn Sprechen im Ring ist verboten. Hätte mich der Unparteiische disqualifiziert – nach den Regeln wäre er völlig im Recht gewesen.

Der Kampf ging also weiter.

Mach schnell ein Ende, sagte ich mir und versuchte, Mickey Walker mit einem Volltreffer zu erwischen. Zum x-ten Mal brach er zusammen – bei „neun" war er wieder hoch.

Unvorstellbar, was ein angeschlagener Boxer einstecken kann! Das Unterbewusstsein dominiert. Es gibt ihm nur einen Befehl: Aushalten, stehen bleiben, weitermachen!

Mickey gehorchte diesem Befehl. Taumelnd versuchte er, sich vor mir aufzubauen. Der Schlussgong der achten Runde kam für ihn gerade noch im richtigen Augenblick.

Als die neunte Runde beginnen sollte, hatten die Männer in Walkers Ecke endlich ein Einsehen. Manager Jack Kearns sprang in den Ring und gab für seinen Schützling das Zeichen zur Aufgabe.

Ringrichter Denning hob meinen Arm hoch und erklärte mich zum Sieger durch technischen K.o.

Noch nie hatte ich das Ende eines Kampfes so herbeigesehnt!

„In der letzten Runde hab' ich ständig drei Schmelings vor mir gesehen", sagte Mickey Walker, als er sich einigermaßen erholt hatte, zu den Journalisten ...

Walker hat nie wieder einen bedeutenden Kampf ausgetragen. Heute ist der ehemalige Mittelgewichts-Weltmeister, der im Schwergewicht vergeblich nach dem Titel strebte, in den Staaten ein bekannter Maler. Niemand hätte dem Mann, dem man eine Zeit lang einen unsoliden Lebenswandel nachsagte, der in Gefahr war, sich durch Alkohol und Frauengeschichten zu ruinieren, musische Ambitionen zugetraut. Walker strafte alle seine Kritiker Lügen. Große Kunstausstellungen beweisen heute sein unbestreitbares Talent.

Ich hatte einen Gegner besiegt, den Sharkey nicht zu besiegen vermochte!

They never come back?

Kommen sie wirklich niemals wieder?

Ich war dem Ziel, diese Behauptung zu widerlegen, ein gutes Stück nähergerückt.

Ein schwer zu erreichendes Ziel!

Die Yankees waren heilfroh, dass der Titel ihnen gehörte. Ein Ausländer Weltmeister? Das sahen sie nicht gern. Sicherlich würden sie alles tun, um den Titel im Land zu behalten.

Ob sie mich unter diesen Umständen zum dritten Mal gegen Sharkey um die Weltmeisterschaft boxen ließen? Manchmal zweifelte ich daran.

Ein Schrotkorn? Nichts für Sauerbruch!

Mein Haus auf dem „Dudel" in Saarow-Pieskow blieb mir zwischen den Kämpfen der liebste Aufenthalt. Es war von dem Maler Professor Krauskopf in kühnem Stil entworfen worden und erinnerte entfernt an ein Wikingerschiff.

Saarow erfreute sich vor allem bei Künstlern großer Beliebtheit. Dort wohnten Luise Ullrich, Käthe Dorsch, Harry Liedtke, Victor de Kowa und viele andere Schauspieler von Rang und Namen.

Von hier aus ging ich mit Freunden oft auf die Jagd in meinem Revier bei Müncheberg. Bei einem Treiben schoss ich auf ein Karnickel. Unmittelbar nach dem Schuss sah ich, wie Thorak sein Gewehr wegwarf und sich laut schreiend ein paar Mal um die eigene Achse drehte.

„Hilfe! Ich bin angeschossen!" jammerte er.

Alles, was in der Nähe stand, lief auf den Professor zu. Ein Schrotkorn hatte ihn ins Ohrläppchen getroffen; wie ein aparter Clips saß es dort. Gott sei Dank – das Malheur war nicht groß.

Thorak kam nicht gleich dazu, das lästige Ding entfernen zu lassen – und eines Tages hatte er sich daran gewöhnt. Später zeigte er oft auf sein Ohr und prahlte:

„Schaut, ein Andenken von Max!"

In einem Lokal am Nettelbeckplatz in Berlin gab es einen Stammtisch, dem Thorak und wie viele andere Ärzte auch Professor Sauerbruch angehörte. Irgendwann einmal – Jahre nach dem kleinen Jagdunfall – sagte Thorak zu dem weltberühmten Chirurgen:

„Du, schau mal, das Dings in meinem Ohr ist von Schmeling!"

„Ein eingewachsenes Schrotkorn hat er da?" meinte Sauerbruch, ohne groß beeindruckt zu sein. Er sprach wie üblich in der dritten Person.

„Kannst du mir das nicht mal rausnehmen?"

„Komm er morgen früh in meine Klinik!"

Thorak war zeitig zur Stelle. Geheimrat Sauerbruch, der auf einen Sprung aus dem Operationssaal kam, hatte aber andere Sorgen als das Schrotkorn. Er drückte dem Stammtischbruder nur flüchtig die Hand und beauftragte einen seiner Assistenten, den Fremdkörper aus dem Ohrläppchen zu entfernen. Das war im Handumdrehen geschehen.

Thorak aber hielt die Sache doch für wichtig genug, sich noch einmal bei Sauerbruch melden zu lassen.

„Vielen Dank, mein Lieber", sagte er, „was bin ich schuldig?"

„Mir nichts", antwortete Sauerbruch kurz angebunden, „aber stifte er 100 Mark für das Winterhilfswerk!"

Als mir Thorak diese Geschichte erzählte, fluchte er immer noch wie ein Berserker.

„Dieser Lump!" schimpfte er. „Da hab' ich mit Müh und Not ein paar Mark zusammengekratzt und jetzt soll ich 100 für das WHW zahlen. Hätt' ich doch das Schrotkorn gelassen, wo's war, ich Depp!"

Aber der Professor zahlte brav, denn Sauerbruch verstand in derlei Dingen keinen Spaß ...

Pingpong

Die amerikanischen Boxfans hatten einen neuen Liebling: Max Baer. Er war schnell nach vorn gekommen – und deshalb sah man keinen Grund mehr, mich nach dem Sieg über Walker gleich wieder gegen Sharkey um den Titel boxen zu lassen. Baer, der Routiniers wie Ernie Schaaf und Tuffy Griffith k.o. geschlagen hatte, sollte mich in meine Schranken weisen.

Der Titel musste in Amerika bleiben!

Nun gut, wenn ich den Stolperstein Max Baer überspringen musste – ich wollte es tun.

Doch bevor ich wieder nach Amerika ins Training fuhr, legte ich mit Anny den Tag der Hochzeit fest. Am 6. Juli 1933 wollten wir uns standesamtlich, am 20. kirchlich trauen lassen. Wir kannten uns jetzt fast drei Jahre und glaubten, es auch ein Leben lang miteinander aushalten zu können.

Das Dasein bot also erfreuliche Perspektiven. Ich hatte allen Grund, glücklich zu sein ...

Auf dem Promenadendeck der „Bremen" waren Pingpongplatten aufgestellt. Ich kann ganz gut Tischtennis spielen, aber das brauchte ich ja nicht jedem auf die Nase zu binden.

„Was ist denn das für ein Spiel?" fragte ich zwei junge Amerikanerinnen, die eifrig den Ball übers Netz jagten.

„Kennen Sie das nicht? Pingpong!"

Ich ließ mir den Schläger in die Hand drücken und gebärdete mich wie der blutigste Anfänger. Aber ... ich lernte schnell, und gewöhnlich übertraf ich schon nach einem Satz meinen jeweiligen Lehrmeister.

Eines Tages hatte ich an Deck mit einem sportlich aussehenden jungen Mann geplaudert, und wir griffen wie zufällig nach den Tischtennisschlägern. Ich stellte mich wieder einmal dumm. Plötzlich kam mir der Verdacht, dass es mein Partner genauso machte. Vorsichtig legte ich einen Zahn zu! Und siehe da, der Gegner reagierte prompt! Also noch mehr Tempo! Spielend hielt er mit! Es wurde ein rasantes Match. Der Bursche bürstete mich schließlich ab, wie ich es noch nie erlebt hatte.

„Kennst du den Jungen, mit dem ich eben gespielt habe?" fragte ich Machon noch ganz außer Atem. Er kannte ihn nicht. Doch einer der Umstehenden mischte sich ins Gespräch:

„Das war der amerikanische Tischtennismeister!"

Die Lektion tat mir gut. In Zukunft sah ich mir die Leute, mit denen ich mich in ein Match einließ, genauer an.

Dempseys schöne Nase

Den Kampf Schmeling – Baer managte ein Konsortium von Veranstaltern. Sie wählten keinen Geringeren als Jack Dempsey zu ihrem Aushängeschild.

Um den nötigen Wirbel zu machen, kam Dempsey in Max Baers und auch in mein Trainingscamp; gegen jeden von uns sollte er eine Runde boxen.

Alles klappte wie am Schnürchen. Die Journalisten waren vollzählig zur Stelle. Die Zuschauer – 5.000 – konnten in meinem Trainingslager in New Jersey kaum untergebracht werden. Sie hatten sich um die Eintrittskarten gerissen. Eine so enorme Anziehungskraft besaß das Boxidol Dempsey bei seinen Landsleuten.

„Schlag mich nicht auf die Nase, Max", bat der Exweltmeister vor dem Schaukampf.

„Warum? Sitzt sie nicht fest?"

„Du weißt doch, die Operation ..."

Jack hatte sich seine Boxernase verschönern lassen, weil er eine Filmrolle als Liebhaber spielen sollte.

„Wenn du nicht hinlangst, bin ich auch vorsichtig", versprach ich.

„Wirklich, ich fühle mich nicht so richtig in Schuss!"

„Ich hab' doch gar kein Interesse daran, dir wehzutun, Jack", versicherte ich noch einmal.

Gelassen saß ich in meiner Ecke. Warum hätte ich mich aufregen sollen? Es ging doch nur um Reklame und um sonst nichts.

„Zeit!" rief Machon. Dempsey und ich sprangen auf. Jack ging gleich zum Angriff über – ich ließ ihn kommen. Da – bums-bums – flogen seine linken Haken heraus.

Das musste doch wohl ein Irrtum sein! Er wollte doch geschont werden?

Bumsbumsbums! Immer wieder schoss er die Linke ab. Nicht harmlos oder vorgetäuscht, nein, mit voller Wucht! Ich hatte meine liebe Not, dem unerwarteten Angriff einigermaßen heil zu entkommen.

Warte Freundchen! dachte ich. Kaum stehst du im Ring, kaum spürst du die Bretter unter den Füßen, schon sind die guten Vorsätze vergessen! Aber immer noch wagte ich nicht, entsprechend zu kontern. Ich hatte Angst um Jacks schöne Nase.

Bumsbumsbums! Ganze Serien von linken Haken!

Nun wurde es mir zu dumm. Ich gab einen Warnschuss ab – nutzlos! Er trommelte weiter! Jetzt erst zielte ich genauer. Und traf – ausgerechnet – die Nase.

Sie fing sofort zu bluten an. Endlich war Jack gestoppt.

Wir boxten, wie gesagt, nur eine Runde gegeneinander. Trotzdem waren die Zuschauer auf ihre Kosten gekommen. Stürmisch verlangten sie, dass Dempsey ein paar Worte zu ihnen sprechen sollte.

Aber Jack war noch ganz außer Atem.

„Ladies and Gentlemen", japste er mit seiner hohen Fistelstimme. „Max is in a fine shape, he has a wonderful right hand!" – „Max ist prima in Form. Er hat eine wundervolle Rechte!"

Die 5.000 Zuschauer lachten. Die Spuren meiner Rechten waren in Jacks Gesicht geschrieben ...

Blei in den Beinen

Der 8. Juni 1933, an dem ich gegen Max Baer boxte, ist mir ewig als schwarzer Tag in Erinnerung. Schon am frühen Morgen war ich nervös. Wie ein gereiztes Tier lief ich im Hotelzimmer auf und ab.

Ich kannte Amerika, ich kannte New York doch nun schon seit Jahren. Einen so heißen, so drückend heißen Tag wie diesen 8. Juni hatte ich noch nie erlebt.

Was war mit mir los?

Ich hatte mich mit großem Ernst auf meine Aufgabe vorbereitet, und Baer kam mir nicht gefährlicher vor als irgendein anderer. Beim Abschluss des Trainings war ich die Zuversicht selbst gewesen ...

Vielleicht gab es gar keine Erklärung für meinen Zustand? Die Hitze allein konnte nicht schuld sein. Jeder hat eben mal ein Tief in seiner Stimmung. Nur werden nicht von jedem in diesem Zustand Höchstleistungen verlangt.

65.000 Zuschauer, denen die Hemden am Körper klebten, warteten in der „Bowl" auf einen spannenden Kampf.

Ausgerechnet an diesem drückend, lähmend heißen Sommerabend hatte man sich ein besonders umfangreiches Zeremoniell ausgedacht. Da wurde zunächst einmal Salut geschossen. Dann hielt ein Offizieller der Boxkommission eine Gedenkrede auf Muldoon, der vor wenigen Tagen gestorben war. Und noch nie – so schien es mir waren so viele Prominente vorgestellt worden.

Apathisch hockte ich in meiner Ecke auf dem Schemel. Das Wasser lief mir schon vor dem Kampf in Strömen vom Körper.

Endlich, endlich ging es los!

Baer überfiel mich blitzartig, und ich reagierte, wie nicht einmal ein Anfänger reagiert: Ich stellte mich hin und nahm die ganzen Schläge!

Warum nur konnte ich mich nicht bewegen?

Warum machte ich keine Sidesteps?

Warum ließ ich ihn nicht leerlaufen?

Mit bleiernen Beinen stand ich da, wie paralysiert, und ließ das Bombardement über mich ergehen.

„Beweg dich! Um Gottes willen, so beweg dich doch!" flehte Machon nach der ersten Runde. „Setz deine Linke ein! Weg von ihm! Lass ihn leerlaufen!"

Doch meine Beine gehorchten mir nicht.

Entsetzt sah Max Machon das Unheil seinen Lauf nehmen.

Die zweite, die dritte, die vierte Runde steigerten seine Befürchtungen. Max Baer, der zähe Mann aus Nebraska, behauptete das Feld, vergrößerte seinen Punktvorsprung.

Die verfluchte Schwäche wollte nicht von mir weichen. Zwar konnte ich die fünfte, die siebte und die achte Runde gewinnen, doch dann war ich mit meinem Latein so ziemlich am Ende.

Dem Amerikaner, hinter dessen Schlägen zwanzig Pfund mehr Gewicht saßen, schien die fürchterliche Hitze nichts auszumachen. Er war mobil wie zu Beginn.

Hatte er sich den Kampf gegen mich schwieriger, raffinessenreicher vorgestellt? Hatte ihm dieser Exweltmeister Schmeling keinen wirksameren Widerstand entgegenzusetzen? Wo blieb dessen viel gerühmte Kaltblütigkeit? Die traumhaft sichere Technik?

Baer fand schnell heraus, wie es um mich stand. Er gab seine Vorsicht auf und deckte mich mit einem Trommelfeuer von Schlägen ein.

„Mit einer Hand auf den Rücken gebunden muss Schmeling den Baer schlagen", hatte Machon vor dem Kampf prophezeit.

Ja, wenn der Ausgang eines Boxkampfes sich vorhersagen ließe!

Wie lange dauerte der Fight gegen Max Baer? Neun, zehn, zwölf Runden? Mir kam es vor, als müssten es dreißig oder vierzig sein.

In Wirklichkeit war es die zehnte Runde, die mir zum Verhängnis wurde.

Mit siegessicherem Lächeln holte Baer zu einem Schlag aus. Ich sah ihn kommen. Machon sah ihn kommen. Das ganze Haus sah ihn kommen. Ich wollte weg, doch ich schaffte es nicht mehr. Ich nahm den Schlag und brach zusammen.

Wie acht Monate zuvor Mickey Walker, mein letzter Gegner, hörte ich – groggy und verzweifelt – auf den Befehl, den mir das Unterbewusstsein gab: aufstehen, durchhalten, weiterkämpfen!

Bei „neun" kam ich wieder auf die Beine. Doch Baer war entschlossen, ein Ende zu machen. Er traf mich erneut mit einem wirkungsvollen Aufwärtshaken. Hilflos taumelte ich in die Seile. Hilflos war ich dem Schnellfeuer des Amerikaners ausgesetzt.

Jetzt hielt der Ringrichter den Augenblick für gekommen, den Kampf zu stoppen.

„Das war keine Niederlage, das war ein Zusammenbruch", sagte Machon in der Kabine. „Den Baer hättest du an einem normalen Tag durch den Wolf gedreht."

Mir war alles gleichgültig.

Der Sturz aus dem Himmel des Boxerruhms, der nur schwer wieder aufzuholende Rückfall im Wettlauf um den Titel, die grausame Ernüchterung – in meinem Kopf drehte sich alles wie ein Karussell.

Ich konnte mich zu keiner Reaktion aufraffen, als man mir erzählte, welches Unglück Baer im Glück widerfuhr: Angeblich bekam er von seiner Börse – 25.000 Dollar – keinen Cent ausbezahlt. Der Gerichtsvollzieher kassierte 10.000 Dollar für Baers früheren Manager und den Rest für eine Frau, die den Boxer wegen eines nicht eingehaltenen Eheversprechens verklagt hatte.

Pech! Pech! Pech!

Meine Unglückssträhne hatte begonnen. Sie sollte so schnell nicht wieder abreißen.

Um diese Zeit ließ sich Machon – er gestand es mir erst viel später – mein Horoskop stellen. Er wusste, dass ich nichts um solchen Hokuspokus gab, und behielt deshalb das trübe Zukunftsbild, das mir für die zwei folgenden Jahre vorausgesagt wurde, taktvoll für sich. Doch die prophezeiten Unfälle und die chronische Erfolglosigkeit traten wirklich ein:

Ich ging in Paris aus einem Hotel, rutschte aus und lag plötzlich der Länge nach auf der Straße.

Ich wartete in Philadelphia nach dem Kampf gegen Steve Hamas, von dem noch die Rede sein wird, auf ein Taxi, rutschte aus und lag, wie in Paris, wieder auf allen Vieren.

Ich boxte gegen Hamas, und schon in der ersten Runde des Kampfes wurde mir die Augenbraue aufgeschlagen. Dieses Handicap war schuld an der Niederlage.

Ich trainierte Monate später in Spanien, wo ich gegen Paolino antreten sollte, und musste das Training schon nach wenigen Stunden unterbrechen: Ein Sparringspartner hatte die alte Wunde wieder geöffnet.

Ich arbeitete, kaum war dieses Missgeschick überwunden, am Sandsack, verlor das Gleichgewicht und stürzte auf den weggespreizten Daumen. Der Muskelriss musste genäht, der Kampf gegen Paolino verschoben werden.

Dem Gesetz der Serie folgend reihte sich ein Malheur an das andere ...

Nicht in guten, sondern in diesen kritischen Zeiten traten Anny Ondra und ich vor den Traualtar. Am 20. Juli 1933 gab uns Pastor Lang in der kleinen Dorfkirche unseres Wohnortes Saarow-Pieskow den Segen.

23 Jahre lang haben Anny und ich durch dick und dünn zusammengehalten. Unsere Freunde und wir selbst natürlich auch sind fest davon überzeugt, dass sich daran nichts ändern wird. 1958, zur silbernen Hochzeit, soll uns Pastor Lang, der inzwischen eine Pfarrei in der Schweiz übernommen hat, in seinem Bergkirchlein noch einmal trauen ...

Ich bin nur Zaungast

Als mich Baer in der zehnten Runde durch technischen K.o. besiegte, war Sharkey noch Weltmeister. Doch inzwischen hatte sich ein anderer Klasseboxer nach vorn geschoben: der Italiener Primo Carnera.

Sollte man nun Baer oder Primo gegen Sharkey um die Weltmeisterschaft kämpfen lassen? Baer – so gab man zu bedenken hat eigentlich nur den halben

Schmeling geschlagen! Dass ich damals nicht in meiner gewohnten Form gekämpft hatte, war natürlich niemandem entgangen.

Nach Meinung der Experten war der Italiener Carnera Baer vorzuziehen. Außerdem durfte man die Forderungen der Millionen Italo-Amerikaner nicht überhören. Mit einer Riesengefolgschaft hinter sich boxte Primo also gegen Sharkey. Und es traf ein, womit niemand gerechnet hatte: Primo gewann und wurde – nach mir als zweiter Europäer – Weltmeister im Schwergewicht.

Aus der Ferne, weit zurückgeschlagen, sah ich mit Wehmut die Großen um den Titel kämpfen. Warum nur hatte mir das Pech mit Baer widerfahren müssen? Hätte ich ihn besiegt ... hätte ...

Baer, dem man Primo vorgezogen hatte, ließ sich aber nicht kaltstellen. Er war noch jung und erboxte sich das Recht, den Italiener herauszufordern. Er besiegte ihn auch, und der neue Titelhalter hieß Max Baer!

Der Champion aus Nebraska nahm das Leben von der leichten Seite. Er konnte nicht solide sein. Einmal hatte er gleichzeitig fünf Gerichtsverhandlungen wegen Frauengeschichten am Hals. Na und? Was machte das schon aus? Ein Kerl von seinem Schrot und Korn würde noch mit ganz anderen Dingen fertig werden!

Vorsicht vor dem Herausforderer Jimmy Braddock? Lächerlich! Jimmy war doch längst abgeschrieben! Der Kampf würde bestenfalls ein Aufgalopp für ihn werden, prahlte Baer. Er sollte sich täuschen: Braddock hatte die Sache sehr ernst genommen. Er war „hungrig", Baer aber „satt". Braddock, der abgeschriebene alte Mann, schlug Max Baer und wurde Weltmeister!

Braddock! Er sollte in meiner Karriere noch eine verhängnisvolle Rolle spielen. Doch einstweilen stand ich abseits und musste, bis ich an ihn herankam, erst wieder mühsam aufgebaut werden ...

Zunächst einmal wollte ich, als ich nach dem verlorenen Baer-Kampf nach Deutschland zurückkehrte, die Niederlage seelisch und körperlich überwinden. Nach einiger Zeit bekam ich aus Amerika das Angebot, im Februar 1934 gegen den Medizinstudenten Steve Hamas zu boxen.

„Soll ich annehmen?" fragte ich Machon.

„Sei froh, dass sie dich wieder rüberholen, Max!"

„Hamas ist keine große Sache."

„Hamas ist jung und ehrgeizig", meinte Machon bedächtig.

„Na schön, dann fahren wir eben!"

Ich glaubte, aus meiner Pechsträhne heraus zu sein. Aber ich war es nicht. Beim Kampf, der in Philadelphia ausgetragen wurde, schlug mir Hamas schon in der ersten Runde die Augenbraue auf. Sie hing halb herunter, und Machon bemühte sich in den Pausen vergeblich, die Wunde mit Kollodium zuzukleben.

Der Ringarzt mischte sich ein; er ging weiß Gott nicht zärtlich mit mir um.

„Ich muss mir das Auge ansehen", sagte er und – riss die Wunde wieder auf.

Machon klebte sie noch einmal zu. Der Arzt riss sie erneut auf. Schließlich wurde mir die Sache zu dumm. Ich klopfte ihm energisch auf die Finger.

„Mach, dass du wegkommst!" sagte ich wütend, und Machon verschmierte die Wunde ein letztes Mal mit dem gelben Pulver, das wie Zement verhärtet, wenn es trocknet.

Hamas, der Student der Pennsylvania-Universität, besiegte mich in zwölf Runden nach Punkten.

Diese Niederlage war noch viel unverzeihlicher als die gegen Max Baer.

Ich sollte es unmittelbar zu spüren bekommen. Meine Börsen gingen rapid zurück. Der Weg zum Titel war gehörig verbaut. Zwar hatte ich ein Angebot nach Barcelona in der Tasche, doch konnte Paolino, gegen den ich boxen sollte, nach meiner Niederlage nicht hochmütig werden?

„Du hast gegen Hamas verloren. Jetzt interessiert mich der Kampf gegen dich nicht mehr."

Was tun, wenn er sich auf diesen Standpunkt stellte?

Aber Paolino, der „Baskische Holzfäller", reagierte anders. Er sah in meiner momentanen Schwäche seine große Chance. Nach vier Jahren wollte er sich endlich revanchieren.

Der Ringrichter heißt Casanova

In Europa besaß mein Name immer noch genügend Anziehungskraft. Für die Spanier war schon die Aussicht, mich gegen Paolino kämpfen zu sehen, ein Grund zur Begeisterung. Der Kampftag selber wurde wie eine Fiesta gefeiert.

Fünf Wochen vor dem Fight ging ich in Sitges, unweit von Barcelona, ins Training. Doch schon nach wenigen Stunden platzte die vermaledeite Augenbraue, die Hamas ramponiert hatte, wieder auf. Unmöglich, gegen meine Sparringspartner zu boxen!

Traurig über mein Missgeschick, über die verlorene Zeit, verlegte ich mich auf das Golfspiel. Douglas Fairbanks und seine junge Frau, Lady Ashley, die spätere Mrs. Clark Gable, leisteten mir dabei Gesellschaft.

Nach fünf, sechs Tagen war die Augenbraue wieder zugeheilt. Ich setzte das Training fort. Am Sandsack passierte dann der Unfall mit dem Daumen. Die

Wunde wurde genäht. Es war eine schmerzhafte Prozedur.

Der Kampf musste auf den 13. Mai 1935 verschoben werden; ich fuhr nach Deutschland zurück.

Vier Wochen später reiste ich wieder nach Sitges, in das Trainingscamp direkt am Meer.

Nicht ohne Skepsis sah ich dem Kampf entgegen. Im Land der Matadoren war die Leidenschaft zu Hause. Die Begeisterung würde Paolino zu einem Nationalheros stempeln. Besaß ich die Nerven, inmitten eines Infernos von südländischem Überschwang durchzuhalten? Würde ich zu meiner Kaltblütigkeit zurückfinden, die allein mich gegen die Wogen von Enthusiasmus immun machen könnte?

Nur noch Stunden trennten mich vom Kampf, dem ersten, den ich nach Jahren auf europäischem Boden austrug.

Schon als wir zum Wiegen fuhren, hatte sich eine riesige Menschenmenge angesammelt. Mit Mühe und Not nur konnten wir uns einen Weg durch das Gedränge bahnen.

Als wir dem Gewühl entronnen waren, rief Machon entsetzt:

„Mensch, Max, mir haben sie die Brieftasche geklaut!"

„Junge, Junge, das kann auch nur dir passieren", schimpfte ich und griff automatisch in die Tasche: „Moment mal ... meine ist auch weg!"

„Ein schlechtes Omen", seufzte ich.

„Ganz im Gegenteil! Du sollst sehen, ab heute geht es wieder aufwärts mit dir, Max!"

Ohrenbetäubender Lärm füllte das Montjuich-Stadion von Barcelona. In drei Ringen wurden mehr als 30 Vorkämpfe ausgetragen. Doch mit beängstigender Intensität konzentrierte sich schließlich die Aufmerksamkeit auf die beiden Hauptmatadore: auf Paolino Uzcudun und mich.

Es gelang mir schon zu Beginn des Kampfes, Paolinos Kraft zu unterminieren und die Initiative an mich zu reißen.

Unter dem peitschenden Fanatismus der 30.000 Zuschauer fochten wir die vereinbarten zwölf Runden durch. Die gewaltige Geräuschkulisse beflügelte den Spanier nicht so, dass er meinen Punktvorsprung hätte aufholen können.

Noch vor dem Schlussgong rasten die Reporter in die Telefonzellen, um ihren Redaktionen die Meldung von meinem glatten Punktsieg durchzugeben. Eine Lokalzeitung in Barcelona erwies sich als besonders fix. Ihre Abendausgabe war schon fertig umbrochen. Nur die erste Seite musste noch gefüllt werden – mit dem Resultat und einem kurzen, eiligen Kampfbericht. Die Setzer arbeiteten fieberhaft. Kurze Zeit später spuckten die Rotationsmaschinen die ersten fertigen Exemplare aus.

„Schmeling schlägt Paolino nach Punkten", schrie die Schlagzeile.

Tausende, die im Vorübergehen die Überschrift lasen, lächelten. Sie wussten es besser! Ringrichter Casanova und seine spanischen Punktrichter waren zu einem anderen Ergebnis gekommen:

„Der Kampf endete unentschieden!"

Die objektiven Zuschauer waren von diesem Urteil alles andere als begeistert. Im weiten Oval des Stadions hatte sich ein Proteststurm erhoben. Paolino war für die Señores eine gewaltige Enttäuschung ...

„Uzcudun ist von der ersten Runde ab nur Punchingball Schmelings gewesen", schrieb die „Dia Grafio" aus Barcelona.

„Ein absolut ungerechtes Urteil", meinte die Madrider ABC. „Der Deutsche hätte den Sieg voll verdient."

Das Unentschieden gegen Paolino verbitterte mich nicht so sehr wie das Fehlurteil im zweiten Sharkey-Kampf. Während ich den stiernackigen Basken vor mir her trieb, fühlte ich, dass ich die alte Kraft, die alte Zuversicht zurückgewonnen hatte. Meine Baisse musste beendet sein. Der Weg führte wieder nach oben.

ICH SETZE MICH WIEDER DURCH

Deutschland war inzwischen um einen begabten Boxer reicher geworden. Der blonde Westfale Walter Neusel hatte sich mit zäher Energie nach vorn gearbeitet. Es gab viele, auch in Amerika, die in mir die Vergangenheit, in dem talentierten Bochumer aber die Zukunft sahen. Man sprach sogar davon, „the blond German tiger" in die Kämpfe um den Weltmeistertitel einzubeziehen. Nach seinen Siegen über King Lewinsky und Tommy Loughran hatte Walter sich das redlich verdient.

„Schmeling gegen Neusel – das wäre ein Kampf, der in Deutschland ziehen müsste!" spekulierte Veranstalter Walter Rothenburg und brachte die Verträge unter Dach und Fach.

Neusel und ich waren zwei grundverschiedene Typen. Er: impulsiv, angriffslustig und jederzeit bereit, alles auf eine Karte zu setzen. Ich: kühl, abwartend und nur langsam auf Touren zu bringen.

Wer hatte mehr Chancen?

„Bei allem Können ist Neusel Schmeling nicht gewachsen", behauptete die eine Seite.

„Max ist nicht mehr als das Schlachtopfer des blonden Tigers", orakelte man auf der anderen.

Walter Neusel und ich – wir wussten beide, was für uns auf dem Spiel stand. Siegte er, dann lag die Welt offen vor ihm. Siegte ich, musste Amerika mir noch einmal eine Chance geben. Nur einer von uns hatte Aussicht, zu einem Titelkampf zugelassen zu werden.

Während Rothenburg mit viel Zähigkeit und Geschick auf deutschem Boden einen Kampf in amerikanischem Stil aufzog, gingen Neusel und ich in unser

Trainingslager. Rothenburg ließ die Dirt-Track-Bahn in Hamburg-Lockstedt für den erwarteten Massenandrang ausbauen, ich arbeitete unterdessen in Travemünde hart, um in Form zu kommen.

Neusel blieb bis 24 Stunden vor dem Kampf in Deutschland unsichtbar. Er hatte sein altes Quartier in Orry-la-Ville bei Paris bezogen. Dort fühlte er sich ebenso zu Hause wie in England und Amerika.

Er, nicht ich war damals der große Mann!

Am 26. August 1934 blickten Millionen, die sich für das Boxen interessierten, nach Hamburg. In der Dirt-Track-Arena drängten sich 90.000 um den überdachten Freiluftring. 90.000! Die größte Zuschauermenge, die es in Deutschland jemals bei einem Boxkampf gab!

Unter der fiebernden Spannung der Menge stiegen der Bochumer und ich in den Ring.

Obwohl ich Neusel, der einen offensiven Stil boxte, nicht unterschätzte, hoffte ich, mit ihm fertig zu werden. Er gehörte zu den Fightern, zu den Draufgängern. Männer wie er zerreiben sich gern an ihrer eigenen Kraft, an ihrer Kampfeswut. In den meisten Fällen ist ihnen durch sauberes Konterboxen beizukommen.

Ringrichter Pippow aus Berlin rief uns zur Mitte und gab die letzten Ermahnungen.

Ich hatte mich nicht getäuscht: Sofort nach dem Gong kam die Kampfmaschine Neusel, kam immer wieder. Doch schon nach kurzer Zeit beherrschte ich die Innenbahn und riss ihm durch schmerzhafte Uppercuts immer wieder den Kopf zurück. Walter Neusel hatte kaum Gelegenheit, seine Vorteile auszunutzen: die größere Reichweite, das größere Gewicht. Ganz bewusst suchte ich immer wieder den Nahkampf.

Mühsam schleppte sich Walter in die Pause zur achten Runde. Hatte er sein Schicksal schon vor dem Kampf geahnt? Warum war er ohne sein sympathisches Lächeln durch die Seile geklettert?

Tut mir leid, mein Junge, dachte ich. Wenn ich heute nicht siege, werden sie Grabreden auf mich halten. Dich wirft eine Niederlage längst nicht so weit zurück. Du bist einige Jahre jünger! Alle Türen stehen dir noch offen! Was du heute mitmachst, kenne ich aus eigener Erfahrung. Max Baer und Steve Hamas haben mich geschlagen. Auch ich habe schwer einstecken müssen!

Take it easy, Walter! Nimm's nicht so schwer!

Überraschend frisch begann der blonde Tiger die achte Runde. Er griff an, wie man es von ihm gewöhnt war: temperamentvoll, mit prächtigen Geraden, mutig, unerschrocken.

Diese Attacke, die die Entscheidung bringen sollte, kostete viel Kraft. Am Schluss der Runde war Neusel ausgepumpt. Ich überfiel ihn mit einem Schlaghagel. Mein Gegner geriet ins Wanken, rettete sich mit schwankenden Knien und überquellenden Augen bis zum Gong.

Als die neunte Runde angekündigt wurde, hob er müde und resigniert den Arm. Er hatte genug.

Der Jubel der 90.000 begeisterten Zuschauer gab mir die Gewissheit, dass ich nun endgültig aus der Pechsträhne heraus war! Er gab mir die Gewissheit, dass ich noch nicht erledigt, noch nicht ausgepumpt war. Jeder Muskel, jeder Nerv meines Körpers hatte mir gehorcht. Die Welt würde wieder mit Max Schmeling rechnen müssen!

Ein Mythos entsteht

In Amerika begann man über einen Mann zu sprechen, der sich durch eine Kette schneller Siege aus dem Dunkel, aus dem Nichts ins Blickfeld der Öffentlichkeit geschuftet hatte: ein Boxgenie, wie es nur alle Jubeljahre einmal auftaucht: Joe Louis!

Louis, hinter dem eine große, treue Anhängerschaft von Schwarzen stand, schenkte sich nichts. Er boxte gegen jeden, wenn er dadurch nur ein Stück, ein winziges Stück nach vorn kam! Die Zahl seiner Siege war es schließlich, die die Aufmerksamkeit der Fachwelt auf ihn zwang.

Nach 17 Siegen, von denen er 14 durch K.o. errang, hatten der „Braune Bomber" und seine Anhänger das Schlimmste geschafft: der Madison Square Garden rief. Joe durfte in der weltberühmten New Yorker Arena gegen Exweltmeister Primo Carnera boxen!

Joe Louis!

Ein neuer Stern war aufgegangen!

Dass Joe einmal mein Schicksalspartner, dass ich sein Schicksalspartner sein sollte ... wir ahnten es beide noch nicht. —

Der Kampf gegen Neusel hatte 90.000 Zuschauer angelockt. Dieser grandiose Erfolg ließ den Hamburger Veranstalter Walter Rothenburg nicht schlafen.

„Wie wär's mit einer Revanche gegen Steve Hamas, Max?" fragte er zu Beginn des Jahres 1935.

„Großartig", sagte ich, „nur dürfte es in den nächsten Monaten für eine Freilichtveranstaltung noch zu kühl sein."

„Was heißt das schon? Dann wird eben eine Halle gebaut!" entschied der unternehmungslustige Veranstalter.

Rothenburg meinte es ernst. Als Großsteuerzahler hatte er bei den Stadtvätern einen Stein im Brett. Der für den Sport zuständige Senator schlug sich sofort auf seine Seite.

Walter Rothenburgs schnellem Entschluss verdankt die berühmte Hanseatenhalle ihre Entstehung. Dass sie in Rothenburgsort liegt, ist reiner Zufall. Der Name des Stadtteils hat mit dem rührigen Veranstalter nichts zu tun.

Unwahrscheinlich, mit welcher Präzision und Geschwindigkeit der Plan in die Tat umgesetzt wurde. In der Rekordzeit von 42 Tagen stand die größte europäische Halle, in der 25.000 Zuschauer Platz haben. Noch am Morgen des Kampftages, am 10. März 1935, feierten die Putzfrauen Orgien mit Schrubber und Besen. Um 16 Uhr aber, als Rothenburg durch die Seile kletterte und die Begrüßungsansprache hielt, war alles tipptopp.

Hamburg zeigte seinen Gästen aus Übersee, dem sympathischen Pennsylvania-Studenten Steve Hamas und mehreren hundert amerikanischen Schlachtenbummlern, was man in kurzer Zeit auf die Beine stellen kann – wenn die Bürokraten schweigen.

Mit mir ging es wieder aufwärts. Ich schlug den Amerikaner, der mich in Philadelphia während meiner Pechsträhne nach Punkten besiegt hatte, in der neunten Runde durch technischen K.o.

Hamas wäre manches erspart geblieben, hätten seine Sekundanten eher ein Einsehen gehabt und das Handtuch geworfen. Sie mussten doch schon längst erkannt haben, dass ihr Mann nicht mehr verteidigungsfähig war, dass er meine Schläge nur noch in Trance einsteckte.

„Ich kann den armen Kerl nicht mehr angreifen", hatte ich nach der vierten Runde in meiner Ecke erklärt. „Der ist ja fix und fertig!"

Doch Steves alter Manager hatte nicht daran gedacht, seinen Schützling aus dem Kampf zu nehmen. Ein Boxer hatte hart zu sein, verdammt noch mal!

Der Amerikaner musste schwer dafür bezahlen.

„Zuerst mal 14 Tage ins Sanatorium!" bestimmten die Ärzte nach der Untersuchung des Geschlagenen.

Steve hat nach dem unbarmherzigen Fight in Hamburg die Handschuhe nie wieder angezogen.

Ich klage gegen Preußen

Der Sieg über Hamas fand in Amerika lebhaftes Echo. Der Name Schmeling tauchte wieder groß in den Zeitungen auf. Mein Comeback war auch in den Staaten so gut wie sicher.

Doch bevor ich nach drüben reiste, boxte ich in Berlin ein drittes Mal gegen den Spanier Paolino Uzcudun.

Die Reichshauptstadt übernahm die Schirmherrschaft für diesen Kampf. Sie übernahm auch die Garantie für unsere Börsen.

„Ist das Geld da?" fragte Machon beim Wiegen am Vormittag des 7. Juli 1935.

Es war noch nicht da.

„Tut mir leid – dann boxe ich nicht", erklärte Paolino kurz und bündig.

„Ich stehe gerade dafür, dass die finanziellen Verpflichtungen erfüllt werden", versicherte Oberbürgermeister Lippert.

Paolino erhielt seine Garantie. Mir wurde nur ein Teil des Betrages ausgehändigt. 35.000 Mark blieb man mir schuldig.

In zwölf Runden schlug ich Paolino nach Punkten.

Als mir auch nach dem Sieg die 35.000 Mark nicht ausbezahlt wurden, wandte ich mich an den Berliner Stadtpräsidenten.

„Wir bedauern", sagte mir seine Sekretärin am Telefon, „der Herr Stadtpräsident ist verreist und wird erst in drei Wochen zurück erwartet."

Die drei Wochen verstrichen. Ich rief täglich an, wurde jedoch immer mit neuen Ausreden abgespeist.

Was nun?

Der einzige Ausweg: Klagen!

Wenn ich die Stadt Berlin verklagen wollte, musste ich nach der damaligen juristischen Situation Klage gegen den Stadtpräsidenten erheben, gegen das Stadtparlament, aber auch gegen den preußischen Innenminister und gegen den preußischen Ministerpräsidenten Hermann Göring. Ein unglaublicher Schritt, aber ich musste ihn gehen.

Es kam nicht zum Prozess. Er hätte nur unnötiges Aufsehen erregt. Darum entschied das Berliner Stadtparlament, dass mir die fällige Summe unverzüglich auszuzahlen sei. Doch meine Unverfrorenheit, im Dritten Reich eine Verwaltungsklage gegen den preußischen Staat angestrengt zu haben, nahm man mir noch lange übel.

Deutschland ging inzwischen mit Feuereifer an die Vorbereitungen für die Olympiade. Das Berliner Olympia-Stadion wuchs aus dem Boden, die Pläne für das Olympische Dorf nahmen Gestalt an. Doch soviel Mühe man sich auch gab, die Jugend der Welt in einem propagandistisch wirksamen Rahmen zu empfangen – im Ausland ließen sich die Stimmen, die mit Hitler und seinen undemokratischen Methoden unzufrieden waren, immer lauter vernehmen. Die Vereinigten Staaten überlegten ernstlich, ob sie ihre Sportler überhaupt nach Berlin entsenden sollten.

„Schmeling, Sie kennen doch Gott und die Welt", sagte man mir eines Tages im Auftrag des Reichssportführers von Tschammer und Osten, „können Sie nicht nach drüben fahren und die Sache ins Reine bringen? Sie wissen ..."

„Ich reise sowieso", erklärte ich. „Ich will sehen, was sich machen lässt."

In diplomatischer Mission

Mir lag viel daran, wieder einmal nach Amerika zu kommen. Ich brannte darauf, den Wunderboxer Joe Louis kennenzulernen. Er hatte Primo Carnera schwer geschlagen! Er hatte Max Baer vernichtet! Im Dezember 1935 sollte er gegen Paolino boxen. Diesen Kampf musste ich unbedingt sehen!

Blieb Joe Louis Sieger – und daran zweifelte kein Mensch –, war eine Auseinandersetzung zwischen dem Schwarzen und mir nicht ausgeschlossen. Nach meinen letzten Siegen musste man wieder mit mir rechnen, außerdem wusste Veranstalter Mike Jacobs ohnehin nicht, wen er dem „Lehmgesicht aus Alabama" noch als Schlachtopfer vorsetzen sollte.

Wie schon oft wohnte ich auch dieses Mal in New York im Hotel „Commodore". Dort tagte gerade das Amerikanische Olympische Komitee.

„Wir haben Juden und Schwarze unter unseren Leuten", gab man mir zu bedenken. „Wird man sie bei euch gleichberechtigt behandeln?"

„Wir Sportler garantieren dafür", versicherte ich.

„Das können wir bei allem, was bei euch vor sich geht, schlecht glauben", warfen mir die Yankees vor. Nur mit knapper Stimmenmehrheit entschlossen sie sich, an den Olympischen Spielen in Deutschland teilzunehmen.

Zugegeben: der Brief, den ich im Auftrag des Präsidenten des Deutschen Olympischen Komitees, Staatssekretär a. D. von Lewald, seinem amerikanischen Kollegen Avery Brundage überreichte, mochte zu diesem Entschluss beigetragen haben – die Verhandlungen mit mir jedenfalls hatten die Abstimmung entscheidend beeinflusst.

Mit Genugtuung nahm man drüben in diesem Zusammenhang zur Kenntnis, dass ich mit dem Schwarzen Joe Louis einen Kampfvertrag abschloss. Wenn es einem Sportler aus Nazi-Deutschland erlaubt war – so etwa dürfte der Gedankengang gewesen sein gegen den Vertreter einer anderen Rasse zu kämpfen, konnte man während der Olympiade wenigstens auf sportlichem Gebiet mit Fairness rechnen.

War es nicht grotesk? Einer der so oft von der Seite angesehenen Berufssportler hatte den Amateuren einen unschätzbaren Dienst erwiesen! Hätten die Amerikaner keine Mannschaft nach Berlin geschickt, wären die Olympischen Spiele zu einer Farce geworden.

In der Reichssportführung atmete man auf. Herrn von Tschammer und Osten war eine große Blamage erspart geblieben. Dabei hatte ich an ihn am allerwenigsten gedacht, als ich mich für die olympische Idee einsetzte. Seit einem Jahr waren nämlich unsere Beziehungen sehr gespannt. Der Reichssportführer hatte mich damals zu sich bitten lassen ...

„Sie sollten mehr in Deutschland boxen, Herr Schmeling", hatte Tschammer die Unterhaltung eröffnet.

„Das richtet sich ganz nach den Angeboten", erwiderte ich gelassen.

„Unsere Jugend braucht Vorbilder!"

„Vorbild kann man überall sein."

Tschammer wurde ungeduldig.

„Auch für Sie kommt der Tag, an dem Sie nicht mehr boxen können. Vielleicht wären Sie dann heilfroh, in Deutschland eine Trainerstelle zu finden.

Wenn Sie aber unklug sind, werden Sie sich alle Brücken verbauen."

„Herr Reichssportführer", sagte ich ruhig, „ich hoffe, nie auf Ihre Trainerstelle angewiesen zu sein. Vielleicht schaffe ich es, im Alter von meinen Ersparnissen zu leben."

„Soso – das hört sich ja großartig an! Was verdienen Sie denn eigentlich?"

„Ooch, das kommt ganz darauf an ..."

Ich wunderte mich nicht, dass der Mann, der den deutschen Sport lenkte, so gar keine Ahnung von Boxerbörsen hatte. Einem glaubwürdigen Ondit zufolge war er nur durch einen Irrtum zu seinem Posten gekommen. Man hatte Tschammers Bruder, einen erfolgreichen Turnierreiter, holen wollen und sich dabei in der Tür geirrt ...

„Beim Kampf gegen Sharkey habe ich knapp eine Million kassiert", sagte ich boshaft. Die immensen Steuern verschwieg ich absichtlich.

„Wieviel?"

„Eine Million!" wiederholte ich.

„Tja, wenn das so ist, dann ... Heil Hitler!"

Von Tschammer und Osten sprang auf, drehte sich auf dem Absatz um und verließ empört das Zimmer.

Sein Referent, der die ganze Zeit über schweigend im Hintergrund gesessen hatte, wechselte verblüffte Blicke mit mir.

„Die Unterredung ist wohl beendet", sagte er verlegen, und ich verließ das Büro des Mannes, der mir mein selbstbewusstes Auftreten nicht so schnell vergessen sollte.

Kurze Zeit später präsentierte der Herr Reichssportführer die Rechnung. Ich sei wohl der einzige deutsche Sportler, der noch einen jüdischen Manager hätte, ließ er mir mitteilen, und es sei wohl an der Zeit, endlich „gleichzuschalten".

Ich dachte nicht daran, mich von Joe Jacobs zu trennen. Ich konnte keinen besseren Mann für meine amerikanischen Interessen und keinen treueren Freund finden.

Ein paar Tage lang lief ich mit dem Brief der Reichssportführung in der Tasche unschlüssig herum. Wie sollte ich mit dieser Sache nur fertig werden? Plötzlich fiel mir ein, dass mich Hitlers Adjutant Brückner einmal aufgefordert hatte, mich getrost mit meinen Sorgen an ihn zu wenden. Brückner musste mir helfen!

Ich rief ihn an.

„Sagen Sie, Herr Brückner, wäre es wohl möglich, den Reichskanzler zu sprechen?"

„In welcher Angelegenheit?"

„Es handelt sich um meinen Manager Joe Jacobs."

„Ich verstehe", sagte Brückner, „das werden wir schon machen, Herr Schmeling. Sie hören von mir."

Am nächsten Tag schon meldete er sich:

„Der Führer erwartet Sie und Ihre Gattin morgen um fünf Uhr zum Tee!"

Anny schlug die Hände über dem Kopf zusammen. Sie, die geborene Tschechin, sollte zu Hitler?

„Nein, nein, ich gehe bestimmt nicht hin", wehrte sie sich.

„Aber es handelt sich doch um Joe", sagte ich. „Wir müssen die Einladung annehmen!"

Seufzend ergab sich Anny in ihr Schicksal.

„Na schön, Max, ich geh', aber nur dir und Joe zuliebe!"

Hitler und der Gugelhupf

Brückner nahm uns, als wir vor der Alten Reichskanzlei aus dem Wagen stiegen, in Empfang. Er führte uns in einen großen, sparsam mit Stilmöbeln ausgestatteten Raum. Vergeblich hielten wir nach anderen Gästen Ausschau.

Wir waren allein.

Eine knappe Minute später betrat Hitler das Zimmer. Lächelnd kam er auf uns zu. Anny küsste er die Hand.

Wir hatten uns kaum in ein paar großen, gobelingepolsterten Sesseln niedergelassen, als ein livrierter Diener uns in das Nebenzimmer bat. Dort war der Teetisch gedeckt.

Zu dritt, ohne jede Gesellschaft, nahmen wir Platz.

„Trinken Sie Kaffee oder Tee, gnädige Frau?" erkundigte sich unser Gastgeber aufmerksam.

„Tee, bitte", sagte Anny verlegen.

„Und Sie, Herr Schmeling?"

„Ich bin leidenschaftlicher Kaffeetrinker!"

Der Diener rollte auf einem Teewagen verschiedene Kuchen heran. Wiederum war es Hitler, der Anny bediente.

„Ich nehme Gugelhupf", entschloss sich meine Frau.

„Du lieber Himmel, Gugelhupf", rief Hitler und klopfte sich entzückt auf die Schenkel. „Wie lange habe ich das Wort ‚Gugelhupf' nicht mehr gehört!"

Anny zerkrümelte ihr Gebäck.

„Sie sind Wienerin?"

„Nein, ich komme aus Prag! Aber mein Vater war vor 1918 österreichischer Offizier."

Hitler verwickelte Anny in ein lebhaftes Gespräch über den Gugelhupf. Ich kam mir reichlich überflüssig vor. Da unterhielten sie sich über irgendeinen albernen Napfkuchen, und ich war doch nur gekommen, um mir Joe Jacobs, den unsinnigen Rassengesetzen zum Trotz, weiter als Manager zu erhalten.

Ich hatte Zeit genug, Hitler zu beobachten. Es war kaum zu fassen, dass dieser Mann, der so freundlich mit Anny plauderte, durch seine skrupellose Politik die ganze Welt in Atem hielt. Mich konnte er durch den bewusst zur Schau getragenen Charme nicht blenden; durch meine häufigen Auslandsreisen, vor allem nach Amerika, war ich hellhörig geworden.

Hitler hatte meine Anwesenheit keineswegs vergessen. Wie der Blitz aus heiterem Himmel fragte er plötzlich:

„Sagen Sie, Schmeling, sind Sie eigentlich Parteigenosse?"

Ich war es nicht. Was sollte ich nur antworten?

„Ich halte es für richtiger, dass sich Sportler nicht politisch festlegen", erklärte ich vorsichtig und machte mich auf eine ungnädige Zurechtweisung gefasst.

Der „Führer" würdigte mich keiner Antwort. Laut schlürfte er seinen Tee und wandte sich wieder meiner Frau zu.

Das Gespräch plätscherte harmlos dahin. Genauso unverhofft wie zuvor kam Hitler dann auf das Thema, das mir am Herzen lag.

„Was für einen Brief haben Sie von der Reichssportführung erhalten, Schmeling?" fragte er.

Es machte mich doch nervös, als er so direkt mit der Tür ins Haus fiel.

„Ich weiß nicht, ob Ihnen bekannt ist, dass Jacobs seit 1928 mein Manager ist ..."

Schweigen.

„Mister Jacobs hat sich immer mit seiner ganzen Kraft für mich eingesetzt ..."

Schweigen.

„Zwischen uns war noch nie von Protestanten, Katholiken oder Juden die Rede ..."
Schweigen.
„Ich wüsste gar nicht, was ich ohne ihn tun sollte?"
Schweigen.
„Ich brauche ihn wie die Butter aufs Brot!"
Schweigen.
„Er ist tüchtig. Er ist ordentlich. Er ist korrekt."
Ich stotterte noch allerhand, um Zeit zu gewinnen. Hitler schaute mich lauernd an, aber er sprach kein Wort. Eine bedrückende Stille breitete sich aus. Sie dauerte, so schien es Anny und mir, eine Ewigkeit. Endlich räusperte sich der Gastgeber.

„Der Gugelhupf ist wirklich gut", sagte er zu unserer maßlosen Verblüffung.

Von Joe Jacobs wurde nicht mehr gesprochen. Schweigen ist auch eine Antwort, dachte ich und beschloss, den Brief der Reichssportführung zu ignorieren. Joe blieb mein Manager, bis er im Jahr 1940 in New York starb.

Was wäre wohl aus mir geworden, wenn Hitler auf einer Trennung von meinem jüdischen Interessenvertreter bestanden hätte? Ich hätte auf Deutschland oder auf Amerika verzichten müssen. Mit anderen Worten: Mir wäre nur die Wahl zwischen Emigration oder Ächtung in der ganzen nazifeindlichen Welt geblieben ...

So boxt Joe Louis

Am 13. Dezember 1935 saß ich mit Max Machon im Madison Square Garden in New York. Ich saß direkt am Ring, denn ich wollte mir von dem Kampf, der in dieser Nacht stattfand, nichts entgehen lassen, keinen Trick, keinen Schlag!

Paolino Uzcudun stellte sich Joe Louis!

Dreimal schon hatte ich gegen den bulligen Spanier geboxt. Nie war es mir gelungen, ihn k.o. zu schlagen. Für den „Braunen Bomber" sollte das – laut Vorhersagen – ein Kinderspiel sein.

Ich sah den amerikanischen Wunderboxer zum ersten Mal!

Ich sah ihn nur vier Runden lang.

Und ich sah, dass die Lobeshymnen nicht übertrieben waren.

In den ersten drei Runden setzte der 21jährige Louis fast nur seine Linke ein. Aber was für eine Linke! Er rammte sie dem angreifenden Spanier immer wieder mitten ins Gesicht.

„Mein Lieber, da steckt Dampf dahinter", sagte Machon.

In den Pausen saß Louis unbeweglich auf seinem Schemel. Ruhig und gelassen redete Blackburn, sein Trainer, auf ihn ein. Ruhig und gelassen ging Joe in die vierte Runde.

Erneut musste sich der Spanier von ein paar glasharten Linken durchschütteln lassen. Die Rechte kam plötzlich hinterher: tödlich, vernichtend, mörderisch! Die ganze Kraft eines Naturtalents, eines Boxwunders saß hinter diesem Schlag.

Der Selbsterhaltungstrieb brachte Paolino noch einmal auf die Beine. Louis schlug sofort eine blitzschnelle Doublette und legte mir seinen Gegner elegant vor die Füße. Señor Uzcudun, den ich noch nie bis „neun" auf die Bretter gebracht hatte, wurde ausgezählt.

„Well, Max, was sagst du nun?" erkundigten sich die Reporter.

„Louis ist der härteste Schläger, den ich je gesehen habe!"

„Der legt seine Gegner um, wie sie kommen!" lobte einer.

„Dem versperrt keiner den Weg zur Weltmeisterschaft!" prophezeite ein anderer.

„Rechnest du dir eine Chance aus gegen ihn, Max?"

„Ich halte es nicht für ausgeschlossen, Joe Louis zu schlagen", sagte ich.

Es war ein Stich ins Wespennest.

„Das ist doch nicht dein Ernst, Max!"

„Behauptungen muss man beweisen!"

„Ich werde sie beweisen", erklärte ich kalt. „In diesen vier Runden habe ich bei Joe Louis einen Fehler entdeckt, und diesen Fehler werde ich ausnutzen."

„Welchen Fehler", fragten sie wie aus einem Mund.

„Ich werd' doch nicht so dumm sein und ihn euch verraten!"

„Es haben schon viele geglaubt, Joe Louis schlagen zu können, Max – im Ring ist dann einer nach dem anderen sang- und klanglos untergegangen."

„I have seen something! Ich habe etwas gesehen!" sagte ich hartnäckig, „wartet ab!"

Zuversichtlich setzte ich kurze Zeit später meinen Namen unter den Kampfvertrag. Was kümmerte es mich, dass mich alle für das Schlachtopfer, für den todsicheren Verlierer hielten? Vor dem „Aus" des Ringrichters oder dem Schlussgong gibt es keinen todsicheren Verlierer und keinen todsicheren Sieger. Warum sollte es, wenn ich gegen Joe Louis boxte, anders sein?

DER KAMPF DES JAHRHUNDERTS

„Der Mann, der Joe Louis schlägt, wird der Boxer aller Zeiten sein", schrieb eine amerikanische Zeitung.
Dabei war Joe nicht einmal Weltmeister. Nur wenn er mich besiegte, würde er nach den Bestimmungen der Boxkommission Jimmy Braddock, der damals den Titel trug, herausfordern dürfen.
Das Ballyhoo, das vor dem Kampf Louis – Schmeling wie ein Hurrikan über das Land fegte, brachte meinem Gegner und mir eine tolle Publicity. Leider waren alle Kommentare, alle Polemiken völlig einseitig: Joe Louis blieb 10:1-Favorit.
„Der ‚Braune Bomber' kann überhaupt nicht geschlagen werden", schrieben die Fachleute.
„Wie kann sich der Deutsche nur erdreisten, diesen Mann besiegen zu wollen?"
Es gab Augenblicke, in denen ich mir überlegte, warum ich eigentlich boxen sollte. Diesen Louis umgab ein Nimbus, wie ihn noch nie ein Boxer in Amerika besaß. Gegen einen Mann konnte ich kämpfen, aber gegen einen Nimbus ...
Selbst die Fantasie der Karikaturisten bewegte sich auf ausgetretenen Pfaden: Man zeichnete mich auf der Guillotine oder als hilfloses Opfer, das vor eine Kanone gebunden war.
„Schläfst du eigentlich noch ruhig, Max, wenn du daran denkst, wie dich der Braune zerschlägt, zerfetzt, zermalmt?" Nicht nur aus Schadenfreude, sondern auch aus Mitleid stellten die Reporter immer wieder solche Fragen.
„Ich habe etwas gesehen! I have seen something!" Dabei blieb ich. Mochten sie doch alle reden, was sie wollten!

Natürlich vergaß ich keine Minute lang, welch ungeheure Kraft- und Mutprobe auf mich wartete. Schon sieben Wochen vor dem Kampftermin, dem 18. Juni 1936, bezog ich mein Trainingscamp in Napanoch, etwa 150 Kilometer außerhalb von New York.

Hier wiederholte sich – fast aufs Haar genau – eine Geschichte, die ich vor meinem ersten Kampf gegen Sharkey erlebt hatte: Ein Unbekannter – „Knock-out-William" – drängte sich als Sparringspartner auf!

Er war Lokalmatador und hatte eine fanatische Anhängerschaft im Schlepptau. Jedes Mal, wenn ich in den Ring stieg, brüllten ein paar Leute: „Nimm doch Knock-out-William, Max!"

Was interessierte mich dieser Bursche? Ich hatte meine eigenen, besonders sorgfältig ausgewählten Sparringspartner. Warum sollte ich den wildfremden Mann in den. Ring lassen?

Doch die Clique um William gab keine Ruhe. Einer der Fanatiker schlug Machon herausfordernd die Faust in die Rippen.

„Warum nehmt ihr ihn nicht?" schrie er erbost.

„Kneift Schmeling?" schürte die Zeitung des Städtchens das Feuer.

„Erbarm dich halt und hau dem Kerl eins hinter die Ohren", meinte Machon ärgerlich.

Es kam also zu der stürmisch verlangten Begegnung. Unter anfeuerndem Pfeifen und Johlen kletterte William durch die Seile: ein imposanter Riese!

„Zeit!" kommandierte Machon.

Ich machte den ersten Schritt auf William zu, doch im selben Augenblick wich er einen Schritt zurück. Noch ein Schritt vor noch ein Schritt zurück! Nahm der Held etwa vor mir Reißaus? Ein solcher Sparringspartner war kaum geeignet, mich auf Joe Louis vorzubereiten! „Knock-out-William", der mir mit soviel Tamtam aufgedrängt worden war, wagte keinen einzigen Schlag. Wie ein hypnotisiertes Kaninchen starrte er mich an.

Mich reute die Zeitverschwendung. Unter dem Toben und Gelächter der Zuschauer packte ich den Feigling beim Genick und warf ihn aus dem Ring. Er hatte – da er nicht einen einzigen Treffer einsteckte – den „Kampf" in prachtvoller körperlicher Verfassung überstanden ...

Nervosität im Hippodrom

Joe Louis hatte, bevor er ins Trainingscamp nach Lakewood ging, ein paar Wochen lang in Lafayetteville nichts anderes getan als Baumstämme gesägt und Holz gespalten.

Die Neugierigen, die aus New York und New Jersey nach Lakewood strömten, um das braune Boxwunder zu sehen, behaupteten, Louis lege seine Sparringspartner um wie die Kegel. Die Männer hätten nur noch wenig Lust, sich von ihm in Grund und Boden schlagen zu lassen.

Obwohl auch ich in glänzender Verfassung war, dachte immer noch niemand daran, mir eine Chance zu geben. Meiner Ansicht nach musste den Journalisten, die sich in Joes Camp angesiedelt hatten, ihr Job reichlich einseitig vorkommen.

„In welcher Runde wirst du ihn schlagen?" Das war doch wohl die einzige Frage, die sie in allen möglichen Paraphrasen immer wieder stellen konnten ...

Warum sollte mich Joe Louis auch wichtiger nehmen als seine früheren Gegner. Ich wäre schließlich nicht der erste Exweltmeister gewesen, mit dem er fertig wurde, nicht der erste Stolperstein, den er übersprang.

Achselzuckend nahm der Bomber von seinen Spionen zur Kenntnis, dass auch meine Kondition vorzüglich sei und dass ich eine sehr gefährliche Rechte schlage.

Die Zeitungen setzten nach einer neuerlichen Rundfrage immer noch 10:1 auf den Superfighter. Es gab nur einen einzigen Reporter, der sich nicht von der allgemeinen Siegeszuversicht anstecken ließ, einen einzigen, der Joe Louis „übertrainiert" und „überzüchtet" nannte: Bill Farnsworth. Doch Bill war nur dritte Garnitur bei der Hearst-Presse, und selbst sein Vater, für dessen Sportressort Bill schrieb, hielt die Meinung seines Sohnes für blanken Unsinn. Dass er sie trotzdem veröffentlichte – na ja, sollte der Junge wenigstens als Außenseiter mal die Aufmerksamkeit auf sich ziehen!

Dicke Regenwolken hingen über New York, als wir am 18. Juni zum Wiegen fuhren. Unterwegs begann es in Strömen zu gießen. Wir hatten schon ein paar Minuten Verspätung, und unser Chauffeur holte aus dem Wagen heraus, was er konnte.

Nur eine Polizeistreife war noch schneller als wir. Sie raste an unserer Kolonne vorbei und stoppte uns. Im Staat New York legt man nicht ungestraft ein so verbotswidriges Tempo vor!

Doch als mich die pflichtgetreuen Polizisten erkannten, schlugen sie eine wesentlich freundlichere Tonart an. Ausgerechnet sie hatten das Glück, einen der Männer zu sehen, von denen in diesen Tagen ganz Amerika sprach – dem Mann zu begegnen, der gegen Joe Louis zu kämpfen wagte und sich dabei noch eine Siegeschance ausrechnete.

Die begeisterten Hüter der Ordnung dachten nicht daran, mich so schnell wieder loszulassen. Ein paar von ihnen brausten davon, um die Kollegen zu alarmieren. Dass Joe Louis inzwischen auf mich warten musste – darüber machten sie sich keine Gedanken.

Mit beinahe halbstündiger Verspätung fuhren wir endlich über die Washington-Brücke und den Riverside-Drive nach New York hinein. Im Hippodrom, einem früheren Zirkus in der 4. Avenue, wo die Zeremonie des Wiegens stattfand, schlug uns eine Woge von Nervosität entgegen.

Wie konnte ich die hohe Kommission so lange warten lassen!

Mich nach allen Seiten entschuldigend, bahnte ich mir lächelnd einen Weg durch die Journalisten, Ärzte und Funktionäre. Ich wusste genau, dass es jetzt darauf ankam, Kaltblütigkeit zu zeigen. Es fiel mir nicht schwer, denn ich war wirklich nicht aufgeregt.

Gut gelaunt ging ich auf Joe Louis zu, der mir – ganz gegen sein gewohntes, aufreizendes Phlegma – halb neugierig, halb verwundert entgegensah.

Er war es wohl gewohnt, in fassungslose, angstvolle Gesichter zu schauen. Für viele Gegner hatte sein bloßer Anblick genügt, sie knieweich werden zu lassen:

Lewinsky war nicht mehr fähig gewesen, ohne Hilfsstellung auf die Waage zu steigen. Der bärenstarke Carnera war blass geworden, und Paolino hatte seine Nervosität nicht verstecken können. Selbst Max Baer, der an einem schwarzen Tag über mich triumphiert hatte, war angeblich nur mit Gewalt zu bewegen gewesen, seine Kabine zu verlassen und Joe Louis gegenüberzutreten.

So wirkte der Louis-Mythos auf die stärksten Männer. Weltklasseboxer wurden zu Nervenbündeln und hatten praktisch schon verloren, bevor die erste Runde eingeläutet wurde.

Ich war zum Glück immun gegen die hypnotischen Fähigkeiten, die man Louis andichtete. Kameradschaftlich und unbefangen schüttelte ich ihm die Hand.

„Hallo, Joe, how do you do?"
„Hallo, Max, how are you?"
Ich stieg auf die Waage: 87,089 Kilo. Louis wog 89,810 Kilo. Die Ärzte nahmen ihr Amt sehr genau. Joe und ich wurden auf Herz und Nieren geprüft – ohne Befund.

Damit war die Wiegezeremonie vorüber.

Sie hatte den über 100 Journalisten einen letzten Blick in die Seelen der beiden Kämpfer, den letzten Stoff für ihre abgewetzten Federn geboten.

„Alles Gute für heute Abend, Joe", sagte ich und drückte meinem Gegner noch einmal die Hand. Es ist nicht üblich, in dieser Situation ein langes Palaver zu veranstalten. Der „Braune Bomber" dankte kurz und stellte sich zum Abschied mit mir den Fotografen.

Acht Stunden später würden wir uns im Ring gegenüberstehen.

Acht Stunden später – lag ich im Bett! Mike Jacobs, der Veranstalter, hatte den Kampf um einen Tag verschoben. Es regnete, wie schon gesagt, in Strömen, und die Wettervorhersagen versprachen keine Besserung.

Eine Kampfverschiebung ist immer ein folgenschwerer Schritt. Die Einnahmen leiden darunter – und die Kämpfer erst recht. Da haben sie sich nun auf einen ganz bestimmten Zeitpunkt konzentriert, mit fieberhafter Spannung auf den erlösenden ersten Gongschlag gewartet – und nun soll die Tortur um einen ganzen Tag verlängert werden?

Normalerweise wäre auch ich von der Verlegung nicht begeistert gewesen. In diesem Fall kam sie wie gerufen! Ich fühlte mich trotz der beim Wiegen zur Schau getragenen Zuversicht längst nicht so topfit wie in den Tagen zuvor. Aber 24 Stunden später konnte alles wieder in Ordnung sein ...

Skat beruhigt die Nerven

Acht Stunden noch bis zum Kampf gegen Joe Louis.

Machon hatte eine Sperrzone um mein Zimmer gelegt, damit ich ungestört schlafen konnte. Bis in den 14. Stock des „Plaza"-Hotels drang der Straßenlärm nicht.

Aber ich fand keinen Schlaf. Während meine Freunde Herbert Ritze, Doc Casey, Otto Petri und Max Machon nebenan auf Zehenspitzen gingen und sich nur flüsternd unterhielten, zwang ich mich, nicht an den „Braunen Bomber" zu denken. Wie unsinnig dieser Vorsatz war! Die Uhr, das Fenster, von dem aus man das Yankee-Stadion sah, sogar die Stille schrie mir ins Bewusstsein, was mir am Abend dieses 19. Juni 1936 bevorstand. Als es drei Uhr war, hielt ich es im Bett nicht mehr aus.

„Bestell mir was Vernünftiges zu essen", bat ich Machon. Ich brauchte nicht lange zu warten. Mein Koch hatte schon längst ein paar saftige Steaks zurechtgelegt.

Ich verlor kein Wort darüber, als mein Betreuer heimlich seinen Teller gegen meinen austauschte. Er meinte es gut. Theoretisch war es ja nicht ausgeschlossen, dass jemand den Pfeffer mit einem Schlafpülverchen „verwechselt" hatte.

Petri, der ehemalige Sechstagefahrer, und Ritze, mein Freund und Sekretär, saßen in einer Ecke des Wohnraumes und mischten die Skatkarten. Ein anständiger Männerskat war immer noch am besten geeignet, die Stunden totzuschlagen. Mir bekam es entschieden besser, über Otto Petris unschlagbares Berliner Mundwerk zu lachen, als vom Fenster aus das Stadion zu fixieren, in das schon früh die ersten Zuschauer strömten.

„Da fällt mir ein", sagte Ritze gegen sieben Uhr, „ich habe noch die Eintrittskarte von einem Bekannten in der Tasche. Ihr habt doch nichts dagegen, wenn ich jetzt verschwinde?"

Otto schien nur auf das Stichwort gewartet zu haben.

„Ich muss noch schnell zu einer Verabredung. Entschuldigt mich bitte, Kinder!"

„Hals- und Beinbruch, Max", wünschten sie beide mit verdächtiger Eile. Ich merkte ihnen an, wie froh sie waren, der krampfhaften Sorglosigkeit entrinnen zu können.

Kaum hatte sich die Tür hinter ihnen geschlossen, fiel der Albdruck der künstlich erstickten Erregung von Machon und mir ab. Während wir eben noch einen Schleier vor die Wirklichkeit gezogen hatten, lag sie nun deutlich und klar vor uns. Der Bann des Schweigens war gebrochen. Alles drehte sich jetzt wieder um den Kampf gegen Joe Louis.

„Gib gleich nach dem ersten Gong deine Visitenkarte ab", riet Machon, während ich mir auf dem langen, ausgestorbenen Hotelgang ein wenig Bewegung verschaffte.

„Ich wollte, es wäre schon so weit", sagte ich ungeduldig.

„Hau sofort hin! Der Bursche muss wissen, dass er es mit einem zu tun hat, der zurückschlägt!"

Zum x-ten Mal sprachen wir die Marschroute durch, diskutierten, wie der Fehler, den ich bei Joe Louis' Kampf gegen Paolino beobachtet hatte, am besten auszunutzen sei. Machon war der einzige, dem ich meine Entdeckung anvertraut hatte. Nicht einmal Joe Jacobs war eingeweiht worden.

„I have seen something!"

Dieser Ausspruch war zum geflügelten Wort geworden. Mit fieberhafter Spannung warteten die Journalisten, warteten die neugierig gemachten Zuschauer darauf, was ich denn damals eigentlich gesehen hatte und was ich jetzt ausnutzen wollte.

Punkt 19.45 Uhr, eine Viertelstunde vor Beginn der Rahmenkämpfe, kam Joe Jacobs in unser Appartement. Er warf mir einen prüfenden Blick zu und drängte zum Aufbruch.

„Der Wagen steht unten", sagte er.

Im Lift sprach niemand ein Wort. Die Hotelhalle gähnte in gespenstischer Leere. Wir hatten unseren Aufenthaltsort streng geheim gehalten, um vor Zeitungsleuten, Spionen und Neugierigen sicher zu sein.

Die Zufahrtsstraßen zum Yankee-Stadion waren hoffnungslos verstopft. Dass wir trotzdem freie Bahn hatten, verdankten wir vier New Yorker Polizisten, die unseren Wagen auf Motorrädern eskortierten. Sirenengeheul verriet allen, dass einer der Hauptakteure zur Arena unterwegs war.

Der Tod in der Kabine

In meinen abgetragenen Bademantel gehüllt, wartete ich in der Kabine darauf, abgeholt zu werden. Ich war verhältnismäßig ruhig. Der eine zeigt seine Erregung, der andere zeigt sie nicht.

Draußen brodelte es. Jedes Mal, wenn die Tür aufging, sprang mich die ungebändigte Sensationsgier des Publikums wie eine übermächtige Flutwelle an. 40.000 fieberten danach, den „Braunen Bomber" und mich, sein Opfer, im Ring zu sehen.

40.000 nur?

Für einen Ausscheidungskampf zur Weltmeisterschaft war das keine Rekordziffer. Es rächte sich, dass man in den Vorschauen auf diesen Fight die Chancen allzu einseitig vergeben hatte.

Wenige Minuten vor zehn Uhr klopfte es an die Kabinentür.

Aha, es war soweit! Doch nicht der erwartete Funktionär der Boxkommission, sondern Tom O'Rourke trat ein. Tom, der schon auf die Achtzig zuging, war früher ein geachteter, erfolgreicher Manager und heute eine Persönlichkeit, deren Wort etwas galt.

„Nun, Max, wie fühlst du dich?" fragte er freundlich und setzte sich zu mir auf die Pritsche.

„Danke, es geht mir gut, Tom."

„Du siehst auch vorzüglich aus. Wenn einer mit diesem Joe Louis fertig wird, dann bist es du, Max."

„Warten wir ab!"

„Good luck!"

Während er mir Glück für den Kampf wünschte, griff Tom O'Rourke nach seinem Herzen. Eine Sekunde später brach er zusammen.

Als sie ihn aus der Kabine trugen, war Tom bereits tot. Ein Herzschlag hatte seinem Leben ein Ende gesetzt. Vergeblich versuchten die Betreuer, den so plötzlich gestorbenen alten Mann vor meinen Blicken zu verbergen. Als sie die mit einer Decke verhüllte Bahre vorüber trugen, wusste ich Bescheid.

Ich kam nicht dazu, über den tragischen Vorfall nachzugrübeln.

„Are you ready?" rief der Funktionär der Boxkommission zur Kabinentür herein.

Ich war bereit!

Polizisten bahnten mir den Weg durch die tobende Menge. Es waren nicht nur Freundlichkeiten, die man mir ins Gesicht schrie. Doch Anpöbeleien nahm ich grundsätzlich nicht zur Kenntnis, außerdem gingen sie unter in dem Beifall, mit dem ich begrüßt wurde.

Der grelle Lichtfinger eines Scheinwerfers geleitete mich zum Ring. Gefolgt von meinen Sekundanten kletterte ich kurz nach dem „Braunen Bomber" durch die Seile.

Sekundenlang kreuzten sich unsere Blicke, als Joe in seiner, ich in meiner Ecke auf dem Schemel saß. Das Gesicht des Schwarzen wirkte ausdruckslos wie eine Maske. Seine Kaltblütigkeit hatte schon manchen aus dem Konzept gebracht.

Gegen diese Art von Anfechtungen war ich zum Glück immun. Nach außen hin die Ruhe selbst, saß ich da und wartete – wartete geschlagene elf Minuten, bis die Vorstellung der Prominenten und das übliche Drum und Dran vorüber waren.

Während dieser elf Minuten steigerte sich die Stimmung in eine Siedehitze hinein. Die Nerven der Zuschauer wurden zum Zerreißen gespannt.

Und die Nerven der Kämpfer?

Joe Louis saß immer noch unbewegt wie eine Sphinx, und ich blieb ihm an äußerer Gleichgültigkeit nichts schuldig.

Was sich nach dem Gong ereignete, haben Millionen Rundfunkhörer in Deutschland durch die Reportage von Arno Hellmis miterlebt. Noch heute gibt es Millionen, die sich an diese für mich so denkwürdige Nacht erinnern. Noch nie hatte ein deutscher Boxer in einer ähnlich dramatischen Ringschlacht gestanden.

„Und nun geht in eure Ecken zurück", sagte Referee Arthur Donovan, der berühmteste Ringrichter der Welt, der uns zu einer letzten Unterweisung in die Ringmitte gerufen hatte. „Geht zurück und kommt kämpfend heraus!"

In Deutschland war es 3.06 Uhr nachts, als der Gong zur ersten Runde ertönte.

Eine Visitenkarte für den „Braunen Bomber"

Aus der Ecke stürmen und sich auf den Gegner werfen, das ist es, was das Publikum von Joe gewohnt ist und jetzt erwartet. Auch ich habe mich auf diesen Überfall eingestellt. Doch er bleibt aus.

Joe Louis kommt vorsichtig. Wir tasten uns ab.

Ich weiß, dass der Bomber eine eminent gefährliche Linke schlägt. Peng! Da sitzt sie schon in meinem Gesicht! Nicht als Volltreffer, wie sie eigentlich gedacht war, aber verflucht schmerzhaft.

Auf keinen Fall darf ich mich aus dem Konzept bringen lassen. Habe ich mir nicht vorgenommen, ihn so schnell wie möglich mit meiner Handschrift bekannt zu machen? Meine Rechte liegt abschussbereit vor meiner Brust. Die Linke pfahlartig ausgestreckt, halte ich mir Joe vom Leib.

Da ist eine Gelegenheit, die ich ausnutzen kann: Sekundenbruchteile habe ich freie Schussbahn. Ich jage ihm eine Rechte an den Kopf, treffe ihn zwar nicht am Kinn, sondern etwas weiter oben, mitten ins Gesicht.

Louis ist perplex. Ach nee, der hält ja nicht still! denkt er offensichtlich. Und das genügt mir für die erste Runde. Der Bursche ist gewarnt!

Die Pause dauert nur eine Minute. Aber eine Minute hat 60 Sekunden, und in jeder Sekunde leben unzählige Gedanken – bei mir, bei Machon, bei den Zuschauern, bei Louis, der dort in seiner Ecke sitzt, und bei meiner Frau in Deutschland.

In dieser einen Minute arbeitet Max Machon, um mich zu erfrischen, redet Chefsekundant Blackburn auf seinen Schützling ein, überschlagen die Wetter ihre Chancen, versucht Arno Hellmis, den Hörern in der Heimat ein anschauliches Stimmungsbild zu geben ... Das alles geschieht in dieser einzigen Minute.

Schon einen Herzschlag später aber kann vieles ganz anders sein.

In der zweiten Runde muss ich schwer einstecken. Am eigenen Leib erfahre ich, welch brillanter Boxer Joe Louis ist. Ich versuche, seinen geschickten Angriffen auszuweichen, doch mehr als einmal erwischt er mich mit seiner stechenden Linken. Blitzartig funkt er sie heraus.

Nachdem er mein linkes Auge getroffen hat, sucht er es immer wieder.

Noch ein linker Treffer! Die Wucht des Schlages schüttelt mich durch, aber ich verliere die Übersicht nicht. Ich sehe freie Bahn für meine Rechte und jage sie Joe ans Kinn. Solche Brocken nimmt auch der Bomber nicht ohne Wirkung! Er schwimmt und geht sofort in den Clinch.

Gong?

Sind die drei Minuten schon um?

Joe und ich lassen voneinander ab, um in unsere Ecken zu gehen.

Der Ringrichter macht ein verblüfftes Gesicht: Er hat keinen Gong gehört.

„Los! Weiterkämpfen!" fordert er uns durch Gesten auf.

Ich hätte auf den Rest der Runde gern verzichtet, denn Louis trifft mich mit einer Serie von schnellen Linken, und nicht allen diesen blitzschnell abgeschossenen Geraden kann ich ausweichen.

Jetzt erst läutet der Gong die Runde ab.

Eine Minute zum Erfrischen, zum Kräftesammeln, zum Konzentrieren! Eine Minute Zeit, um mit Machon und Doc Casey die Lage zu peilen!

„Werd' nicht ungeduldig, Max!"

„Keine Angst, meine Chance kommt schon noch!"

Runde drei: Sie beginnt gut. Ich bringe bei Louis eine Rechte an, hinter der meine ganze Kraft steckt. Er verzieht schmerzlich das Gesicht. Unglaublich – aber er wankt nicht!

Und schon rächt sich der Bomber für den fürchterlichen Schlag: Er schickt eine Rechte voraus und lässt ein Bombardement von Linken folgen.

Mein linkes Auge fängt an, sich zu schließen. Vorübergehend muss ich den Rückwärtsgang einschalten.

Eine wertvolle Minute zwischen den Runden! Doc Casey kühlt das geschwollene Auge. Joe Jacobs ist um Schattierungen blasser geworden. Arno Hellmis bemüht sich, bei den Hörern jenseits des Atlantiks noch einen Funken Optimismus wachzuhalten.

Der alte Fehler

„Denk an den Paolino-Kampf, Max", mahnt Machon. „Louis macht über kurz oder lang denselben Fehler wie damals."

„Verlass' dich auf mich", sage ich. Von meiner Zuversicht habe ich noch nichts eingebüßt.

Den Fehler, auf den ich warte, macht der Bomber in der vierten Runde.

„I have seen something!"

„Ich habe etwas gesehen!" sagte ich damals und jetzt – in diesem Augenblick – sehe ich es wieder: Joe schlägt eine Linke, trifft mich, schlägt eine zweite Linke, trifft mich noch einmal. Er nimmt den Arm zurück, um zu einer dritten auszuholen. Dabei lässt er ihn um Zentimeter nach unten fallen. Auf diese Sekunde, auf diese Chance habe ich gewartet! Wie der Blitz bin ich mit einem Konterschlag in dieser Blöße, schmettere Joe die Rechte ans Kinn. Ich treffe ihn um eine Idee zu hoch, doch der Schlag genügt: Der „Braune Bomber" sackt in sich zusammen und geht auf die Bretter.

Das hat Amerika noch nicht erlebt! Im Yankee-Stadion bricht der Wahnsinn aus. Joe Louis am Boden! 40.000 springen auf die Stühle und stimmen ein höllisches Konzert an.

Da sind sie zu Tausenden gekommen, um mich sterben zu sehen. Und nun liegt ihr Idol; der für unschlagbar gehaltene Favorit dieses Kampfes, im Ringstaub ...

Nach vier Sekunden steht Joe Louis wieder auf den Beinen, stellt sich zum Kampf. Doch er hat jetzt ein anderes Gesicht. Trotz der Maske des stoischen Gleichmuts fühle ich, dass auch dieser Mann verwundbar ist.

Eine Minute Pause! Eine Minute, in der alles ganz anders aussieht, in der mir Machon anerkennend auf die Schulter klopft, und Joe Jacobs seine Erregung kaum meistern kann. Eine Minute, die den Journalisten zu denken gibt. Haben sie mit ihren einseitigen Kommentaren nicht leichtfertig geurteilt? Eine Minute, in der viele Wetter um ihren Einsatz zu bangen beginnen. Eine Minute, in der sich die Landsleute vor den Lautsprechern lachend in die Augen sehen.

In der fünften und sechsten Runde ist Joe Louis vorsichtig geworden. Geschickt deckt er sein Kinn ab. Unmöglich für mich, den Kernschuss anzubringen. Ich treffe immer nur die linke Gesichtshälfte, die sich zunächst gerötet hat und nun anschwillt wie ein Luftballon.

Der Bomber hat offensichtlich in der Ecke Anweisung erhalten, endlich auch seine Rechte einzusetzen! Die Rechte, die schon die besten Boxer der Welt gefällt hat. Eine Unachtsamkeit von mir, und das Blatt kann sich entscheidend wenden!

Pause vor der siebten Runde!

Eine Minute, in der sich mein hart mitgenommener Gegner überraschend erholt, in der sein cleverer Trainer Blackburn ein wahres Wunder vollbringt.

Nach dem Gong stürzt der Bomber aus seiner Ecke. Er scheint so frisch, als hätte ich ihn nie getroffen. Er rammt mir einen gewaltigen rechten Haken an den Körper, schlägt links und rechts. Ich habe Mühe, dem wilden Ansturm zu entgehen.

Einer dieser Schläge sitzt verdammt tief, und Ringrichter Donovan verwarnt Joe sofort.

Die siebente Runde gehört mir nicht.

„Mein Lieber, der schlägt immer noch wie ein Büffel", stöhne ich in der Pause.

„Bei dem musst du auf alles gefasst sein", warnt Machon.

„Lass nur, ich werd' schon fertig mit ihm."

Joe macht es mir nicht leicht. In den nächsten vier Runden wehrt er sich erbittert seiner Haut. So groggy er nun nach dem Aufflammen seiner Lebensgeister in der siebten Runde wieder ist – mit penetranter Hartnäckigkeit versucht er, sich mit seiner Unken Luft zu schaffen. Magisch zieht es seine Faust auf mein verschwollenes linkes Auge. Ich trommle mit der Rechten auf seine unförmig aufgequollene linke Gesichtshälfte.

Als die elfte Runde zu Ende geht, gibt es an Joe Louis nur noch die Härte zu bewundern, mit der er durchhält.

Höhepunkt meiner Karriere

Und wieder sitze ich auf meinem Schemel.

Eine Minute Pause, in der ich Luft schöpfen kann. Eine Minute, in der der Rundfunksprecher sein eigenes Wort wieder versteht, das während der Runden in einem Orkan von Leidenschaft untergegangen war.

Eine Minute, in der Blackburn sich verzweifelt bemüht, seine Bestürzung vor Joe Louis zu verbergen.

Es ist nicht mehr der gefährliche, der unschlagbare Bomber, der mir in der zwölften Runde gegenübersteht. Es ist nur noch ein Mann, der instinktiv versucht, über die Zeit zu kommen, der zum ersten Mal am eigenen Leib erfährt, was er in 24 Profikämpfen seinen Gegnern zugefügt hat.

Joe Louis wehrt sich verzweifelt und landet einen tief sitzenden linken Haken.

Jetzt wird es Zeit für mich, ein Ende zu machen! Ich schieße die Linke ab. Joe weicht ihr aus. Doch er kann mir nun nicht mehr entrinnen. Mit einer erbarmungslosen Rechten fege ich ihn an die Seile.

Noch eine Rechte! Der Bomber lässt kraftlos die Arme fallen. Sein Kinn ist ungedeckt.

Der Augenblick, auf den ich in elf Runden vergeblich gelauert habe, ist da: Alle Kraft, allen Ehrgeiz lege ich in den Schlag, der der letzte dieses Kampfes sein soll.

Joe wird durch den Volltreffer zur Seite gerissen. Er bricht in die Knie, versucht, sich in den Seilen festzuklammern.

Ringrichter Donovan eilt herbei und weist mich gebieterisch in die neutrale Ecke. Ich drehe ab. Der Bomber will sich aufrichten, doch der Versuch misslingt. Als Joe die Arme vom Seil löst, fällt er auf den Rücken, rollt auf den Bauch und bleibt liegen.

Lauernd stehe ich in der neutralen Ecke. Mein Herz klopft bis zum Hals herauf.

„... eight – nine – out!" zählt Ringrichter Donovan.

Nie werde ich das Bild vergessen, wie er sich mit weit ausgebreiteten Armen über den geschlagenen Joe Louis beugt.

Mit dem „Out" des Unparteiischen bricht im Yankee-Stadion ein Hexenkessel los, wie ihn selbst im sensationsgewohnten Amerika noch niemand erlebt hat.

Ich bin glücklich wie noch nach keinem Sieg und mache ausgelassene Freudensprünge.

Machon und Jacobs tanzen weinend und lachend im Ring.

Die Minuten danach

Doch wie überall im Sport musste den Sieg ein anderer mit seiner Niederlage bezahlen. In diesem Fall war es Joe Louis, dessen Griff nach der Weltmeisterkrone abgeschlagen wurde – so schien es wenigstens ...

Der Bomber war noch nicht imstande, sich über die Tragweite seiner Niederlage Gedanken zu machen. Völlig gebrochen lag er am Boden. Zusammen mit seinen Sekundanten bemühte ich mich um ihn und half, ihn in die Ecke zu tragen.

Es klingt vielleicht grotesk, nach zwölf erbarmungslosen Runden von Mitgefühl zu sprechen. Aber Boxen – so wie ich es sehe – ist die ehrlichste Auseinandersetzung, die ich kenne. Nach dem „Aus" des Ringrichters oder nach dem letzten Gong reicht man sich die Hand. Und das ist mehr als eine leere Geste. Die Rivalität, die Wochen vor dem Kampf gezüchtet wurde, die im Ring ihren Höhepunkt erreichte, sie ist mit einem Schlag vergessen.

Nach dem dramatischen Ende hatte ich keine Gelegenheit mehr, mit meinem Gegner zu sprechen. Die Sekundanten warfen Joe ein Handtuch über den Kopf und führten ihn fort. Ich glaube, sie haben ihn erst gar nicht mehr in seine Kabine gebracht, sondern ihn gleich im Auto ins Hotel gefahren.

Im Ring herrschte immer noch wilder Tumult. Boxfachleute, Reporter und wildfremde Menschen gratulierten mir. Und dann schüttelte mir ein Mann die Hand, dessen Reaktionen von den Journalisten besonders kritisch beobachtet wurden: Weltmeister Jimmy Braddock!

„Es war ein großer Kampf, Max! Meinen Glückwunsch!" sagte er. „Jetzt ist wenigstens klar, wie mein nächster Gegner heißt."

Wie ich vom Ring in meine Kabine kam, weiß ich nicht mehr. Inmitten einer kopflosen, begeisterten Menschenmenge trieb ich dahin, geschoben, getragen, gestoßen. Enthusiasten rissen mir die Bandagen von den Händen.

Als ich endlich den Umkleideraum erreicht hatte, nahm die Begeisterung immer noch kein Ende. Amerikanische Rundfunkreporter belegten mich mit Beschlag. Über das Mikrofon von Arno Hellmis schickte ich meiner Mutter und meiner Frau einen Gruß nach Deutschland.

Für ein paar Atemzüge nur beruhigte sich der allgemeine Trubel, als die Tür aufging und Joe Louis' Chefsekundant Blackburn hereinkam. Niedergeschlagen, aber voll ehrlicher Anerkennung drückte er mir die Hand.

Extrablätter auf dem Broadway

Es mochte eine Stunde vergangen sein, als wir endlich im Wagen saßen und das Yankee-Stadion verließen. Ich schlug den Mantelkragen hoch, um nicht erkannt zu werden.

Wir fuhren durch Harlem. Hier hatte die schwarze Bevölkerung New Yorks die Siegesfeiern für ihr Idol vorbereitet. Nun musste alles sang- und klanglos abgeblasen werden. Trauer und Niedergeschlagenheit beherrschten den ganzen Stadtteil.

Auf dem Broadway wurden die ersten Extrablätter verkauft.

„Die größte Sensation: Schmeling schlug Louis!" schrien die Schlagzeilen in riesigen Lettern. Die Zeitungen fanden reißenden Absatz, und sicherlich ärgerten sich jetzt Tausende, die Überraschung nicht mit eigenen Augen erlebt zu haben.

Überall standen die Leute in Gruppen zusammen und diskutierten. Wer die Boxbegeisterung der Amerikaner kennt, für den gab es keinen Zweifel, dass die Unterhaltungen sich einzig und allein um den „Kampf des Jahrhunderts" drehen konnten.

„Hast du schon das Gespräch nach Deutschland angemeldet?" fragte ich Herbert Ritze, als wir ins Hotel kamen.

Herbert verhandelte kurz mit der Zentrale. Minuten später die freundlichen Damen des Übersee-Fernsprechdienstes hatten alle anderen Gespräche zurückgestellt – war Anny an der Strippe. Sie wusste natürlich längst, was sich ereignet hatte und stieß einen Freudenschrei aus.

„Wann kommst du heim?" fragte sie.

„So schnell wie möglich!"

An Schlafen war in dieser Nacht nicht zu denken. Immer neue Menschenmassen stürmten das Hotel, um mich zu feiern.

„Max, jetzt kannst du uns verraten, welchen Fehler du damals an Joe Louis gesehen hast", bedrängten mich die Journalisten.

„Ja, habt ihr es denn in der vierten Runde nicht selbst gemerkt?" fragte ich zurück.

„Uns ist nichts aufgefallen!"

„Schaut mal her, so war's ...", sagte ich und demonstrierte ihnen den Fehler, dem Joe Louis zum Opfer gefallen war. Mit einem Mal ging allen ein Licht auf.

„Das hätte aber doch Blackburn auch auffallen müssen", meinte einer. „Er wusste doch, dass Max ein Konterboxer ist!"

Später hat man sämtliche Kampffilme des „Braunen Bombers" auf diesen Fehler hin studiert. Sie bestätigten es: Fast immer, wenn Louis die Linke zurückzog, ließ er sie um eine Idee fallen. Unfassbar, dass keiner vor mir diese Schwäche ausgenutzt hatte.

Joe hat auch in Zukunft diese Untugend nicht ganz abstellen können. Dass er trotzdem länger Weltmeister blieb als je ein Schwergewichtler vor ihm, beweist seine unvergleichlichen boxerischen Qualitäten.

Betrag dankend erhalten

„So schnell wie möglich bin ich zu Hause", hatte ich Anny versprochen. Ich versuchte, noch eine Karte für das Luftschiff „Hindenburg" zu bekommen, das zwei Tage nach dem Kampf nach Europa fuhr. Leider waren alle Plätze bereits gebucht.

Ich kam aber doch mit: Einer der Offiziere stellte mir seine Kabine zur Verfügung.

Während ich schon auf den Atlantik hinunterschaute, kümmerte sich Machon in New York noch um die unvermeidlichen Formalitäten. Zu ihnen gehörte – leider – auch der Gang zum Finanzamt: Von meiner Börse, die über eine halbe Million Mark betrug, musste ich eine ansehnliche Summe als Steuer blechen.

Als die „Hindenburg" am 26. Juni 1936 um 17.25 Uhr auf dem Rhein-Main-Flughafen in Frankfurt am Ankermast festmachte, sah ich schon von der Gondel aus eine wogende Menschenmenge. Tausende waren gekommen, um mich in der Heimat zu begrüßen.

Ein Sonderflugzeug brachte mich nach Berlin-Tempelhof, wo eine noch gewaltigere Zahl von Freunden auf mich wartete. Bevor ich in einem großen Mercedes nach Hause gefahren wurde, musste ich eine Flut von Reden über mich ergehen lassen.

Am nächsten Tag wurde ich aufgefordert, zu Hitler in die Reichskanzlei zu kommen.

Merkwürdigerweise hat man mir später Besuche dieser Art übel genommen. Warum? Als Russe wäre ich wahrscheinlich von Stalin empfangen worden, als Amerikaner vom Präsidenten. Es ist nun mal üblich, dass erfolgreiche Sportler – ob sie es wollen oder nicht – zu Heroen gestempelt werden. Viele Olympia-Sieger erlebten das, und um ein Beispiel aus der jüngsten Vergangenheit zu nennen: Der große Fußballsieg von Bern machte die Spieler der deutschen Nationalelf – ohne dass sie es verlangt hätten – zu Helden.

Natürlich konnte ich auch die Ehre, mich in das Goldene Buch der Stadt Berlin einzutragen, nicht ausschlagen. Im Rathaus traf ich mit dem Mann zusammen, den ich vor einigen Monaten erst verklagt hatte: mit Oberbürgermeister und Stadtpräsident Lippert. Er war mir nach dem Paolino-Kampf lange Zeit den Rest meiner Börse schuldig geblieben. Unter Anspielung auf die inzwischen bereinigten Differenzen störte ich die feierliche Amtshandlung durch eine reichlich unseriöse Frage:

„Genügt es, wenn ich meinen Namen schreibe, oder soll ich ‚Betrag dankend erhalten' hinzufügen?"

Es dürfte noch nie vorgekommen sein, dass sich jemand unter allgemeinem Gelächter in das Goldene Buch einer Stadt eingetragen hat.

VERTRAGSBRÜCHE

Ein paar Tage nach mir traf Machon mit dem Schiff in Deutschland ein. Er brachte mir ein kleines Freundschaftsgeschenk meines Managers Joe Jacobs mit – den letzten Schrei der amerikanischen Automobilindustrie: einen „Cord". Schon aus einem Grund fiel dieses Vehikel in den Straßen Berlins auf: Es hatte keine sichtbaren Scheinwerfer. Sie mussten abends aus den Kotflügeln herausgedreht werden.

Was Machon sonst von drüben mitbrachte, war nicht gerade erfreulich.

„Du, Max", sagte er, „ich habe ein ungutes Gefühl. Du wirst sehen, die Burschen machen Schwierigkeiten!"

Ich war völlig ahnungslos.

„Mit dem Braddock-Kampf ist etwas faul", eröffnete er mir.

Heute, 20 Jahre später, weiß ich, was faul war: die politische Lage. Damals ahnte ich zunächst noch nichts.

„Was soll es denn für Schwierigkeiten geben?" fragte ich. „Nach dem Sieg über Louis kann mir doch kein Mensch das Recht auf einen Kampf um die Weltmeisterschaft absprechen."

„Darum dreht es sich ja auch gar nicht, Max ...", sagte Machon.

Seine Befürchtungen beunruhigten mich. Um möglichst schnell in New York zu sein und Klarheit zu schaffen, bestellten wir zwei Plätze auf der „Hindenburg".

In Berlin erlebte ich am 1. August 1936 gerade noch die Eröffnung der XI. Olympischen Sommerspiele und sah am nächsten Tag, wie Jesse Owens die 100 Meter in der fantastischen Zeit von 10.3 Sekunden lief.

Die Reise im Zeppelin bescherte uns ein zwar nicht gerade grandioses, aber doch einmaliges Erlebnis: Ein Hund überquerte als erster Vierbeiner in einem Luftschiff den Ozean. Kein gewöhnlicher Hund – „Tobby" gehörte Lady Ashley. Und Lady Ashley war die Frau des Filmstars Douglas Fairbanks – seinerzeit mindestens so berühmt wie heute Clark Gable oder Errol Flynn. Und doch war „Tobby" ein gewöhnlicher Hund – er suchte in den Lüften verzweifelt nach einem Baum.

Eigentlich taten die Stewards dem Tier bitter Unrecht, wenn sie über seine unvermeidlichen „Spuren" schimpften. Das musste auch Lady Ashley empfinden. Die vielfache Millionärin folgte „Tobby" – wie sie meinte – unauffällig, um mit Servietten die Hinterlassenschaften ihres Lieblings eigenhändig zu beseitigen. Trotzdem konnte sie nicht verhindern, dass Kapitän Lehmann kategorisch erklärte: „Dieser Hund ist der letzte, der an Bord kommt!"

Jimmy tut zimperlich

Mit dem Empfang, den mir die amerikanische Öffentlichkeit und die Presse bereiteten, durfte ich zufrieden sein: Er war aufmerksam und herzlich. Dennoch lag etwas Unausgesprochenes, lag ein falscher Klang in der Luft ...

Am 12. August 1936 unterzeichneten James Braddock und ich die Verträge; im Herbst noch sollte unser Weltmeisterschaftskampf stattfinden. Ich hatte mein Trainingszeug schon mitgebracht.

Doch bevor wir ins Camp zogen, wurden Braddock und ich – wie vor großen Kämpfen üblich –

noch einmal vor die Boxkommission zitiert. Dort wurden normalerweise die letzten Anweisungen gegeben.

Bei dieser Gelegenheit ließ die Gegenseite die Katze aus dem Sack. Mein Wettlauf um den Titel begann ...

„I'm sorry", sagte Braddocks Manager Joe Gould, „mein Mann ist nicht kampffähig!"

Die Aufregung, die sich nach diesen Worten der Boxkommission bemächtigte, schien echt zu sein. Erst viel später begriff ich, dass sie gar nicht echt sein konnte.

„Warum kann Mister Braddock nicht boxen?" fragten die Funktionäre.

„Er hat sich die Hand verletzt! Bis zum Kampftermin ist die Geschichte nicht zu beheben."

„Diese Entscheidung wollen wir doch lieber den Ärzten überlassen", bestimmten die Commissioners. Sie waren – nach außen hin – sehr darauf bedacht, korrekt zu handeln.

Die Ärzte fanden am kleinen Finger des Weltmeisters eine harmlose Verletzung. In spätestens 14 Tagen wäre sie todsicher ausgeheilt gewesen.

„Ihr könnt sagen, was ihr wollt, ich lasse meinen Mann in diesem Zustand nicht kämpfen", beharrte Joe Gould.

Unschlüssig redete man noch eine Zeit lang herum. Hier war offensichtlich im Augenblick nichts zu erben. Nach langem Hin und Her sprach Machon endlich das erlösende Wort:

„Wir sind nur daran interessiert, gegen einen gesunden Braddock um den Titel zu kämpfen", sagte er. „Wir wollen keinen Gegner, der nicht im Vollbesitz seiner Kräfte ist ..."

„Ein sehr vernünftiger Standpunkt", versicherte einer der Herren von der Kommission eilig.

„Ich schlage deshalb vor, den Kampf auf das nächste Jahr zu verschieben", fuhr Machon fort.

Das Aufatmen aller Anwesenden war deutlich zu spüren.

Was hätten wir auch tun sollen? Braddock hätte sich auf jeden Fall geweigert, jetzt gegen mich zu kämpfen. Da große Boxveranstaltungen drüben nur im Juni/Juli und im September stattfinden, war vor dem Sommer nächsten Jahres nichts zu machen. Was blieb also übrig, als eine Verschiebung bis zu diesem Zeitpunkt vorzuschlagen?

Braddock, die Kommission, alle erklärten sich einverstanden. Ein neuer Vertrag wurde aufgesetzt. Der 8. Juni 1937 war nunmehr Kampftermin.

Wie ich der Katastrophe von Lakehurst entging

Wir konnten einstweilen in Amerika nichts mehr ausrichten. Mit gemischten Gefühlen fuhren wir nach Deutschland zurück.

Meine Gedanken kreisten in den folgenden Monaten begreiflicherweise nur um einen einzigen Punkt: um die Weltmeisterschaft! Sie lag so greifbar nahe vor mir, so greifbar wie noch nie! Keiner vor mir hatte je eine ähnliche Chance, das „They never come back" zu widerlegen! Wenn ich mit einem so großartigen Boxer wie Joe Louis fertig geworden war, würde ich doch – wenn mich nicht das Glück verließ – auch mit Jimmy Braddock fertig werden! Jimmy den Titel abzujagen schien mir absolut nicht unmöglich.

Doch was würde werden, wenn dieser Bursche dem Kampf aus dem Weg ging? Wenn sich das Misstrauen, das man Hitler-Deutschland entgegenbrachte, auch des Sports bemächtigte? Wenn man alles daransetzte, dass der Titel nicht nach Deutschland entführt würde?

Von Unruhe gepeinigt fuhr ich mehrmals nach drüben. Trotz aller Unkenrufe glaubte ich immer noch, an den Titelhalter heranzukommen, und beschloss deshalb, mich mit Machon schon zeitig zum Training einzufinden. Die Karten für die „Hindenburg" waren bestellt. Am 6. Mai 1937 sollte das Luftschiff in Lakehurst sein.

In dieser Zeit erreichte uns ein Telegramm der New York Boxing Commission. Ich wurde aufgefordert, am 4. Mai zu erscheinen, um wie üblich die Anweisungen entgegenzunehmen, bevor ich ins Camp ging.

„Was machen wir nun?" fragte Machon unschlüssig. „Mit dem Zepp sind wir zwei Tage zu spät drüben!"

„Wir geben die Karten zurück", sagte ich, ohne zu überlegen. „In diesem Fall können wir es uns nicht leisten, aus der Reihe zu tanzen. Nachher heißt es noch, wir hätten die Order nicht befolgt und seien vertragsbrüchig geworden."

„Na, wie du meinst", stimmte Machon zu, und beeilte sich, noch Karten für die „Bremen" aufzutreiben.

Am 3. Mai lief unser Schiff New York an. Einen Tag später meldete ich mich in den Räumen der Boxing Commission.

„Sie gehen jetzt ins Training und arbeiten, Max! Am Tag des Kampfes erscheinen Sie hier zum Einwiegen!"

Jimmy Braddock war nicht da ...

Machon und ich fuhren nach Speculator im Staat New York. Bis das Camp eingerichtet war, zogen wir ins Hotel.

Als wir am Abend des 6. Mai von einem ausgedehnten Spaziergang zurückkehrten, herrschte in der Halle große Aufregung. Mir kam es vor, als ob alles uns anblickte.

Was war denn nun schon wieder los?

Joe Jacobs eilte auf uns zu.

„Die ‚Hindenburg' ist bei der Landung ausgebrannt!" rief er. Bevor wir uns von dem lähmenden Schrecken erholen konnten, stürmten die Zeitungsleute mit ihren Fragen auf mich ein:

„Könntest du dir die Ursache der Katastrophe denken, Max?"

„Ist ein Konstruktionsfehler möglich?"

„Glaubst du an Sabotage?"

Wie sollte ich das beantworten? Erstens lag Speculator einige hundert Kilometer von Lakehurst, dem Schauplatz des fürchterlichen Unglücks entfernt. Und dann – ja, dann saß mir natürlich auch noch der Schrecken in den Gliedern. Nur durch einen Zufall hatten Machon und ich unsere Karten zurückgegeben! Nur durch einen Zufall waren zwei Männer, die sich gefreut hatten, die freigewordenen Plätze zu erhalten, an unserer Stelle ums Leben gekommen!

Durch ganz Amerika strömte eine Welle des Mitgefühls. Trotz der Propaganda, mit der man nun schon systematisch die Methoden der Nazis anprangerte, war die Trauer um die 51 Opfer der Katastrophe groß.

Die Ursache des Unglücks ist – soviel ich weiß – bis heute nicht einwandfrei geklärt.

Der Phantom-Kampf

Auch Weltmeister Braddock war ins Camp gegangen. Doch einige unter den Journalisten behaupteten, dass er nicht für den Kampf gegen mich, sondern für einen anderen Fight trainiere gegen Joe Louis.

„Das soll wohl ein schlechter Witz sein", sagte ich. „Schließlich habe ich einen Vertrag!"

Ich arbeitete inzwischen genauso hart wie vor jedem anderen Treffen. Natürlich konnte ich nicht verhindern, dass es in meiner Umgebung nur so von Gerüchten schwirrte.

Braddock kämpft.

Braddock kämpft nicht.

Braddock kämpft, aber nicht gegen Schmeling.

Ich stellte mich diesen Vermutungen gegenüber taub und hielt mich strikt an die Weisungen der Boxkommission. Ich würde meinen Vertrag erfüllen und mich am Tag des Fights kampfbereit melden.

Exweltmeister Gene Tunney, einer meiner vielen Besucher in meinem Trainingslager, meinte:

„Max, es ist vollkommen richtig, dass du arbeitest. Lass dich auf nichts ein! Tu ganz so, als ob du einen Kampf vor dir hättest. Du weißt nicht, was in diesem Land alles möglich ist!"

Zur festgesetzten Stunde fand ich mich am Mittag des 8. Juni 1937 in New York bei der Kommission ein. Alles war genauso, wie sonst auch bei der Wiegezeremonie. Die Funktionäre saßen an ihren Tischen, und Präsident Phelan hielt seine Begrüßungsrede. Der Arzt untersuchte mich.

„Dieser Mann ist in Ordnung!" – „This man is alright!" sagte er.

Es war wirklich alles wie sonst auch. Nur – der Gegner fehlte! Präsident Phelan erhob sich von seinem Platz und sagte, mehr zu den Journalisten als zu mir gewandt:

„Gentlemen! Sie haben gesehen, was sich hier abgespielt hat. Schmeling ist ordnungsgemäß eingewogen, er ist kampffertig. Aber wie Sie inzwischen wohl bemerkt haben – sein Gegner, Weltmeister Braddock, ist nicht erschienen. Wir haben deshalb beschlossen, ihn für den Start in New York zu suspendieren und ihn mit einer Strafe von 1.000 Dollar zu belegen!"

Das spottete doch wohl jeder Beschreibung! Eine himmelschreiende Ungerechtigkeit war das! Was hatte ich schon davon, dass Braddock in einem von 48 Staaten gesperrt war? In den übrigen 47 konnte er tun und lassen, was er wollte. Und die lächerlichen 1.000 Dollar Buße – die zahlte er doch aus der Westentasche!

An dem Tag, als Braddock in New York suspendiert wurde, stand bereits fest, dass er 14 Tage später, am 22. Juni 1937, in Chicago gegen Joe Louis boxen würde – gegen den „Braunen Bomber", den ich ein Jahr zuvor vernichtend geschlagen hatte!

Joe Louis, nicht ich, bekam den Weltmeister vor die Fäuste! Der Amerikaner und nicht ein Mann aus Nazi-Deutschland sollte eine Chance auf den Titel erhalten! Zum ersten Mal war ich zum Prügelknaben der politischen Spannungen geworden. Der Kampf aber, zu dem der Herausforderer allein erschien, ging als „Phantom-Kampf" in die Boxgeschichte ein.

Nicht alle Amerikaner fanden richtig, was man mit mir trieb. Viele Journalisten stellten sich auf meine Seite, und Nat Fleischer, der heute noch drüben die Boxranglisten herausgibt, setzte mir eine Anklagerede auf, die ich über die amerikanischen Sender halten sollte. Leider wimmelte man mich in letzter Minute mit dem Hinweis ab, die Sendezeiten seien bereits vergeben.

Vierzehn Tage nach dem Phantom-Kampf besiegte Joe Louis in Chicago, wie nicht anders zu erwarten, James Braddock.

Der „Braune Bomber" war Weltmeister!

Braddock, dem man im Frühjahr von deutscher Seite 250.000 steuerfreie Dollar und prozentuale Beteiligung angeboten hatte, wenn er im Berliner Olympia-Stadion gegen mich boxen würde, machte in Chicago ein noch besseres Geschäft: Er erhielt 300.000 Dollar!

Wichtiger und interessanter aber war, was die Spatzen damals von den Dächern pfiffen: Er sollte einen Vertrag erhalten haben, der ihm von allen künftigen Kämpfen des „Braunen Bombers" zehn Prozent der Börse sicherte!

Und noch ein Vertragsbruch

Mit dem bitteren Gefühl, um mein Recht, um eine greifbare Chance betrogen zu sein, kehrte ich nach dem Phantom-Kampf New York den Rücken.

Noch auf dem Schiff erhielt ich ein langes Telegramm aus London. Sidney Hull, ein Londoner Promoter, bat mich, die Reise für ein paar Tage zu unterbrechen und nach London zu kommen.

Hull holte uns in Southampton ab und brachte uns in seinem Wagen ins Londoner Savoy-Hotel.

In der Themsestadt boxte an diesem Tag Walter Neusel gegen Tommy Farr.

„Sehen Sie sich erst den Kampf an. Nachher wollen wir uns geschäftlich unterhalten", sagte Hull.

Als Tommy Farr unseren Landsmann Neusel besiegt hatte, setzte sich der rührige Veranstalter mit uns an einen Tisch.

„Man hat Sie um den Titel gebracht, Schmeling. Aber für uns sind Sie, nachdem Sie Joe Louis ausgeknockt haben, der ungekrönte Weltmeister!"

Worauf sollte die Sache hinaus?

„Wenn Sie es fertigbringen, nun auch den Empire-Meister Tommy Farr zu schlagen, wird niemand umhin können, Sie anzuerkennen!"

„Und was sagen die Amerikaner dazu, Mister Hull?" Der Promotor schlug mit der Faust auf den Tisch.

„Die Amerikaner! Haben die vielleicht den Titel für sich gepachtet? Wahrscheinlich müsste sogar die

New York Boxing Commission ja und amen zu Ihnen sagen, denn sie hat Braddock ja suspendiert."

„Zwei Weltmeister? Ich weiß nicht ..."

Sympathisch kam mir die Angelegenheit nicht vor. Auf der anderen Seite reizte es mich natürlich, den Leuten, die meinen Kampf gegen Braddock verhindert hatten, eins auszuwischen. Auch hatte mich der finanzielle Ausfall, der mir durch den Phantom-Fight entstanden war, empfindlich getroffen.

Am 23. Juni 1937, einen Tag nachdem Joe Louis Weltmeister geworden war, unterzeichneten Tommy Farr und ich die Verträge. Die große Stunde der Europäischen Box-Union schien geschlagen zu haben ...

Doch man unterschätze die Amerikaner und ihre Dollar nicht! Als die Boxzaren in den Staaten merkten, dass man ihnen einen zweiten Weltmeister vorsetzen wollte, funkten sie sofort dazwischen. Veranstalter Mike Jacobs, der Joe Louis unter Vertrag hatte, schickte seine besten Rechtsanwälte über den Ozean.

„Es ist doch wohl das Dümmste, was Sie machen können: gegen Schmeling um einen imaginären Titel zu boxen", hielten sie Tommy Farr vor.

„Ich habe unterschrieben", sagte Tommy.

„Wenn Sie auf diesen Schmeling verzichten, geben wir Ihnen die Chance, gegen Joe Louis zu boxen."

„Ich habe unterschrieben", beharrte der Engländer.

„Dürfen wir Ihren Vertrag mal sehen?" fragten die Amerikaner.

Der Kontrakt war, weil Hull die Formulare ausgegangen waren, auf einem weißen Blatt Papier aufgesetzt worden.

„Ist das alles, was Sie besitzen?" fragten die Rechtsanwälte.

„Natürlich!"

„Dann liegt der Fall ja sonnenklar! Dieser Wisch ist keinen Cent wert! Boxverträge haben nur Gültigkeit, wenn die vorgeschriebenen Formulare verwendet worden sind."

„Ja, das ist aber doch ..."

„... die einzige Möglichkeit für Sie, Mister Farr, Weltmeister zu werden", unterbrachen ihn die Amerikaner. Und Tommy wurde wankelmütig. Das letzte Wort sprachen seine Manager ...

Tommy fuhr also nach Amerika und boxte gegen Joe Louis. Als er durch die Seile kletterte, saß ich am Ring. Natürlich musste ich ihn in seiner Ecke begrüßen. Ich hätte das Publikum erleben mögen, wenn ich halsstarrig gewesen wäre. Wahrscheinlich hätte man mich gelyncht.

„Alles Gute, Tommy", wünschte ich mit einiger Selbstüberwindung. Trotz meines Grolls gegen ihn sah ich ein, dass seine Hintermänner die eigentliche Schuld trugen.

Joe Louis gewann nach Punkten und blieb Weltmeister. Der Kampf zwischen dem besiegten Farr und mir war nun absolut illusorisch geworden. Er hätte mir nichts mehr genützt.

Ich habe Tommy seither nicht wiedergesehen. Aber ich weiß, dass er nach dem Krieg einer der ersten war, die sich für die Wiederaufnahme der Boxbeziehungen zwischen England und Deutschland einsetzten ...

Das schlechte Gewissen

Nach dem Kampf Louis – Farr musste ich irgend etwas tun. Ich konnte nicht gut warten, bis es den anderen genehm war, mich zu holen.

Im Herbst 1937 ließ Joe Jacobs, der sich inzwischen unermüdlich für meine Interessen eingesetzt hatte, ein wortreiches Telegramm an mich los. Er schlug mir vor, am 13. Dezember im Madison Square Garden gegen Harry Thomas zu boxen. Harry, ein starker Junge aus Chicago, wäre jetzt goldrichtig, mich wieder ins Licht zu bringen.

Zwar sah ich keineswegs ein, warum ich mich nach dem „Kampf des Jahrhunderts" in den Vordergrund schuften musste, doch andererseits konnte noch viel Wasser die Spree hinunterfließen, bis die Männer um Joe Louis geruhten, mir einen Titelkampf zu gewähren. Dass dieser Kampf eines Tages stattfinden musste, war nicht wegzudiskutieren. Die Journalisten hüben und drüben verlangten ihn immer wieder. So viel Gerechtigkeitsgefühl war gerade noch vorhanden, dass man mich nicht ganz ausschaltete.

Den Fight gegen Thomas gewann ich in der achten Runde durch K.o. Die Auseinandersetzung war – das kann ich heute ruhig zugeben – viel schwerer, als ich eigentlich angenommen hatte. Mein Manager, der gute Joe, hatte mir weiß Gott keinen bequemen Gegner ausgesucht – er hätte leicht zum Stolperstein werden können.

Unvoreingenommene Kreise in Amerika sahen wohl ein, dass man nicht redlich an mir gehandelt hatte. War es das schlechte Gewissen, dass man mir für den Thomas-Kampf das Rekordangebot von 45 Prozent der Einnahmen machte?

Um diese Zeit wurden auch die Verträge für den zweiten Louis-Kampf abgeschlossen. Endlich! Bis zum Termin würde zwar noch ein gutes halbes Jahr vergehen. Doch es war – wenn sich die Begegnung schon nicht umgehen ließ – vorteilhaft, das Ballyhoo rechtzeitig anzukurbeln. Hätte ich, wie es eigentlich folgerichtig gewesen wäre, gegen Braddock geboxt und ihn besiegt, dann hätte sich Joe Louis wegen einer Revanche an mich wenden müssen. So aber war ich Herausforderer. Abgesehen von dem Prestigeverlust war dieser Unterschied auch in finanzieller Hinsicht wichtig: Von den 50 Prozent der Einnahmen, die den bei den Boxern des Hauptkampfes zustehen, erhält der Titelhalter 37½, der Herausforderer aber nur 12½ Prozent ...

Mit dem schicksalsschweren Vertrag in der Tasche reiste ich nach Deutschland zurück. Vor dem 22. Juni 1938, dem für den Kampf gegen Joe Louis festgesetzten Tag, wollte ich noch mit zwei anderen Gegnern fertig werden: mit dem Afrikaner Ben Foord und mit dem Amerikaner Steve Dudas.

Das Auge der Öffentlichkeit

Die Sorgen dieser Jahre trug ich nicht ganz allein. Es gab Tausende und aber Tausende von Freunden überall in Deutschland, die die Ereignisse um mich mit Spannung verfolgten, die mit mir verbittert waren und die sich mit mir über jeden Lichtblick freuten. Ich darf es doch wohl sagen, ohne gleich als eingebildet verschrien zu werden: Im letzten Jahr war ich bekannt geworden wie – na, wie ein Boxer eben.

In Pommern hatte ich mir das Gut Ponickel gekauft. Friedrich Wilhelm III. hatte es einst Blücher, seinem „Marschall Vorwärts", geschenkt. Anny wusste den historischen Wert zwar zu würdigen, trotzdem war sie am Anfang todunglücklich. Noch nie in ihrem Leben hatte sie irgendwo gewohnt, wo man gleich vor der Haustüre auf Kreuzottern treten konnte.

Während ich mit dem Wagen an wogenden Weizenfeldern und zauberhaft schönen Seen vorbei durch das Land fuhr, hatte ich oft genug Gelegenheit, mich über die Popularität eines Boxers zu wundern. Die Leute in den abgelegensten Dörfern von Hinterpommern wussten haargenau, in welcher Runde ich mit Joe Louis fertig geworden war.

„Und doch kenne ich einen Mann, der noch nichts von dir gehört hat", sagte ein Freund lachend. Er kutschierte mich in ein winziges Nest irgendwo im Kreis Rummelsburg. Während sich über uns strahlend blau der Himmel des schönen Pommernlandes mit seinen fantastischen Wolkengebilden wölbte, sahen wir meilenweit vor uns nichts als fette, saftige Weiden.

Über die Wiesen wanderte ein einsamer Mann, der „Rieselmeister". Ein Greis, der noch nie in einer Stadt gewesen war.

„Na, Vatter", fragte mein Begleiter den Alten, „den Herrn hier, den kennst du wohl nicht?"

„Kenn ick doch – Maxe Schmeling!" sagte der alte Mann im Brustton der Überzeugung.

Es ist schon so: die Popularität hat ihre schönen, aber sie hat auch ihre Schattenseiten. Das sollte ich erfahren, als ich mich 1938 in Holland aufhielt.

In Scheweningen machte man mich darauf aufmerksam, dass in einem Rotterdamer Kabarett gute alte Bekannte auftraten, die aus Deutschland emigrierten Schauspieler Siegfried Arno, Otto Waburg, Willi Prager und noch einige andere. Mit Machon reiste ich nach Rotterdam, um sie zu besuchen.

Nach der Vorstellung setzten wir uns in der Halle ihres Hotels für ein paar Stunden zusammen, und ich hatte das erschütternde, unvergessliche Erlebnis, erwachsene Männer aus Sehnsucht nach Deutschland, aus Heimweh nach Berlin, weinen zu sehen.

Weiß der Teufel wie – im Handumdrehen hatte sich herumgesprochen, in welcher Gesellschaft ich mich befand. Ein paar eifrige Reporter ließen sich die Gelegenheit nicht entgehen, unsere Gruppe zu fotografieren.

Wieder in Deutschland, teilte man mir vertraulich mit, das Bild, das mich mit den jüdischen Schauspielern zeigte, läge bereits bei gewissen Dienststellen auf dem Tisch. Die Angriffe ließen denn auch nicht auf sich warten.

„Was wollen Sie", wehrte ich mich empört, „als Deutscher und als Sportler wird man sich doch noch so benehmen dürfen, wie es menschlich zu verantworten ist!"

ZUM ZWEITENMAL GEGEN DEN „BRAUNEN BOMBER"

Wen wunderte es, dass meine Gedanken vorauseilten, voraus zum zweiten Kampf gegen den „Braunen Bomber"? Wie man hörte, fieberte Joe Louis danach, mich vor die Fäuste zu bekommen. Er selbst soll gesagt haben, noch auf keinen Gegner sei er so wild gewesen wie auf diesen Schmeling!

Die Begegnung mit Ben Foord am 30. Januar 1938 in Hamburg eignete sich prächtig als Vorbereitung. Ben Foord war Empiremeister. Wendig und clever versuchte er, über die Runden zu kommen. Er schaffte es auch, und ich gewann nur nach Punkten.

In diesem Fall war ich nicht einmal unzufrieden: Der harte Kampf hielt mich in Kondition.

Auch die Auseinandersetzung mit Steve Dudas fand in Hamburg statt. Steve war ein ausgesprochen netter Junge. Boxerisch verfügte er über gutes Rüstzeug und schlug eine prachtvolle Rechte. Trotzdem agierte er ein wenig primitiv: Wenn er zu einem Schlag ansetzte, sah man das schon vorher. In der sechsten Runde musste er sich auszählen lassen.

Die beiden Kämpfe waren, wie gesagt, eine treffliche Vorbereitung auf die schwere Aufgabe, die mich in Amerika erwartete. Schon zwei Monate vor dem Kampf fuhr ich mit Machon nach drüben.

Ich reiste, wie immer, ohne meine Frau. Weder Anny noch meine Mutter haben jemals einen meiner Kämpfe angesehen. Mir war es auch lieber, wenn sie nicht am Ring saßen – ich hätte mich unweigerlich gehandicapt gefühlt.

Zum ersten Mal musste ich bei meiner Ankunft in New York das Schiff auf Schleichwegen verlassen.

Am Pier standen Tausende, um gegen mich zu demonstrieren.

Das fing ja gut an!

Doch es sollte noch schlimmer kommen!

Vor meinem Hotel zogen Gruppen auf, die große Schilder mit sich führten:

„Boycott Schmeling, this Nazi!"

Ich wagte mich kaum noch auf die Straße. Wenn ich über den Broadway bummelte, wurde ich oft mit einem spöttischen „Heil Hitler, Mäx!" begrüßt. Machon, der sich gern ein Bild von der öffentlichen Meinung machte, ging manchmal zwanzig Schritte hinter mir her, um zu hören, was man über mich sagte.

„Dieser Nazi", schimpften die einen.

„Was wollen Sie, er ist ein netter Kerl", meinten die anderen.

Mit unterschiedlichem Erfolg versuchte ich, wenigstens den Journalisten klarzumachen, wie Unrecht man mir tat.

„Warum nur haltet ihr Politik und Sport nicht auseinander?"

„Weil man das in Hitler-Deutschland auch nicht tut, Max!"

Nicht ohne Grund spielten sie auf die Propaganda an, die man im Dritten Reich mit dem Sport trieb, die man vor allem anlässlich der Olympischen Spiele getrieben hatte.

„Wenn ich ein Nazi wäre, würde ich bestimmt nicht Joe Jacobs als Manager und Joe Louis als Gegner haben. Das vergesst ihr leider ganz", meinte ich bitter.

„Hitler weiß schon, warum er damit einverstanden ist ..."

„Ich bin nur Sportler und habe keine politischen Interessen!"

„Du vielleicht schon, Max, aber bei euch in Deutschland ..."

Es war immer die alte Leier.

„Ja, wenn du Amerikaner wärst!"

Das Angebot, Amerikaner zu werden, hatte man mir inoffiziell schon ein paar Mal gemacht. Hätte ich es angenommen, die Schwierigkeiten mit dem Braddock-Kampf wären mir garantiert erspart geblieben. Nicht mir persönlich, Hitler gönnte man den Titel nicht.

„Wenn Hitler den Titel hat", sagten die Amerikaner damals nicht zu Unrecht, „dann gibt er ihn nicht mehr her. Dann verlangt er bestimmt, dass wir zu euch kommen, wenn wir ihn wieder haben wollen!"

„Werde Amerikaner, Max, und alles ist o.k."

Das war eine schwerwiegende Entscheidung, vor die man mich da stellte. So leicht gibt man seine Heimat nicht auf, vor allem, wenn man Grund und Boden, wenn man seine Familie dort hat. Dieser Preis schien mir, um meine sportliche Karriere zu sichern, nun doch zu hoch.

Die Politisierung des Sports belastete mich sehr, als ich ins Trainingscamp nach Speculator ging, in dem ich mich auch auf den Phantom-Fight vorbereitet hatte. Ich bemühte mich eisern, die Beklemmung abzuschütteln. Das war nicht so einfach.

Hunderte von Drohbriefen wurden mir geschrieben – Tausende! Machon sorgte dafür, dass ich die meisten gar nicht erst zu Gesicht bekam, sondern beförderte sie gleich in den Papierkorb. Nur ab und zu las ich eine dieser Episteln, die manchmal mit „Heil Hitler", öfter aber mit „Hit Hitler!" – „Haut Hitler!" unterzeichnet waren.

Joe Louis hatte inzwischen ohne Niederlage eine ganze Reihe von Kämpfen glänzend absolviert. Die Krise, in die er nach dem K.o. gegen mich geraten war, schien überwunden. Ob er zu seiner alten Härte zurückgefunden hatte, würde sich erst entscheiden müssen.

Die Kampagne gegen mich, der ich in Amerika auf sportlichem Gebiet als eine Art „Stellvertreter" Hitlers galt, schlug auch im Camp des Gegners Kapriolen.

„Joe, wir kommen gerade von Max", sagten die Journalisten beispielsweise. „Der ist vielleicht auf dich geladen! Er hat allen Nazis versprochen, dich, den Schwarzen, auszuknocken!"

Der „Braune Bomber", aus dem bekanntlich nur mit unendlichen Schwierigkeiten ein Wort herauszuholen war, äußerte sich selten zu diesen aus der Luft gegriffenen Beschuldigungen. Aber irgendwie blieb doch etwas hängen ...

Ich komme mir verlassen vor

Die Wetten standen 2:1 für Joe Louis.

1936, vor unserem ersten Kampf, hatten sie 10:1 gestanden.

Der „Braune Bomber" wusste, dass er nicht mehr eindeutig Favorit war. Er wusste, dass mir viele Fachleute zutrauten, zum zweiten Mal Weltmeister zu werden. Schweigsam und ernst stieg er am Mittag des 22. Juni 1938 auf die Waage. Man sah ihm an, dass er finster entschlossen war, den Schandfleck seiner Laufbahn, die K.o.-Niederlage gegen mich, auszuradieren.

Ich hatte mich im Trainingslager topfit gefühlt. Ausgerechnet jetzt aber, kurz vor dem Kampf, taten mir die Arme weh. Eine dumme Wette war schuld daran ...

Joe Daschner, mein Koch, und Otto Petri, der ehemalige Sechstagefahrer, hatten herausfinden wollen, wer von ihnen den See beim Camp Speculator am schnellsten durchschwimmen würde. Joe startete direkt beim Lager, Otto vom gegenüberliegenden Ufer aus – in der Mitte des Sees sollten sie sich treffen. Ich hatte Petri zur Kontrolle mit einem Ruderboot begleiten müssen. Um ihm zum Sieg zu verhelfen, hatte ich ihn ins Schlepptau genommen. Diese ungewohnte Anstrengung musste ich mit einem bösen Muskelkater bezahlen. Leichtfertig hatte ich die alte Erfahrung, dass sich Rudern mit dem Boxtraining nicht verträgt, in den Wind geschlagen.

Das soll keine Entschuldigung sein für das, was später geschah. Aber es wurde zum ersten Glied in einer Kette von verhängnisvollen Umständen, die mich ins Unglück reißen sollte.

Die deprimierendste Stunde erlebte ich unmittelbar vor dem Kampf. Noch nie war ich mir in der Kabine so verlassen vorgekommen. Meinen Manager Joe Jacobs hatte man vor ein paar Tagen unter einem nichtigen Vorwand disqualifiziert. Wahrscheinlich hatte er wieder einmal einen der Funktionäre beleidigt und durfte nun weder meinen Umkleideraum betreten noch sich in meiner Ringecke sehen lassen.

Doc Casey war auch nicht da. Ich nehme an, dass ihn der politische Rummel kopfscheu gemacht hatte. Wer wollte es ihm bei der Flut der Drohbriefe, die er bekam, verdenken?

Das Schlimmste aber: Max Machon konnte nicht bei mir sein. Er kannte mich wie einen Bruder und vertrieb, wenn's drauf ankam, ganze Wolken von Pessimismus durch ein einziges Wort, durch einen Witz. Er musste ins gegnerische Lager, um die Vorbereitungen zu überwachen. Lassen wir Machon selbst erzählen, was sich dabei abspielte:

Joe Louis saß – so kam es mir vor – wie ein Halbtoter auf der Massagebank. Der Schweiß lief ihm in Strömen vom Gesicht. Der „Braune Bomber" war nervös. Man sah ihm an, mit welchem Unbehagen er an Schmelings tödliche Rechte dachte.

Seine Leute fingen an, die Bandagen zu wickeln. Eine Länge von fünf Fuß war abgesprochen, und zwar durfte nur bis zu den Knöcheln gewickelt werden. Sie zogen die Bandagen aber auch zwischen den Fingern durch. Das war an sich nicht schlimm, verstieß aber in diesem Fall ganz klar gegen die Abmachung.

„Ich protestiere!" erklärte ich sofort.

„Sei doch nicht kleinlich, Machon", sagte Blackburn, Louis' Trainer. „Mach doch kein Theater!"

„Ich vertrete hier die Interessen meines Mannes!"

„Hört doch zu streiten auf", schaltete sich der diensttuende Funktionär ein und verließ die Kabine, um den Präsidenten der Boxkommission, General Phelan, zu holen.

Phelan stürzte herein und schrie mich an:

„Was soll der Zirkus?"

„Die Bandagen sind falsch gewickelt. Ich will mein Recht und sonst gar nichts", gab ich ruhig zur Antwort.

„Ich erlaube das. Und damit basta!" beendete Phelan die Auseinandersetzung.

Das war denn doch die Höhe! Empört rannte ich aus der Kabine und lief Mike Jacobs, dem Veranstalter, direkt in die Arme. Auch Mike, mit dem wir früher Pferde stehlen konnten, fuhr mich böse an.

„Ich verstehe nicht, was du für einen Wirbel machst", brüllte er.

In diesem Augenblick wusste ich, was die Stunde geschlagen hatte. In diesem Augenblick wusste ich, dass Schmeling heute mit keinem Freund rechnen konnte ...

Während sich Machon im gegnerischen Lager erfolglos herumstritt, machte ich mich mit Hilfe meiner amerikanischen Sekundanten für den Kampf fertig. Der Aufpasser, den Joe Louis geschickt hatte, verstand jedes Wort der Unterhaltung. Hin und wieder lächelte er mir freundlich zu, und wir wechselten ein paar unverbindliche Sätze.

„Hoffentlich sind nicht soviel Chinesen da", sagte ich.

„Wir hoffen es auch", meinte er, „aber ein paar Tausend werden es bestimmt wieder sein."

Chinesen nennt man drüben die Inhaber von Freikarten. Sie sind weder bei den Veranstaltern noch bei den Boxern sehr geschätzt.

Die belanglosen Reden konnten mir das Gefühl des Alleinseins nicht nehmen. Es ist eben doch ein Unterschied, ob man alte Freunde oder nur „Aushilfs"-Sekundanten um sich hat. Mehr als sonst achtete ich darauf, dass alle Vorbereitungen mit pedantischer Exaktheit getroffen wurden. Wer füllte die Flasche mit dem Wasser zum Mundausspülen? Wo lag der Schwamm? Wo der Mundschutz? In großen Kämpfen, bei denen immer hohe Wetten abgeschlossen wurden, war gewissen Leuten alles recht.

Wie vor jedem Fight zog ich zuerst den linken Schuh an und dann den rechten; ließ ich mir zuerst die linke Bandage wickeln und dann die rechte; schlüpfte ich zuerst mit dem linken Arm in den uralten Bademantel und dann mit dem rechten. Aberglaube? Keine Spur! Man hat nur so seine Erfahrungen.

Einmal hatte ich eines dieser ungeschriebenen Gesetze missachtet und prompt dafür bezahlen müssen:

Im Februar 1928 war es, als ich in Frankfurt gegen den Engländer Gipsy Daniels boxte. Ich stieg in einem funkelnagelneuen Bademantel in den Ring und ließ mir vor dem Kampf außerdem noch einen Blumenstrauß schenken.

Mit dem neuen Bademantel und den Blumen im Arm habe ich bestimmt viel dekorativer gewirkt als sonst. Leider hielt die Wirkung nicht lange vor. Ich war schon in der ersten Runde k.o. gegangen ...

Die Hölle ist los

Etwa 100 Meter lang ist im Yankee-Stadion der Weg vom Umkleideraum zum Ring. 100 Meter musste ich in dieser Juninacht des Jahres 1938 Spießruten laufen. Als mich die ersten der 70.000 Zuschauer zu Gesicht bekamen, brach die Hölle los. Nicht Erregung und Neugier warteten auf mich, sondern der blanke Hass. Obwohl mich mindestens 25 Polizisten flankierten, wurde ich mit Zigarettenschachteln, Bananenschalen und Coca-Cola-Bechern bombardiert, wurde ich bespuckt und beschimpft.

So sprang das aufgehetzte Publikum mit einem Mann um, den es für einen Nazi hielt.

Ich hatte mir ein Handtuch um den Kopf gewickelt, um einigermaßen heil aus diesem Tohuwabohu zu entkommen. Noch nie im Leben sind mir 100 Meter so lang vorgekommen. Sie schienen endlos ... endlos ...

Machon, der nicht hinter mir, sondern hinter Joe Louis zum Ring ging, beobachtete genau, was sich um mich herum ereignete.

„Max, du hast mir leidgetan", versicherte er mir später. „Wär ich doch bloß bei dir gewesen! Ich hätte dir schon Mut gemacht! ‚Lass dich doch am ...', hätte ich gesagt, und ‚Knall ihm eine vor den Latz, dann jubeln sie dir im nächsten Augenblick schon zu!' Leider war ich viel zu weit weg."

Die Sympathie der Zuschauer gehörte ausschließlich Joe Louis. Bitterkeit stieg in mir hoch. Womit hatte ich das verdient? Kannten mich die Amerikaner immer noch so schlecht? Warum ließen sie die Gehässigkeit, die den braunen Machthabern in der Heimat galt, an mir aus?

Heute kann ich das alles viel besser verstehen. Unter den Zuschauern waren Hunderte, vielleicht Tausende, die Deutschland Hals über Kopf hatten verlassen müssen, nur um das nackte Leben zu retten, Tausende, denen die Schrecken der Judenverfolgung noch in den Gliedern saßen. Die Welt wusste damals schon, was in Deutschland vor sich ging. Und ich war ein Deutscher. Stellvertretend für die Nazis musste ich den Hass kassieren.

Damals, als ich zum Ring ging, konnte ich mich gegen das Gefühl, zum Galgen geführt zu werden, nicht wehren. Nicht die Feindseligkeit an sich – die Ungerechtigkeit drückte mir die Kehle zu. Ich war gekommen, um einen fairen Kampf zu liefern, nicht aber, um eine politische Abrechnung entgegenzunehmen. Nichts lag mir ferner als Politik.

Unter dem ohrenbetäubenden Lärm der 70.000 kletterte ich durch die Seile. Kurz nach mir kam Joe Louis. Gleichzeitig besetzte ein starkes Polizeiaufgebot das seilumspannte Viereck. Die Polizisten standen mit dem Gesicht zum Publikum, um den Hagel von Wurfgeschossen abzuwehren.

Nur mühsam konnte sich der Sprecher Gehör verschaffen.

„In this corner the champion of the world, Joe Louis", schrie er ins Mikrofon. „In dieser Ecke Weltmeister Joe Louis."

Fanatischer Beifall.

„... and in this corner Max Schmeling, the challenger" – „und in dieser Ecke Max Schmeling, der Herausforderer."

Buuu! Buuu! Buuu!

Ringrichter Donovan, der auch meinen ersten Kampf gegen Louis geleitet hatte, rief uns zur Mitte. Donovan war, wie die Punktrichter, Amerikaner.

„I am the man in the ring", sagte er. – „Ich bin Herr im Ring. Und niemand außer mir hat etwas zu sagen. Wenn einer nur seinen Kopf durch die Seile steckt, wird etwas Drastisches passieren ..."

„Bei diesen Worten hat er nur mich angesehen", behauptete Machon später. „Ich habe die Drohung ganz gut verstanden. Wäre Louis auf der Verliererstraße gewesen, und ich hätte Max etwas zugerufen, so hätte ihn Donovan unweigerlich disqualifiziert. Und ich, sein Sekundant, wäre schuld gewesen. Ich Ärmster! Man hätte mich in Deutschland wahrscheinlich gesteinigt."

Vor welchem Kampf, wann jemals hatte ich mich durch so viele Dinge ablenken lassen wie jetzt? Tausend Gedanken schossen mir auf einmal durch den Kopf: Millionen sitzen an den Lautsprechern und warten fiebernd auf den Gong; Anny läuft jetzt unruhig von einem Zimmer ins andere; beneidenswerter Joe Louis – du hast so viele Freunde; ob du deinen alten Fehler mit der Linken inzwischen korrigiert hast?; in Arno Hellmis' Haut möchte ich nicht stecken – kann man denn in Worten schildern, was hier im Yankee-Stadion vor sich geht?

Der kürzeste Titelkampf der Boxgeschichte

Endlich kam das Kommando „Ring frei!"

Joe Louis hatte sich, ganz gegen die Gepflogenheiten, nicht auf seinen Schemel gesetzt. Nervös war er, während die Prominenten vorgestellt wurden, in der Ecke von einem Bein auf das andere getreten.

Gong zur ersten Runde!

Wie ein Stier stürzte Louis auf mich los und schwang, bevor ich überhaupt reagieren konnte, einen linken Haken. Er traf mich voll an der Schläfe ...

Machon, der noch nicht ahnte, dass ihm die schwersten Augenblicke seiner Trainerlaufbahn bevorstanden, erzählte hinterher:

„Ich war noch nicht ganz die Treppe runter, da hörte ich die Leute schon brüllen. Da musste was passiert sein!

Blitzschnell drehte ich mich um. Ich sah meinen Max am Seil stehen und verdächtig mit den Augen klappern.

Der Tumult im Stadion war unvorstellbar.

Ich vergaß den Ringrichter und seine Drohung und arbeitete mich unten am Ring bis zu Max durch. Dabei trat ich einer Menge Leute rücksichtslos auf die Füße.

,Beweg dich!' brüllte ich nach oben, ,beweg dich doch!' — —"

Im Unterbewusstsein mussten Machons Worte wohl an mein Ohr gekommen sein. Ich schoss eine Rechte ab. Sie traf Louis mitten ins Gesicht. Es saß aber viel zu wenig Dampf dahinter.

„Wenn du diese Rechte mit ganz klarem Kopf abgefeuert hättest", sagte Machon nach dem Kampf, „wäre der Bomber ohne Zweifel zu Boden gegangen."

Von „ganz klarem Kopf" konnte bei mir nach dem Schläfenschlag nicht die Rede sein, aber ich fühlte mich keineswegs groggy. Ich wusste genau, was geschah, und war nicht allzu beunruhigt: Machon hätte mich in der Pause schon wieder hingekriegt.

Der Bomber war ganz Vernichtungswillen. Da man mich als langsamen Starter kannte, hatte er von seiner Ecke bestimmt Anweisung, sofort aus sich herauszugehen. Wie besessen trommelte er auf mich ein.

Um Zeit zu gewinnen, fasste ich mit der rechten Hand ans Seil und drehte mich ab. Während dieser Drehung hatte Joe eine unheimliche Rechte unterwegs, die er nicht mehr abstoppen konnte. Wahrscheinlich war sie auf meine Herzspitze gezielt. So aber bekam ich den Schlag mit voller Kraft in den Rücken.

Der Schmerz war unbeschreiblich. Ich schrie laut auf und blieb wie paralysiert mit dem Arm im Seil hängen.

Natürlich sah Louis sofort, dass ich wehrlos war. Beidhändig schlug er auf mich ein. Und ich konnte keinem Schlag mehr ausweichen. Ich konnte mich nur noch ganz instinktiv zusammenkrümmen, wenn die Brocken geflogen kamen. Dann fegte mich der Weltmeister mit einem schrecklichen Aufwärtshaken vom Seil hinunter. Ich fiel mitten in den Ring.

Referee Donovan fing zu zählen an. Als ich „seven" und „eight" hörte, versuchte ich wieder hochzukommen. Es konnte, es durfte doch noch nicht zu Ende sein!

Machon litt Höllenqualen.

„Kill him! Kill him!" brüllten 7.000 Fanatiker Louis zu. Machtlos musste mein Trainer zusehen, wie das Schicksal seinen Lauf nahm.

„Als du wieder hochkamst", schilderte Max Machon später, „waren deine Augen glasig. Du warst offen wie ein Scheunentor, denn deine Arme hingen kraftlos herunter. Zu Ehren von Louis aber muss ich sagen, dass er dich nicht einfach mit wilden Schlägen eindeckte. Ganz trocken und kalt tippte er dir mit der Rechten ans Kinn. Zweimal bist du zusammengebrochen. Nach dem dritten Niederschlag dachte ich mir: Nun ist es genug! Ich warf das Handtuch.

Ringrichter Donovan nahm das Handtuch und hängte es seelenruhig auf die Ringbespannung. Er war Herr im Ring, und er bestimmte, wann der Kampf zu Ende war. Donovan ließ den Bomber weiterhämmern.

Nun reicht es aber endgültig! dachte ich. Niemandem war schließlich damit gedient, wenn er dich in dieser aussichtslosen Situation kaputt geschlagen hätte.

Zu allem entschlossen, kämpfte ich mich in den Ring durch.

Von links und rechts schrie man auf mich ein. Um mich zurückzuhalten, riss man mir fast die Hose vom Leib. Wütend schlug ich nach vom und hinten aus.

,Was willst du?' fauchte der Ringrichter, der wutschnaubend auf mich zustürzte. ,Raus mit dir!'

,Ich will nicht, dass er ihn totschlägt!' schrie ich. ,Er hat genug!'

Als die Sekundanten des ,Braunen Bombers' sahen, dass ich im Ring war, kamen auch sie herein. Sie befürchteten, ich würde Max über die Runde holen, um die rettende Pause zu erreichen. Und wer weiß, wie es in der zweiten Runde ausgesehen hätte.

Ihre Angst war unbegründet.

Im allgemeinen Durcheinander musste Donovan Schluss machen."

Was Machon hier beschrieben hat, habe ich mit vollem Bewusstsein erst erlebt, als ich später den Kampffilm sah. Noch lag ich – gekrümmt vor Schmerzen – am Boden. Es vergingen aber nur ein paar Sekunden, bis ich wieder klar bei Besinnung war. Aufrichten konnte ich mich ohne die Hilfe meiner Sekundanten nicht.

„Ich muss einen fürchterlichen Schlag in den Rücken bekommen haben", sagte ich hilflos. Doch ich zwang mir ein Lächeln ab und reichte Joe Louis die Hand.

Ein Röntgenbild gibt Auskunft

Drei oder vier Mann stützten mich auf dem Weg in die Kabine. Ein Wagen brachte mich in das Policlinic Hospital, ein jüdisches Krankenhaus, in dem ich hervorragend aufgenommen und behandelt wurde.

Sofort nach meiner Einlieferung machte man eine Röntgenaufnahme. Auf ihr war einwandfrei zu erkennen, dass der dritte Dornfortsatz der Wirbelsäule zweimal gespalten war.

Für mich bedeutete die Diagnose Streckverband. Wer diese Prozedur einmal mitgemacht hat, weiß, was das heißt.

Noch in der Nacht telefonierte ich mit Anny.

„Max, lieber, guter Max!" rief sie verzweifelt. „Ich komme mit dem nächsten Schiff zu dir!"

Sie war außer sich vor Sorge. Lawinenartig hatten sich in Deutschland die wildesten Gerüchte verbreitet: Ich sei gelähmt und lebensgefährlich verletzt.

Ich beruhigte meine Frau, so gut ich konnte.

„Alles halb so schlimm", tat ich möglichst harmlos. „Ich hoffe, dass mich die Ärzte schon in zehn oder vierzehn Tagen nach Hause lassen."

Einer der ersten Besucher im Krankenhaus war General Phelan, der Präsident der New Yorker Boxkommission.

„Wurde Schmeling von einem Nierenschlag getroffen?" erkundigte er sich beim Chefarzt.

„Davon überzeugen Sie sich am besten selbst", sagte der Chirurg und zeigte Phelan die Röntgenplatte, die in meinem Zimmer auf einem Ständer steckte. „Sehen Sie, hier ist der Dornfortsatz zweimal gespalten. Der Schlag, der das bewirkt hat, muss voll die Niere getroffen haben. Ob Sie das nach Ihren Regeln nun ‚Nierenschlag' nennen oder nicht, kann ich nicht beurteilen."

Mister Phelan, der offensichtlich nicht erschienen war, um mir sein Mitgefühl zu zeigen, zog sich bald wieder zurück. Von dem ärztlichen Gutachten hing eine ganze Menge ab: Hätte man mir nachweisen können, dass ich den Kampf leichtfertig und ohne zwingenden Grund abgebrochen hatte, wäre meine Börse gesperrt worden. Die Kommission hätte mir das Fahrgeld in die Hand gedrückt und mich sang- und klanglos nach Hause abgeschoben ...

Hunderte von Freunden und Neugierigen gaben sich in der Policlinic die Tür in die Hand. Doch die Ärzte wachten eisern über meine Ruhe und ließen nur die wenigsten zu mir vor.

Einer der Besucher, die man nicht gut abweisen konnte, war der deutsche Botschafter in Washington, Dyckhoff.

„Ich frage mich, ob man nicht Protest einlegen soll", sagte er.

„Das möchte ich auf keinen Fall", wehrte ich sofort ab. „Urteil ist Urteil! Das ist nun mal so im Sport."

„Überlegen Sie sich das gut, Herr Schmeling!"

„Da gibt es für mich nichts zu überlegen, Herr Botschafter. Es ist nicht üblich, dass man im Sport auf diese Weise protestiert. Es hätte auch keinen Erfolg und würde nur böses Blut machen. Der Fall ist für mich erledigt. Ich hoffe, in einem dritten Kampf gegen Joe Louis beweisen zu können, dass ich mehr kann, als ich gestern gezeigt habe."

„Na, wie Sie wollen", meinte Dyckhoff.

Auch Joe Louis kam ins Krankenhaus, um sich nach meinem Befinden zu erkundigen. Wie die zahllosen Journalisten wurde er nicht zu mir vorgelassen.

Die Fotoreporter versuchten mit allen möglichen Tricks, ein Bild von mir auf dem Krankenlager zu bekommen. Wir wimmelten sie alle ab. Einer jedoch war besonders hartnäckig. Als er merkte, dass für ihn alle

Türen verriegelt blieben, suchte er sich einen anderen Weg.

Ich lag stocksteif in meinem Bett, als ich ihn vor dem Fenster auftauchen sah. Er hatte sich vom siebten zum sechsten Stock abseilen lassen. Knips machte er durch die Scheiben, und weg war er.

Die Aufnahme ist vermutlich missglückt. Ich habe sie nie in einer Zeitung gesehen ...

Man darf sich nicht vorstellen, dass nach dem Blitzsieg des „Braunen Bombers" drüben nun alles in Jubel und Begeisterung ausgebrochen wäre. Kurioserweise empfand man sogar wieder Sympathie für mich.

„Max hat Pech gehabt", schrieben viele Zeitungen.

„War es ein verbotener Schlag?" fragten andere.

Ich kann diese Frage heute einwandfrei beantworten: Es war kein verbotener Schlag – ich hätte mich nicht abdrehen dürfen. Hätte aber Louis seinen Schlag noch abstoppen können? Darüber kann man allerdings geteilter Meinung sein. Nun gut, die furchtbare Rechte wurde nicht gestoppt. Das war mein Schicksal.

Wohin mit der Million?

Joe Jacobs hatte beim Vertragsabschluss hart gefeilscht, um die mir zustehenden 12½ Prozent der Einnahmen auf 25 Prozent heraufzudrücken. 1.015.000 Dollar hatten die 70.000 Zuschauer bezahlt – viel Geld für einen Kampf, der nicht einmal eine Runde dauerte!

250.000 Dollar standen mir zu, rund eine Million Mark.

Da wir zunächst befürchteten, man könnte von irgendeiner Seite die Hand auf unser Geld legen, wollten wir uns den Betrag möglichst schnell sichern. Am Tag nach dem Kampf ging Machon zur Boxkommission, wo die Börse schon bar bereitlag. 75.000 Dollar – den Anteil des Finanzamts – hatte man allerdings bereits abgezogen.

Machon verstaute das Geld in einer Aktentasche und fuhr mit einem Taxi in das Bankenviertel bei der Wallstreet. Joe Jacobs und dessen Bruder gaben ihm Geleitschutz. Jeder von ihnen hatte zwei Kanonen in der Tasche.

Es passierte nichts. Die Gangster hatten Urlaub. Machon deponierte seinen Schatz unangefochten in einem Safe.

Als er in mein Krankenzimmer zurückkam, hatte sich seine Laune, die durch meine Niederlage auf den Tiefpunkt gesunken war, schon wesentlich gebessert.

„Jetzt gehe ich einkaufen", verkündete er. „Hast du auch Wünsche? Soll ich dir was besorgen?"

Natürlich wollte ich ein paar Geschenke mit nach Hause bringen. Ich hatte Anny schon lange einen Pelzmantel aus Amerika versprochen.

„Kann ich dir das anvertrauen?" fragte ich Machon besorgt.

„Mach ich! Mach ich!"

Eine Stunde später kreuzten in meinem Zimmer drei Mannequins auf, die mir die neuesten Modelle vorführten.

„Na, wie hab' ich das gemacht?" strahlte Machon, als ich ihm stolz den gekauften Nerz zeigte.

Nachdem die Pelzdamen wieder abgerauscht waren, empfahl sich merkwürdigerweise auch mein Trainer noch mal mit verdächtiger Eile.

Was hatte er vor?

Er fuhr in die Wallstreet, kündigte den soeben gemieteten Safe, der auf seinen Namen lief, und deponierte das Geld bei einer anderen Bank.

Nun erst konnte er ruhig schlafen. In der Zehn-Millionen-Stadt New York wusste außer ihm, Max

Machon, niemand, wo wir unseren Schatz vergraben hatten.

Zur Propaganda ungeeignet

Zehn Tage nach dem Kampf konnte ich die Heimreise antreten. Ein Krankenwagen brachte mich von der Klinik zum Schiff. In der Kabine krauchte ich zum ersten Mal ein wenig herum. Gehen und sitzen fielen mir noch verdammt schwer.

Über meinen Empfang in Deutschland sind nicht viel Worte zu verlieren, es sei denn, dass man auf den krassen Gegensatz zu 1936 hinweist. Damals, nach dem Sieg über Joe Louis, wurde ich mit Ehrungen überhäuft, dass sie mir beinahe zu viel geworden waren. Nun, nach meiner Niederlage, schien das Interesse an mir auf den Nullpunkt gesunken. Als Propagandaobjekt war ich im Augenblick denkbar ungeeignet.

Wenn ich heute über meinen K.o. von 1938 nachdenke, bin ich längst zu der Überzeugung gekommen, dass auch er letzten Endes Gutes in sich barg. Wäre ich zum zweiten Mal Weltmeister geworden, Goebbels, der für mich sonst gar nichts übrig hatte, hätte mich sofort als Aushängeschild für die angebliche Überlegenheit des deutschen Sports missbraucht. Hitler hätte mir todsicher das goldene Dingsda an den Jackenaufschlag geheftet. Und dagegen wäre nicht gut etwas zu machen gewesen. An jedem „Führer"-Geburtstag hätte mir eine neue Ehrung gedroht. Auf diese Weise wäre dann bis 1945 eine ganz ansehnliche „Belastung" zusammengekommen.

In Berlin musste ich noch für weitere sechs Wochen in eine Klinik, um meine Verletzung auszuheilen. Professor Gohrbandt stellte fest, dass der dritte Dornfortsatz meiner Wirbelsäule nicht zwei-, sondern sogar dreimal gespalten war. Darauf kam es jetzt auch nicht mehr an.

Ein gutes halbes Jahr später fuhr ich wieder nach Amerika, um das Terrain zu sondieren. Obwohl ich inzwischen das für einen Boxer beinahe biblische Alter von 34 Jahren erreicht hatte, dachte ich nicht daran, in den Ruhestand zu treten.

„Wie steht es mit einem dritten Kampf Schmeling – Louis?" fragte ich den Veranstalter Mike Jacobs.

„Mach erst mal einige Kämpfe in Europa", schlug er vor, „dann kommen wir schon wieder ins Geschäft."

„Und wann könnte das deiner Meinung nach sein?" hakte Joe Jacobs sofort ein.

„Ein paar Aufbaukämpfe in Amerika eingerechnet, schätze ich, dass Louis im Frühjahr 1940 Schmeling noch mal eine Chance gibt", sagte Mike.

Im Frühjahr 1940? Dann blieb mir noch ein Jahr Zeit zum erneuten Comeback-Versuch. Die erste Station auf dem Weg, den ich nun einmal gehen musste, war der Kampf gegen Adolf Heuser, den Europameister im Schwergewicht.

Willy Fritsch möchte sein Geld wieder haben

Aus Ostpreußen und Berlin, aus Bayern und dem Ruhrgebiet, aus ganz Deutschland waren die Zuschauer nach Stuttgart gekommen. 60.000 füllten am 2. Juli 1939 das Neckar-Stadion.

Ich galt vor dem Kampf nicht unbedingt als Favorit. Die Niederlage gegen Louis und eine Schulterzerrung, die ich mir kurz zuvor zugezogen hatte, veranlassten viele Experten, Adolf Heuser eine Chance zuzubilligen.

Adolf, von Statur kräftig und untersetzt, war als Kampfmaschine bekannt. Kämpfen, angreifen um jeden Preis – diese Tugenden charakterisierten seinen Stil. Leider Gottes hat Deutschland heute nicht viele Boxer von seinen Qualitäten ...

„Gib mir mein Eintrittsgeld zurück", sagte Willy Fritsch ein paar Stunden später zu mir. „Ich bin eigens aus Berlin gekommen, um dich boxen zu sehen und habe einen Haufen Geld ausgegeben alles für die Katz."

„War dir mein K.o.-Schlag nichts wert?" fragte ich.

„Mensch, ich hab' ihn doch gar nicht gesehen! Mir war der Hut auf die Erde gefallen und ich hatte mich danach gebückt. Als ich wieder hochkam, war schon alles vorbei."

Willy übertrieb nicht. Der Kampf hatte nur 71 Sekunden gedauert. Heuser war nach dem Gong auf mich losgegangen und hatte schnell ein paar rechte Haken abgefeuert. Sie prallten wirkungslos auf meine Deckung.

Und dann griff er wieder an. Ich kam ihm zuvor, konterte und traf ihn mit der Rechten unterhalb des linken Kinnwinkels. Es war immer gut, den Gegner gleich zur Raison zu bringen. Der Schlag aber war so hart, so katastrophal, dass er Heuser die Beine vom Boden riss. Schwer war er vornüber auf die ausgebreiteten Arme gefallen.

Der Berliner Ringrichter Griese hatte zu zählen begonnen. Heuser hörte das „Aus" nicht mehr ...

Lange über die Zeit hinaus blieb er k.o., so dass ein Arzt geholt werden musste. Ich bekam es mit der Angst zu tun.

„Das fehlte mir gerade noch", sagte ich zu Machon, „dass ich in einem meiner letzten Kämpfe den Gegner ernstlich schädige."

Abends besuchte ich Heuser in seinem Hotel. Gott sei Dank hatte er sich wieder erholt.

„Das war ein fürchterlicher Schlag, Max!" sagte er anerkennend.

„Heute hast du Pech gehabt, Adolf. Beim letzten Mal hab' ich die Zeche bezahlt", tröstete ich ihn.

An diesem 2. Juli war ich also Europameister geworden. Der erste Schritt auf dem Weg zum Comeback war getan.

Mein Sieg über Europameister Adolf Heuser fand auch in Amerika lebhaftes Echo. Heuser war drüben nicht unbekannt. Eine Serie von erfolgreichen Kämpfen hatte ihn eine Zeit lang sogar als aussichtsreichen Kandidaten für den Weltmeistertitel im Halbschwergewicht erscheinen lassen.

Noch einen Sieg in Deutschland, und die Amerikaner würden sich wieder mit mir an den Verhandlungstisch setzen. Zuversichtlich rechnete ich bereits mit einem dritten Kampf gegen Joe Louis.

VERLORENE JAHRE

Der Bochumer Walter Neusel wartete schon lange darauf, sich für seine Niederlage von 1934 zu revanchieren. Im Herbst 1939 sollten wir uns in Dortmund gegenüberstehen.

Machon und ich wollten ein Trainingsquartier bei Gelsenkirchen beziehen, aber es kam nicht mehr dazu. Der Krieg machte uns einen dicken Strich durch die Rechnung.

„Jetzt nichts wie heim!" sagte ich zu Machon, als die ersten deutschen Truppen die polnische Grenze überschritten. Sofort fuhren wir aus dem Industriegebiet nach Berlin zurück. Ich reiste ohne Zeitverlust weiter nach Ponickel.

Auf meinem Gut, das nur zwölf Kilometer von der deutsch-polnischen Grenze entfernt lag, herrschte helle Aufregung. Die meisten Arbeiter wurden eingezogen, die Pferde requiriert. Der schöne Besitz, der immerhin eine Größe von 3.200 Morgen hatte, blieb Frauen und wenigen älteren Männern überlassen.

Den Krieg möchte ich am liebsten aus meinen Erinnerungen streichen. Sportler, die gewohnt sind, Kameraden in allen Ländern die Hand zu reichen, sind keine begeisterten Soldaten. Und von Soldaten, die sich nicht wohlfühlen in ihrer Haut, gibt es keine Heldentaten zu erzählen. Ich darf mich deshalb damit begnügen, nur solche Ereignisse zu streifen, die auch im Krieg etwas Versöhnliches hatten ...

Zwiesprache mit einem Toten

Wegen Differenzen mit Reichssportführer von Tschammer und Osten, mit dem ich mich noch nie gut verstanden hatte, stellte ich 1940 meinen Titel als Europameister zur Verfügung. Ich war schon längst aus der Liste der aktiven Sportler gestrichen, als mich im Sommer 1940 die Berliner Vertretung der amerikanischen Nachrichtenagentur AP anrief:

„Wissen Sie schon, dass gestern Joe Jacobs gestorben ist?"

„Joe gestorben? Das ist ja entsetzlich!"

„Wir haben die Meldung soeben bekommen. Herzschlag ..."

Erschüttert legte ich den Hörer aus der Hand. Der Mann, der für mich durchs Feuer gegangen war, der mir 1930 nach Sharkeys Tiefschlag den Weltmeistertitel erkämpft hatte – Joe Jacobs war tot!

Joe, erst knapp über vierzig, bezahlte mit seinem frühen Tod seine nicht gerade enthaltsame Lebensweise. Er war ein Freund starker Zigarren, die er zur Hälfte rauchte und zur anderen zerkaute. Auch Whisky hatte er nie verachtet. Wir flehten ihn früher oft genug an, auf seine Gesundheit zu achten. Nach unserer Trennung gab es wohl keinen mehr, der ihm inneren Halt gegeben hätte.

Im Jahr 1954 kam ich zum ersten Male nach Kriegsende wieder nach Amerika. Auf dem jüdischen Friedhof von New York suchte ich das Grab meines treuen Managers auf. Ein Friedhofswärter zeigte mir den Weg.

„Joe", sagte er, als wir vor dem einfachen Grabhügel standen, „Joe, hier ist ein Freund von dir – Max Schmeling. Er hat dich nicht vergessen, Joe! Er ist aus Deutschland gekommen, und sein erster Weg führt ihn zu dir."

Erschüttert von dieser ungewöhnlichen Zwiesprache mit einem Toten verließ ich den Friedhof.

Schütze Schmeling braucht eine Wolldecke

Nachdem ich mich geweigert hatte, unter den diktatorischen Bedingungen der Reichssportführung noch einmal zu boxen, war es nur noch eine Frage der Zeit, bis ich eingezogen wurde. 1940 flatterte dann auch der Gestellungsbefehl ins Haus. Beim Ergänzungsbataillon der Fallschirmjäger in Stendal musste ich mich melden.

Wie du kommst gegangen, so wirst du auch empfangen, dachte ich und ließ mich in meinem Wagen zur Albrecht-der-Bär-Kaserne bringen. Ein Posten eilte auf mich zu, nahm mir liebenswürdigerweise den Koffer aus der Hand und führte mich zu Oberstleutnant von Kummer, dem Bataillonskommandeur.

„Ich freue mich, Sie in meinem Bataillon zu haben", begrüßte mich der Kommandeur. „Als Sportsmann werden Sie ja wissen, was Disziplin ist."

Damit war ich in Gnaden entlassen. Der freundliche Posten hatte vor der Tür auf mich gewartet. Er nahm sich wieder meines Koffers an und brachte mich auf die Stube.

Hier war von vier Betten noch eines frei. Die drei Stubengenossen – alle bedeutend jünger als ich – proklamierten mich sofort feierlich zum Stubenältesten. Mit meinen 35 Jahren passte ich eigentlich schlecht in die viel jüngere Gesellschaft. Doch wenn man Soldat ist, hat alles zu passen – auch die Uniform! Das sollte ich auf der Kleiderkammer erfahren. Die Ärmel der Uniformjacke reichten bei Weitem nicht bis zum Handgelenk, die Hosen nicht bis zu den Knöcheln. Schuhe mussten, weil ich Nummer 46 brauche, extra für mich bestellt werden.

Obwohl ich an der Uniform sowenig Lametta hatte wie meine 18- und 19jährigen Kameraden, nahm ich – ganz gegen meinen Willen – eine Sonderstellung ein.

Mit Bitten um Autogramme fing es an. Bald konnte ich mich des Ansturms kaum noch erwehren. Der Kompaniechef bangte um die allgemeine Disziplin und ließ am Schwarzen Brett einen Befehl anschlagen:

„Es ist verboten, den Schützen Schmeling mit Autogrammbitten zu belästigen!"

Es nutzte nichts. Das Autogrammfieber ergriff das ganze Bataillon. Daraufhin wurde ein Bataillonsbefehl erlassen:

„Es ist strengstens verboten, den Schützen Schmeling mit Autogrammbitten zu belästigen!"

Doch es war bei Weitem nicht so unangenehm, meinen Namen auf eine Zigarettenschachtel oder unter eine Ansichtskarte zu setzen, als mitten in der Nacht von einem Verehrer geweckt zu werden. Das sah selbst mein Kompaniechef ein, als er von der komischen Geschichte erfuhr, die sich eines Nachts wirklich ereignete:

Ein Feldwebel des Heeres, den ich noch nie im Leben gesehen hatte, machte auf der Reise von Köln nach Berlin in Stendal Station.

„Was gibt es denn Neues in dem Nest hier?" fragte er missmutig.

„Max Schmeling ist bei den Fallschirmjägern in der Albrecht-der-Bär-Kaserne."

„Mensch, großartig", sagte der Feldwebel, der begeisterter Anhänger des Boxsports war. Mitten in der Nacht machte er sich auf den Weg. Wie er am Posten vorbeikam, weiß ich nicht. Jedenfalls stand er zwischen drei und vier Uhr früh in unserer Stube. Er rüttelte mich wach.

„Ich hab' mir schon lange gewünscht, mich mal mit Ihnen so ungestört unterhalten zu können", sagte er fröhlich, während ich mir verschlafen die Augen rieb.

„Mitten in der Nacht?"

„Ich konnte meinen Besuch leider nicht anders einrichten."

„Ruhe!"

„Schnauze!"

„Verrückt geworden!"

Meine drei Stubenkameraden waren aufgewacht. Ärgerlich drehten sie sich auf die andere Seite und versuchten, wieder einzuschlafen. Der ungebetene Gast dachte nicht daran, das Feld zu räumen.

„Ihretwegen hab' ich mir schon mehr als eine Nacht um die Ohren geschlagen", sagte er. „War das beim zweiten Louis-Kampf nun ein Nierenschlag oder war es keiner?"

„Ruhe!"

„Wäre Louis von einem neutralen Ringrichter disqualifiziert worden?"

Der Mann hatte Sorgen! In seiner Boxbegeisterung schien er Ort und Zeit vergessen zu haben. Wortkarg knurrte ich ja und nein. Ich war heilfroh, als ich mich nach dem Überfall wieder aufs Ohr legen konnte.

„Was wollte denn der Waldheini heute Nacht?" schimpften meine Kameraden am nächsten Morgen.

„Er wollte wissen, wie ich Joe Louis k.o. geschlagen hab."

„Hättest du's ihm doch vorgemacht", sagten sie kaltschnäuzig.

Natürlich hatten sie recht mit ihrer Schimpferei. Es konnte uns schließlich nicht jeder nachts mir nichts, dir nichts auf die Bude rücken. Ich beschwerte mich beim Kompaniechef. Er hatte Verständnis und stellte uns zum Schutz vor weiteren ungebetenen Besuchern einen Posten mit Pistole und Stahlhelm vor die Tür.

Das war zweifellos eine ungewöhnliche Maßnahme. Leider fehlte ihr der Weisheit letzter Schluss: Der Posten ließ vom Unteroffizier aufwärts alles passieren.

„Das ist immer noch keine Lösung", beschwerte ich mich.

„Ich kann Ihnen nicht gut eine Leibgarde zuteilen", meinte der Kompaniechef.

„Eine Leibgarde nicht, aber vielleicht eine Wolldecke! Die hängen wir so an der Tür auf, dass jeder, der 'reinkommt, sich erst einmal verheddert."

„Macht, was ihr wollt", grinste unser Hauptmann.

Wir holten uns von der Kammer eine Decke und nagelten sie am Türrahmen fest. Das hielt zwar keinen Besucher ab, gab uns aber Zeit, uns entsprechend einzurichten – nicht immer ist man schließlich empfangsbereit.

Einer der ersten, der sich in unserem Patentvorhang verwickelte, war Bataillonskommandeur von Kummer.

„Donnerwetter!" raunzte er wütend und versuchte, sich aus der Wirrnis zu befreien. Wir hatten inzwischen hinreichend Zeit, uns in Positur zu stellen.

„Stube belegt mit vier Mann! Ohne besondere Vorkommnisse", meldete ich, Hände an der Hosennaht.

„Was soll der Unfug?"

„Uns vor Besuchern schützen, Herr Oberstleutnant."

„Dazu ist doch der Posten da."

„Der Posten lässt alle Offiziere herein, Herr Oberstleutnant."

Der Bataillonskommandeur kniff die Augen zusammen und sagte nichts mehr. Die Decke blieb.

Im Abwehrfeuer von Kreta

Bald nach einem Lehrgang auf der Fallschirmjägerschule in Wittstock wurde ich zur Aktion Kreta abkommandiert. Wir starteten in einer Ju 52 auf dem Einsatzhafen Torpolia und sprangen über der Mittelmeerinsel südlich von Cania ab. Heil überstand ich das gegnerische Abwehrfeuer. Bei der Landung aber schlug ich so unglücklich auf, dass an beiden Knien der Meniskus verletzt wurde. Außerdem bekam ich plötzlich rasende Kreuzschmerzen, genau an der Stelle, an der mich Joe Louis 1938 so schwer getroffen hatte.

Mein Anteil an der todesmutigen Eroberung der erbittert verteidigten Insel Kreta war damit zwangsläufig mehr als bescheiden. So blieb es mir erspart, auf Menschen zu schießen.

Das nächste Ziel hieß für mich Feldlazarett. Es war in einem Zuchthaus eingerichtet, fünf Kilometer vor Cania. Das bedeutete einen Fußmarsch von drei viertel Stunden. Wir wurden zu einem größeren Trupp zusammengestellt: ein paar verletzte Kameraden, einige Posten, gefangene Engländer und Einheimische.

„Nimm den Helm ab!" schnauzte ein deutscher Feldwebel einen der gefangenen Tommies an.

„Ich denke nicht daran!"

„Herunter mit dem Helm!"

„Tu, was er sagt", schaltete ich mich ein. „Du ziehst ja doch nur den kürzeren."

Verblüfft schaute mich der Engländer an. Schlagartig erhellte ein Lächeln sein Gesicht.

„Oh, Sie sind doch Max Schmeling?" fragte er.

Er wollte eine große Begrüßung veranstalten, doch dafür hatte im Augenblick niemand Verständnis. Schweigend machten wir uns auf den Weg – die Deutschen ins Lazarett, die Engländer und Kreter ins Auffanglager. Da ich mich kaum auf den Beinen halten konnte, fasste mich von jeder Seite ein Gefangener unter. Es war zwar verboten, sich mit ihnen zu unterhalten, trotzdem kam schnell ein Gespräch in Gang. Während in der Ferne der Geschützdonner grollte,

Maschinengewehre ratterten, während über uns die Flugzeugmotoren dröhnten, sprachen wir über – Boxen.

„Ich bin aus Wales", sagte der Tommy, der zuerst seinen Helm nicht absetzen wollte.

„Aus Wales? Ist nicht auch Tommy Farr Waliser?" fragte ich.

„Yes, yes, yes!" rief er. „Ich habe ihn oft im Ring gesehen."

Für einen Augenblick vergaßen die Gefangenen ihr Schicksal und fachsimpelten mit mir über internationale Boxgrößen.

Langsam schleppte sich unser seltsamer Zug dahin – zwischen Weinbergen und Olivenhainen. Erst im Feldlazarett trennten sich unsere Wege.

Ein Interview bringt Goebbels in Rage

Noch während der Kämpfe um Kreta wurde ich in ein Lazarett nach Athen verlegt. Inzwischen hatte ich die Ruhr bekommen und war in wenigen Tagen bis auf die Haut abgemagert. Träge und ohne Lichtblick verstrichen die Tage. Abwechslung brachte nur der amerikanische Journalist Flannery von der Agentur INS – Amerika war damals noch nicht im Krieg mit Deutschland –, der sich beim Propagandaministerium die Erlaubnis geholt hatte, mich zu interviewen.

Das Interview fiel anders aus, als sich Herr Goebbels vorgestellt hatte.

„Stimmt es, dass die Engländer bei der Verteidigung von Kreta Gräuel verübt haben?" wollte Flannery von mir wissen.

„Davon ist mir nichts bekannt", antwortete ich wahrheitsgetreu.

„Wie ist denn das Gerücht von den Gräueltaten entstanden, Max?" fragte der Journalist.

„Soviel ich weiß, sind die Einwohner der Insel in ihrem Hass gegen die Deutschen oft zu weit gegangen. Vermutlich hat man die Gräuel der Kreter den Tommies zugeschrieben."

Dieses Interview erschien mit einigen Ausschmückungen in der amerikanischen Presse. Auf welchem Weg es die deutsche Zensur passieren konnte, wurde nie festgestellt. Als Goebbels es zu Gesicht bekam, schäumte er vor Wut. Er wollte mich vor den Volksgerichtshof bringen. Doch da ich Angehöriger der Wehrmacht war, gelang ihm dieser Plan nicht – für mich war ein Kriegsgericht zuständig.

Das Verfahren gegen mich wurde bald eingestellt. Glücklicherweise waren während des Interviews ein paar Kameraden Zeuge gewesen, außerdem hatten zahlreiche Fallschirmjäger die Wahrheit meiner Aussagen bestätigen können.

Dr. Joseph Goebbels wischte mir trotzdem eines aus. In den vertraulichen Informationen des Propagandaministeriums, die täglich an alle Zeitungsredaktionen gingen, ordnete er an, dass der Name „Schmeling" nicht mehr genannt werden dürfe. Ich war also tot. Dieser Tod ließ sich jedoch ertragen.

Ein Colonel soll erschossen werden

Da ich durch meine Knie- und Rückenverletzung nicht mehr k. v. war, wurde ich zunächst bedingt und 1943 endgültig aus der Wehrmacht entlassen. Der Verwalter meines Gutes Ponickel war eingezogen worden. Ich übernahm die Bewirtschaftung wieder selbst.

Trotz des Bannstrahls, den Goebbels gegen mich geschleudert hatte, vergaß mich die Wehrmacht nicht. Immer öfter wurde ich geholt, um in amtlichem Auftrag die mit Engländern und Amerikanern belegten

Kriegsgefangenenlager zu besuchen. Auch Joe Louis tauchte in Amerika in Camps mit deutschen Gefangenen auf; er machte Schaukämpfe.

Mitten im Krieg hatte ich also Gelegenheit, mich hinter Stacheldraht mit Amerikanern zu unterhalten. Oft saßen 20, 30 Mann um mich herum, um mit mir über die großen Kämpfe der Boxgeschichte zu diskutieren. Die Gespräche, die sich ausschließlich um sportliche Dinge drehten, trugen viel dazu bei, den unvermeidlichen Stacheldrahtkoller zu mildern. Heute noch bin ich froh, dass ich in einer Zeit, in der nur Hass regierte, Versöhnlichkeit und Nächstenliebe beweisen durfte ...

„Können Sie mir einen Gefallen tun, Mister Schmeling?" fragte mich eines Tages ein amerikanischer Offizier im Lager Jüterbog.

„Gern, wenn es in meinen Kräften steht."

„Ein deutsches Kriegsgericht hat einen Freund von mir, Oberst Spicer, wegen Meuterei zum Tode verurteilt. Er ist im Lager Stralsund und wartet darauf, erschossen zu werden."

„Da kommt meine Hilfe zu spät, fürchte ich."

„Sie könnten vielleicht zu ihm gehen und ihn von mir grüßen."

„Ich will sehen, was sich tun lässt", versprach ich.

Es gelang mir auch wirklich, in das Lager, in dem der zum Tode verurteilte Colonel Spicer saß, hineinzukommen. Ich meldete mich beim Kommandanten und trug ihm mein Anliegen vor. Er telefonierte mit seiner vorgesetzten Dienststelle ...

„Genehmigung erteilt. Sie dürfen zu ihm", sagte er. „Übrigens – aber das nur im Vertrauen – der Oberst ist begnadigt worden."

Ein Feldwebel führte mich zur Zelle des Gefangenen.

„Bitte, tun Sie mir den Gefallen und lassen Sie mich ein paar Minuten allein mit ihm."

Er schloss die Tür auf und sperrte sie hinter mir wieder zu. Colonel Spicer saß regungslos am Tisch. Er hatte mich wohl gehört, musste mich gehört haben, drehte sich aber nicht um. Er war schon viel zu apathisch, um für irgendetwas auf dieser Welt Interesse zu haben.

In der kahlen, winzigen Zelle stand außer Tisch und Stuhl nur eine schmale Pritsche. Durch ein schräges Fenster fiel ein dünner Sonnenstrahl auf den Fußboden.

„Colonel Spicer ...", sagte ich vorsichtig.

Jetzt drehte sich der Gefangene um und stand langsam auf.

„Mein Name ist Max Schmeling", stellte ich mich vor und streckte ihm die Hand entgegen.

„Oh, Mister Schmeling. Wie kommen Sie zu mir?"

„Ich bringe Ihnen Grüße von Ihrem Freund, Colonel Spiway."

„Sie kennen ihn? Bitte, erzählen Sie mir alles, was Sie von ihm wissen."

„Später, Colonel. Ich habe noch eine wichtigere Nachricht für Sie", flüsterte ich.

„Für mich haben Nachrichten nicht mehr viel Wert", sagte der Oberst tonlos. „Sie wissen doch sicher, dass ich zum Tode verurteilt bin."

„Sie sind begnadigt worden."

Colonel Spicer starrte mich an. Er war leichenblass geworden. „Ist das auch kein Irrtum? Wissen Sie das ganz genau, Mister Schmeling?"

„Der Lagerkommandant hat es mir anvertraut. Eigentlich dürfte ich es Ihnen nicht sagen ..."

Der Amerikaner fiel mir um den Hals und schluchzte wie ein Kind. Verlegen stand ich da. Mir war die Kehle wie zugeschnürt. Mit einem Ruck befreite ich mich aus der Umarmung. Ich hielt es nicht mehr aus. Mit beiden Fäusten trommelte ich gegen die versperrte Tür.

„Aufmachen!" rief ich. „Ich will hier 'raus!"

Oberst Spicer kehrte nach dem Krieg nach Texas zurück. Der amerikanische Kommandant von Berlin-Tempelhof, ein ehemaliger Boxer, überbrachte mir eines Tages seine herzlichen Grüße.

„Kollaborateur" Carpentier

Während des Krieges wurden Max Machon und ich zu einer Wehrmachts-Boxveranstaltung nach Paris eingeladen. Das war die lang ersehnte Gelegenheit, mit unserem alten Freund Georges Carpentier, dem französischen Weltklasseboxer, Erinnerungen auszutauschen. Georges war eine Zeit lang Geschäftsführer des Varietés Lido. Zur Zeit unseres Besuches aber machte er die Honneurs in einer Bar.

„Wie geht es dir, Georges?" fragten wir.

"Merci, Max. Ca va! Ca va!"

„Du siehst aber gar nicht so zufrieden aus, mein Lieber."

„Ach, weißt du, der Krieg ..."

Widerstrebend berichtete er mir, dass die deutschen Besatzungstruppen sein schönes Geschäft im „Ambassadeur" beschlagnahmt und ihn Hals über Kopf auf die Straße gesetzt hätten.

„Völlig sinnlos. Der Laden steht heute noch leer."

„Es ist nun mal Krieg. Damit müssen wir uns abfinden."

„Soll ich mich auch damit abfinden, dass sie meinen schönen Wagen aus der Garage geholt haben? Ich kenne eine Menge Leute, die ihr Auto behalten durften. Man muss es nur verstehen, sich lieb Kind zu machen."

„Ich will mal sehen, ob ich dir helfen kann", versprach ich, hatte aber keine allzu große Hoffnung. Ich konnte auch tatsächlich nicht erreichen, dass Georges seinen Wagen zurückerhielt. Immerhin durfte er ein Motorrad fahren.

Um das angeblich gute deutsch-französische Verhältnis zu bekunden, organisierte eine deutsche Dienststelle in Paris für die Rundfunksender eine Diskussion Schmeling – Carpentier. Machon hatte Auftrag, den Franzosen dafür zu gewinnen.

„Wenn es sich nur um Sport dreht, bin ich gern einverstanden", sagte Georges. „Aber nicht, dass ihr mir hinterher mit politischen Mätzchen kommt!"

Wir versprachen es hoch und heilig. Politik war auch wirklich tabu. Trotzdem wurde Carpentier, dem die Deutschen ein Motorrad genehmigten, nach 1945 wegen Kollaboration verhaftet.

Audienz beim Papst

„Exweltmeister Primo Carnera von den Deutschen ermordet!"

Diese Nachricht ging im Frühjahr 1944 durch die Presse des deutschfeindlichen Auslands. Um sie augenscheinlich zu dementieren, verfiel das OKW auf die Idee, mich mit dem italienischen Boxerriesen zusammenzubringen.

Ich reiste nach Venedig, wo ich Primo, der von seinem Hof bei Undine geholt wurde, traf.

Bei einem kurzen Aufenthalt in Rom stellte mir ein Vertreter des deutschen Botschafters von Weizsäcker eine verblüffende Frage:

„Herr Schmeling, was würden Sie sagen, wenn der Papst Sie in Privataudienz empfinge?"

„Mich? Ich bin doch Protestant!"

Der Diplomat erklärte mir die Zusammenhänge: Die Beziehungen zwischen dem Vatikan und dem Dritten Reich hatten sich gelockert. Schuld daran war die kirchenfeindliche Einstellung der braunen Machthaber.

„Es sind da Dinge vorgekommen, wissen Sie ...", sagte er, „Dinge, die haarsträubend sind. SS-Leute haben zum Beispiel den Papst bei Massenaudienzen mit ‚Heil Hitler' begrüßt."

„Und warum soll ausgerechnet ich ...?"

Es wurde mir bald klar. Einen Politiker oder General wagte man nicht vorzuschicken, denn in diesem Fall wäre die Verweigerung einer Audienz reichlich blamabel gewesen. Bei einem Sportler, der keine offizielle Stellung bekleidete, riskierte man nichts.

Zwei Tage wohnte ich im Hotel „Bernini", als der Portier, der mich bisher kaum beachtet hatte, aufgeregt auf mich zulief.

„Ein Schreiben aus dem Vatikan!" rief er voll Hochachtung. „Für Sie, Signore Schmeling."

Ich nahm ihm kurz entschlossen den Brief aus der Hand: die Einladung zur Privataudienz. Sie brachte mich nun doch in Verlegenheit. Ich hatte nicht einmal einen vorschriftsmäßigen Anzug in meinem Gepäck.

„Was soll ich nur tun?" fragte ich verzweifelt.

Ein Telefonat klärte die Situation. Ich könne ruhig so kommen, wie ich sei, wurde mir ausgerichtet.

Mit Herzklopfen begab ich mich am nächsten Tag, Punkt zwölf Uhr, zum Vatikan. Angehörige der Schweizer Garde nahmen mich in Empfang und führten mich zum Staatssekretariat. Dort wartete – alles klappte mit der Präzision eines Uhrwerks – ein geistlicher Würdenträger, der mich in die oberen Räume brachte.

In einem großen Saal, in dem die prächtig ausstaffierten Kammerherren des Papstes plaudernd umherstanden, bat mein Begleiter, mich eine Minute zu gedulden.

Nach kurzer Zeit kam er wieder zurück.

„Bitte, wollen Sie mir folgen", sagte er freundlich und führte mich durch eine Flucht von Sälen in einen kleineren Raum.

Ich hatte nur einige Minuten Zeit, mich umzusehen, als die Tür geöffnet wurde und Papst Pius XII. eintrat. Ich verbeugte mich tief, so wie man es mir, dem Protestanten, geraten hatte.

„Ich freue mich, dass Sie zu mir gekommen sind", sagte der Papst. Er sprach ein fließendes, sehr melodisches Deutsch. „Ich liebe Ihre Muttersprache", versicherte er, als er mein Erstaunen bemerkte. „An Deutschland und an die schöne Stadt Berlin erinnere ich mich so gern. Berlin ist wohl sehr zerstört?"

Auf und ab wandelnd unterhielten wir uns über meine Heimat und über meine Familie. Im Nu war eine Viertelstunde vergangen, und ich bat, mich verabschieden zu dürfen. Der Heilige Vater hielt meine Hand fest.

„Ich möchte Ihnen gern ein kleines Andenken mitgeben", sagte er, ging zur Türe und ließ sich zwei kleine Schachteln hereinreichen.

„Das ist für Ihre Frau und das für Sie!"

Der Papst gab mir als Geschenk für Anny einen weißen Rosenkranz, für mich einen schwarzen.

Dieser Besuch im Vatikan ist mir unvergesslich geblieben. Vor allem imponierte mir das Interesse, mit dem sich das Oberhaupt der katholischen Kirche nach dem Sport erkundigte ...

Die Russen kommen!

Der Krieg nahm seinen erbarmungslosen Verlauf. Auf Gut Ponickel wurde es für meine Familie zu unsicher. Ende Januar 1945 waren die Russen im Anmarsch. Deshalb brachte ich meine Frau und meine Mutter nach Rostock.

Ich selbst fuhr wieder nach Ponickel zurück. Kaum war ich daheim, erhielt ich den Auftrag, ein Gefangenenlager zu besuchen.

Mein Gut habe ich seither nicht wiedergesehen. Im OKW-Bericht hörte ich: Feind über Rummelsburg durchgebrochen. Trotzdem versuchte ich noch, nach Ponickel zu kommen. In Stettin blieb ich stecken. Eine Wehrmachtsstreife hielt mich auf.

„Ganz Hinterpommern ist eingekesselt, Herr Schmeling. Da ist nichts mehr zu machen."

Schweren Herzens gab ich den schönen Besitz, der mir viele Jahre lang Heimat gewesen war, auf. Ein paar Anzüge, die ich bei Freunden in Berlin deponiert hatte, und ein alter DKW – das war alles, was mir blieb ...

ZURÜCK INS LEBEN

Als der Krieg zu Ende ging, hielt ich mich in Hamburg auf. Die Zeit der großen Inventur war gekommen – auch für Anny und mich. Auf unser Gut Ponickel in Pommern konnten wir nicht zurück. Unsere Häuser waren zerstört bis auf eine Villa in Berlin-Dahlem, die aber von Besatzungstruppen beschlagnahmt wurde. Die Wertpapiere waren wertlos.

Von dem Bargeld, das wir gerettet hatten, bauten wir uns bei Hamburg ein kleines Haus. Dieses Haus war schuld daran, dass ich ins Gefängnis musste. Angeblich hatte ich die Bauvorschriften, die von Amts wegen wie Fußangeln ausgelegt wurden, in irgendeinem Punkt verletzt. Und deshalb stand ich eines Tages vor dem englischen Militärgericht.

„Drei Monate Gefängnis und 10.000 Mark Geldstrafe", lautete das Urteil.

Verbittert wanderte ich hinter Schloss und Riegel. Für mich lag klar auf der Hand, dass weniger das Haus als vielmehr die Antipathie der Engländer mein Schicksal besiegelten. Obwohl mich das Dritte Reich in den letzten Jahren totgeschwiegen hatte, obwohl Leute wie Goebbels und Tschammer alles andere als meine Freunde gewesen waren, musste ich mich nach 1945 wieder einmal „Vorbild der nationalsozialistischen Jugend" titulieren lassen.

Die 10.000 Mark Geldstrafe traf mich damals besonders hart. Ich musste sie bis zum letzten Pfennig blechen. Auch die drei Monate saß ich bis zur letzten Minute ab.

Meine Frau und viele gute Freunde reichten Gnadengesuche für mich ein – vergeblich. Nur wenn ich selbst zu Kreuze gekrochen wäre, hätten mich die

Engländer vielleicht vorzeitig laufen lassen. Ich dachte nicht dran. Das Verfahren hatte mich nur bockbeinig gemacht.

Zum Skelett abgemagert und mit tiefen Kummerfalten verließ ich das Strafgefängnis Hamburg-Fuhlsbüttel. Es dauerte eine ganze Weile, bis ich den Schock über die unverdiente Strafe verwunden hatte. Heute kann ich ohne Groll auf den Entlassungsschein blicken, der zwischen zwei Glasplatten über meinem Schreibtisch hängt – ein Dokument seiner Zeit. Auf der Vorderseite wird Max Schmeling bestätigt, dass er seine drei Monate abgesessen hat, auf der Rückseite befinden sich die Stempel der Behörden, die ich nach der Entlassung aufsuchen musste: unter anderem Arbeitsamt und Lebensmittelkartenstelle.

Mit Willy Fritsch über die Dörfer

Wie Millionen in Deutschland lebten auch Anny und ich von der Hand in den Mund.

„Was können wir denn noch in Butter umsetzen?" fragten wir uns, wie alle Großstädter, in regelmäßigen Abständen.

„Gold müsste man unter die Leute bringen", sagte ich, und Anny wusste sofort, was ich meinte: die massivgoldene Ehrenplakette der Steubengesellschaft in Chicago, die nur an sechs Personen auf der ganzen Welt verliehen wurde – an die Flieger Köhl, Hünefeld, Fitzmaurice, an die Kanalschwimmerin Gertrud Ederle, an den Pionier der Luftschifffahrt, Professor Hugo Eckener, und an mich.

„Tu es nicht!" widersprach Anny immer wieder, wenn ich auf dieses Tauschobjekt zu sprechen kam. „Du hast sowieso nur noch ein paar Erinnerungsstücke. Wir werden auch so durchkommen."

Fünf Meisterschaftsgürtel, darunter die zwei Weltmeistergürtel mit goldenen Schnallen, hatte ich in Ponickel zurücklassen müssen – ebenso wie die Handschuhe aus sämtlichen Titelkämpfen, goldene und silberne Pokale und viele andere Trophäen und Souvenirs.

Um unseren Küchenzettel etwas aufzubessern, ging ich mit meinem Freund Willy Fritsch auf Hamsterfahrt. Ein guter Bekannter, den wir in Westfalen aufsuchten, hatte bald spitz, wo uns der Schuh drückte.

„Ich kenne einen Bauern, der sicher ein paar Pfund Fleisch für euch herausrückt", sagte er.

„Wo ist der Mann?" fragte Willy begeistert.

„Los, auf zu ihm!" drängte ich.

„Tja, das ist leider nicht so einfach", schränkte unser Freund mit den guten Beziehungen ein. „Der Gute wohnt 30 Kilometer von hier entfernt."

Wir machten lange Gesichter.

„Moment mal ... das krieg ich schon hin", tröstete, uns der Westfale. Er telefonierte mindestens zehn Minuten lang herum und stürzte dann auf uns zu.

„Auf, Kinder, macht euch fertig! Wir fahren gleich los."

Wir trauten unseren Augen nicht, als wir aus dem Haus traten und einen Krankenwagen vor der Tür warten sahen.

„Steigt schnell ein!" sagte der Organisator dieser ungewöhnlichen Fahrt. „Einer von euch legt sich am besten auf die Bahre, dann sieht die Sache wenigstens echt aus."

Wir fühlten uns nicht sonderlich wohl in unserer Haut. Trotzdem kletterte ich brav auf den Platz neben den Fahrer, während Willy Fritsch den Kranken spielte. Unbehindert von Polizeistreifen kamen wir ans Ziel. Der Herr Landwirt empfing uns sehr höflich und ließ für uns ausgehungerte Großstädter ein paar gewaltige Koteletts auffahren. Während wir mit großem Appetit an ihnen herumsäbelten, verschwand der Gastgeber mit unserem Freund – wer weiß wohin.

Gut gelaunt kamen sie nach einiger Zeit zurück. Der Bauer drückte Willy und mir je ein ansehnliches Fleischpaket in die Hand und brachte uns mit vielen guten Wünschen zu unserem Krankenwagen.

Willy legte sich wieder auf die Bahre. Als wir an den Ausgangspunkt der Fahrt zurückkamen, stieg er gähnend aus.

„Das Kotelett hat mich müde gemacht, Max", lachte er. „Ich bin doch glatt eingeschlafen."

Erst nach Jahren erfuhren wir, dass Willy damals auf einem schwarzgeschlachteten Schwein geschlummert hatte, das unter der Bahre lag ...

Quartier im Irrenhaus

In der kalorienarmen Zeit sagte ich gern zu, mit einer Gruppe von Boxern im Rheinland und in der Pfalz auf Tournee zu gehen. Willy Fritsch, der damals zurückgezogener lebte, als einem Schauspieler guttun konnte, musste mit, ob er wollte oder nicht.

Wir grasten die rheinischen und pfälzischen Dörfer ab und kamen schließlich auch an die Bergstraße. Es war schon spät abends, als wir in einem kleinen Ort eintrafen und verzweifelt auf Zimmersuche gingen. Willy Fritsch und ich wurden in einem Gasthof untergebracht. Doch wohin mit unseren zehn Boxern?

„Wir können doch nicht auf der Straße bleiben!" schimpften sie auf den Veranstalter.

„Ich wüsste schon einen Ausweg", meinte der Wirt und kratzte sich nachdenklich den Kopf, „aber ..."

„Machen Sie es nicht so feierlich! Welchen Ausweg wissen Sie?"

„Die Herren könnten vielleicht im Irrenhaus übernachten."

„Bringen Sie da Ihre liebsten Gäste unter?" fragte einer der Boxer spöttisch.

„Das nicht, aber ich dachte, in Ihrem Fall ..."

Unter allgemeinem Gelächter zogen die jungen Sportler also ins Narrenhaus. Ihnen kam es nur darauf an, ein Dach über dem Kopf zu haben.

Angeblich haben sie, wie sie uns später erzählten, ganz gut geschlafen. Die Schwierigkeiten tauchten erst am Morgen auf. Der Wärter, der sie abends in Empfang genommen hatte, war abgelöst worden und hatte leider vergessen, seinen Nachfolger im Amt über die außerplanmäßigen Gäste zu informieren. Der neue Wärter war nur wenig überrascht, als es in einigen Zellen zu rumoren anfing. So was war er schließlich gewohnt.

„Nun mal sachte, meine Herrschaften", brummte er mit beruflich bedingtem Gleichmut. „Wenn ihr nicht ganz friedlich seid, dann werde ich ungemütlich."

„Aufmachen!" brüllten die zehn Boxer aus Leibeskräften und hämmerten mit harten Fäusten an die Türen. „Wir wollen 'raus!"

„Kenn' ich! Kenn' ich!" meinte der Wärter ungerührt. „Raus wollen sie alle."

„Wir sind Boxer! Wir müssen hier 'raus!"

„Soso, Boxer seid ihr? Das ist ja ein ganz neuer Tick. Na, regt euch nicht auf, Kinderchen ..."

Er sprach's und überließ die Zehn ihrem Schicksal. Erst als der Veranstalter, der seine Schäfchen händeringend suchte, im Irrenhaus auftauchte, klärte sich die Sachlage.

Vor der Boxveranstaltung, bei der ich Ringrichter spielte, hielt der Landrat eine Rede. Er war ein netter, alter Herr und glaubte, Willy Fritsch und mich durch ein paar Worte ehren zu müssen.

„Ich erinnere mich noch gut", sagte er, „schon als kleiner Junge habe ich von Willy Fritsch und Lilian Harvey geschwärmt."

Willy machte ein essigsaures Gesicht. Ich trat ihm verstohlen vors Schienbein.

„Auch die Schmeling-Kämpfe habe ich als ganz junger Bursche mit heißem Herzen verfolgt", fuhr der alte, würdige Herr Landrat fort.

Willy grinste erleichtert.

„Der meint uns beide", sagte er versöhnt. „Wir müssen uns wohl daran gewöhnen, in den Jugenderinnerungen älterer Herrschaften eine Rolle zu spielen."

Mit 42 noch einmal in den Ring

„Ich möchte noch mal boxen", sagte ich zu Max Machon, der inzwischen wieder eine Lizenz als Trainer hatte und mich 1947 in Hamburg besuchte.

„Mensch, Max, du bist wohl verrückt", platzte Machon heraus. „Acht Jahre lang warst du nicht mehr im Ring. Wie stellst du dir die Sache bloß vor?"

Er hatte natürlich recht. Es war eine ganz und gar unsinnige Idee! Mit 42 Jahren boxt man nicht mehr! Ich besaß nicht einmal ein Paar Handschuhe.

„Wovon soll ich leben?" fragte ich.

„Nicht vom Boxen, Max."

„Ich brauche Geld, um wieder aufzubauen. Auf meinem Gut sitzen die Polen. Meine Häuser sind flach, die Papiere kaputt. Von irgend etwas müssen Anny und ich ja schließlich leben."

Machon schwieg. Er hielt nicht viel von meinem Plan. Um ehrlich zu sein – er hielt gar nichts davon.

„Warte nur ab", sagte ich enttäuscht, aber unbeirrt. „Jetzt fahre ich nach Friedrichsruh und bring mich erst einmal wieder körperlich in Schuss. Dann kannst du entscheiden, ob es sich für mich lohnt, die Handschuhe noch einmal anzuziehen."

Ganz allein, ohne Max Machon, fuhr ich nach Friedrichsruh im Sachsenwald bei Hamburg. Ich trainierte mit eiserner Entschlossenheit. Das wichtigste waren die Beine – wie viel Runden hielten sie im Ernstfall noch durch? Noch nie habe ich so viele Kilometer gefressen wie in jenen Wochen. Ich lief, lief, lief, bis mir der Schweiß in Strömen vom Körper rann. Und dann stellte ich erleichtert fest: Meine Beine machten noch mit. Und mein Kampfgewicht war so gut wie eh und je. Ich konnte zufrieden sein und bat Machon eines Tages, zu mir zu kommen.

Er staunte nicht schlecht, als er mich sah. Trotz meiner vorzüglichen körperlichen Verfassung aber war er von der Idee, noch einmal durch die Seile zu klettern, immer noch nicht begeistert. Nur mühsam konnte ich ihn dazu überreden, mit mir das eigentliche Boxtraining aufzunehmen.

Alles klappte soweit ganz gut, wenn sich auch die letzten Jahre – der Krieg und die Nachkriegszeit – nicht verleugnen ließen. Sie waren nun einmal nicht in den Kleidern hängen geblieben. Mein schwächster Punkt blieb die Reaktionsfähigkeit.

Der Gegner, den man mir für meinen ersten Kampf ausgesucht hatte, hieß Werner Vollmer. Er war ein ehrgeiziger Bursche, 16 Jahre jünger als ich, und hatte mit wechselndem Erfolg geboxt. An meinem 42. Geburtstag, am 28. September 1947, sollte ich ihm im Frankfurter Stadion gegenüberstehen.

Als ich von der Kabine zum Ring ging, erhoben sich mehrere tausend Amerikaner unter den Zuschauern von ihren Plätzen und fingen zu singen an:

„Happy birthday to you! Happy birthday to Mäx!"
Nach all dem Kummer, den ich in der letzten Zeit erlebt hatte, war die rührende Geburtstagshuldigung der Amerikaner wie Balsam für mich. Mehr noch als die vielen Pakete, die ich inzwischen von Freunden aus Amerika, Südafrika und vielen anderen Ländern erhielt, zeigte mir dieser Augenblick, dass der Krieg nun endgültig vorüber war und ein neues Leben anfing.

Mit 42 Jahren reagiert man nicht mehr so wie mit zwanzig. Das sah ich im Kampf gegen Vollmer klipp und klar. Mehr als einmal versäumte ich zu kontern und verpasste so Gelegenheiten, die ich früher todsicher zu einem K.o. ausgenutzt hätte. Wenn es sich dabei auch nur um Sekundenbruchteile handelte – ich war einfach zu langsam. Und mehr als einmal hatte ich am eigenen Leib erfahren müssen, was es heißt, um Sekundenbruchteile zu langsam zu sein.

„Das haut ja prima hin", lobte Machon trotzdem in der ersten Pause. Anweisungen brauchte er mir nicht zu geben. Gegen den jungen Vollmer war ich schließlich ein alter Hase. In der siebten Runde schlug ich ihn k.o.

„Na, siehst du, ein bisschen Mumm hab' ich doch noch in den Knochen", sagte ich zu meinem Trainer, ohne jedoch dieselbe Befriedigung zu empfinden, die ich früher nach den meisten Siegen empfunden hatte.

Gut zwei Monate später boxte ich in Hamburg gegen Hans Joachim Drägestein. Ich gewann diesen Kampf nach Punkten.

Revanche nach 14 Jahren

Am 26. August 1934 hatte ich in Hamburg Walter Neusel durch technischen K.o. besiegt. Nun verlangte der Bochumer die nie zustande gekommene Revanche. Am 23. Mai 1948 trafen wir zwei „Veteranen" wieder in der Hansestadt aufeinander.

Neusel war im Vergleich zu den jungen Boxern Vollmer und Drägestein ein mit allen Wassern gewaschener Ringfuchs. Im Schlagaustausch mit ihm spürte ich deutlich, dass mir etwas fehlte, dass ich nicht mehr der alte Max Schmeling war.

Man kann mit 42 Jahren zwar noch gute sportliche Leistungen vollbringen – zu Spitzenleistungen ist es auf jeden Fall zu spät, vor allem im Boxen. Boxen ist ein reiner Kampfsport, ein Kräftemessen Mann gegen Mann.

Mitten im Fight gegen Walter Neusel ging der Rest meines Selbstvertrauens zum Teufel. Es gelang mir mit äußerster Konzentration gerade noch, das Geschehen einigermaßen offen zu halten, zu mehr reichte es nicht. Die Punktrichter hatten Neusel knapp im Vorteil gesehen und gaben ihm den Sieg ...

Zweimal noch zog ich die Boxhandschuhe an: In Kiel schlug ich Drägestein in unserem zweiten Recontre in der neunten Runde k.o., und am 31. Oktober 1948 verlor ich in Berlin gegen Riedel Vogt nach Punkten.

Noch bevor meine Niederlage gegen Vogt bekannt gegeben wurde, erklärte ich, dass ich die Handschuhe nun endgültig an den Nagel hängen werde.

Es war der einzig mögliche Entschluss – und doch fiel er mir unendlich schwer. Ich war mit Leib und Seele Boxer und habe nie bereut, diesen Sport als Beruf gewählt zu haben. Ich würde ihn jederzeit wieder wählen ...

Neue Heimat Hollenstedt

Finanziell hatten mir die letzten zwei Kämpfe über den Berg geholfen. Die Börsen wurden bereits in harter D-Mark bezahlt. Der Grundstein für eine bürgerliche Existenz war gelegt.

1949 kaufte ich mich in Hollenstedt bei Hamburg an. Dort begann ich, Nerze zu züchten. Diese Arbeit machte Anny und mir, da wir schon immer sehr tierlieb waren, enorm viel Spaß.

Heute besitze ich etwa 1.000 Nerze – in Deutschland gibt es meines Wissens keine größere Farm. Das Material kann sich in puncto Qualität gut und gern mit nordischen und amerikanischen Nerzen messen. Der Absatz ist gesichert: die Bundesrepublik braucht im Jahr etwa 350.000 Felle (für einen Mantel sind 90 bis 95 Stück erforderlich); nur zehn Prozent des Bedarfs können von deutschen Farmen gedeckt werden.

Was mich selbst und vielleicht auch die Trägerinnen von Nerzmänteln beruhigt: Die reizenden Tiere werden auf humanste Weise getötet – durch Chloroform.

Da sich die Nerzzucht gut anließ, beantragte ich die Lizenz zum Tabakanbau. Ich erhielt sie. Auch mein Virginia wurde kein Verlustgeschäft, und so ist Hollenstedt nach menschlichem Ermessen krisenfest. Nerze und Tabak sind die beiden Grundpfeiler meiner Existenz. Außerdem bin ich noch an der Herstellung von Eierlikör und Sekt beteiligt.

Auf Hollenstedt gibt es Arbeit genug. Geschenkt wurde und wird mir nichts. Doch daran bin ich ja vom Boxen her gewöhnt ...

Wiedersehen mit Joe Louis

Dem Boxsport bin ich nicht untreu geworden. In den letzten Jahren wurde ich oft eingeladen, als Ringrichter zu fungieren – in der Schweiz, in Luxemburg, in Spanien und in Indonesien.

Wen wundert es, dass es mich nach dem Krieg mit aller Macht nach Amerika zog, in das Land, in dem ich meine größten Erfolge und meine bittersten Niederlagen erlebt hatte? Freudig nahm ich deshalb 1954 eine Einladung an, in Milwaukee als Ringrichter einige Kämpfe zu leiten.

Und wen wundert es, dass ich drüben keinen sehnlicheren Wunsch hatte, als meinen größten Gegner wiederzusehen: Joe Louis, den „Braunen Bomber"?

Während des Krieges und in der ersten Zeit danach war über Joe und mich soviel Unsinn geschrieben worden, hatte man uns soviel Beleidigungen in den Mund gelegt, dass es notwendig war, die Atmosphäre zu bereinigen.

Freunde holten mich im Wagen in Milwaukee ab und brachten mich nach Chicago. Ohne mich angemeldet zu haben, stand ich vor der Wohnungstür von Joe Louis und klingelte. Eine Frau öffnete und musterte mich einen Augenblick erstaunt.

„Oh, you are Mister Schmeling!" rief sie dann und streckte mir die Hand entgegen. Ich glaubte, Marva Louis vor mir zu haben; erst später erfuhr ich, dass Louis bereits geschieden war.

„Joe ist leider nicht zu Hause", sagte die Frau. „Er spielt Golf. Ich rufe sofort auf dem Platz an, dass sie ihn heimschicken."

Sie brachte mich in die gute Stube und zog sich zurück.

Zehn Minuten mochten vergangen sein, als Joe heimkam. Ich hörte, wie ihm die Frau auf dem Flur sagte, dass Besuch da sei.

Joe riss temperamentvoll die Tür auf und blieb ein paar Atemzüge lang wie angewurzelt stehen. Dann warf er die Tasche mit den Golfschlägern in eine Ecke und stürzte auf mich zu.

„Max!" rief er. „How good it is to see you again!" – "Wie schön, dich wiederzusehen!"

Der gute Joe freute sich ehrlich. Für Verstellungskünste war er immer schon viel zu natürlich und geradeheraus.

„Es ist soviel über uns zwei geschrieben worden, Joe", sagte ich nach der herzlichen Begrüßung. „Ich möchte nur, dass du weißt ..."

„Lass nur gut sein, Max", unterbrach mich der größte Gegner, dem ich jemals im Ring gegenübergestanden hatte. „Lass nur gut sein! Eine Zeit lang habe ich auch an den Schwindel geglaubt, den man über dich geschrieben hat. Heute weiß ich, dass es nicht stimmt. Komm – reden wir nicht mehr drüber."

Wir schüttelten uns kräftig die Hand. Ich war inzwischen einsichtig genug, um zu erkennen, was mit diesem Händedruck besiegelt wurde. Er war viel mehr wert als ein dritter Kampf Schmeling gegen Louis. Er war der friedliche Höhepunkt zweier Karrieren, von denen die eine ohne die andere nicht denkbar schien.

Ich wollte, alle Menschen auf der Welt hätten das Kriegsbeil so ehrlich begraben wie Joe Louis und ich.

.

Meine besten Freunde

Wer die Begeisterung für den Sport wecken will, muß sich an die Jugend wenden. Ob ich in Amerika zum Angeln ging, in Spanien trainierte oder durch Deutschland reiste — immer war ich von wißbegierigen Buben umgeben. Die Jungen von 1930, dem Jahr, in dem ich Weltmeister wurde, sind jetzt erwachsene Männer. Daß ich damals mit ihnen auf gutem Fuß stand, ist wohl einer der Gründe, warum ich heute noch so viele Freunde habe.

Dramatische Sekunden in meiner Karriere: Sharkey hatte beim Kampf um die Weltmeisterschaft am 12. Juni 1930 tiefgeschlagen. Von der neutralen Ecke aus beobachtete er, wie ich mich am Boden krümmte (oben). Sekunden später sprangen die Betreuer in den Ring (unten). Nach turbulenten Szenen wurde ich durch Disqualifikation Sharkeys zum Weltmeister erklärt.

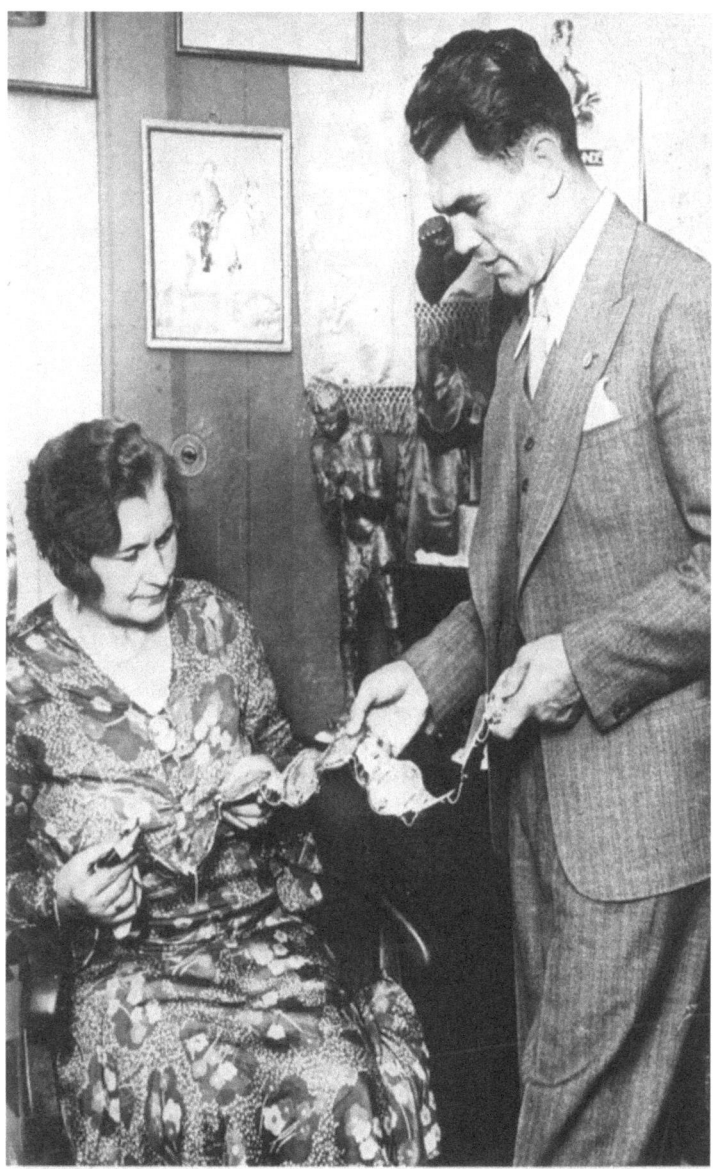

*Die höchste Auszeichnung im Boxsport, den wertvollen Weltmeisterschafts=
gürtel, hatte ich als erster Schwergewichtler nach Deutschland gebracht.
Stolz zeigte ich ihn meiner Mutter. Wer hätte sich über diese Trophäe mehr
freuen können als sie, die meine auch an Enttäuschungen reiche Laufbahn
miterlebte? Der Vater war einige Jahre vor meinem Triumph gestorben.*

Gegensätze ziehen sich an. 1930 machte ich die Bekanntschaft der zierlichen, blonden Filmschauspielerin Anny Ondra. Wir wurden unzertrennliche Freunde, wenn auch von einer Heirat zunächst noch nicht die Rede war ... Die Arbeit in den Filmateliers war mir nicht unbekannt: Mit Renate Müller und Olga Tschechowa (unten) spielte ich in „Liebe im Ring".

Pech in der 15. Runde! Erst der Sieg über Young Stribling im Jahre 1931 machte mich für viele Kritiker zum wahren Weltmeister. Kurz vor dem Schlußgong mußte sich mein Herausforderer auszählen lassen. Stribling fand wenige Jahre später ein tragisches Ende: Er verunglückte mit seinem Motorrad auf der Fahrt ins Krankenhaus, wo seine Frau ein Kind erwartete.

Prominente Besucher im Trainingscamp lösten vor bedeutenden Kämpfen einander ab. So lernte ich Franklin Delano Roosevelt kennen, den damaligen Gouverneur des Staates New York, und seine Frau Eleanor. Eines Tages kam auch Exweltmeister Jack Dempsey zu mir, Amerikas Boxidol. Eine Runde lang war er mein Sparringspartner (unten) — 5000 Gäste sahen zu.

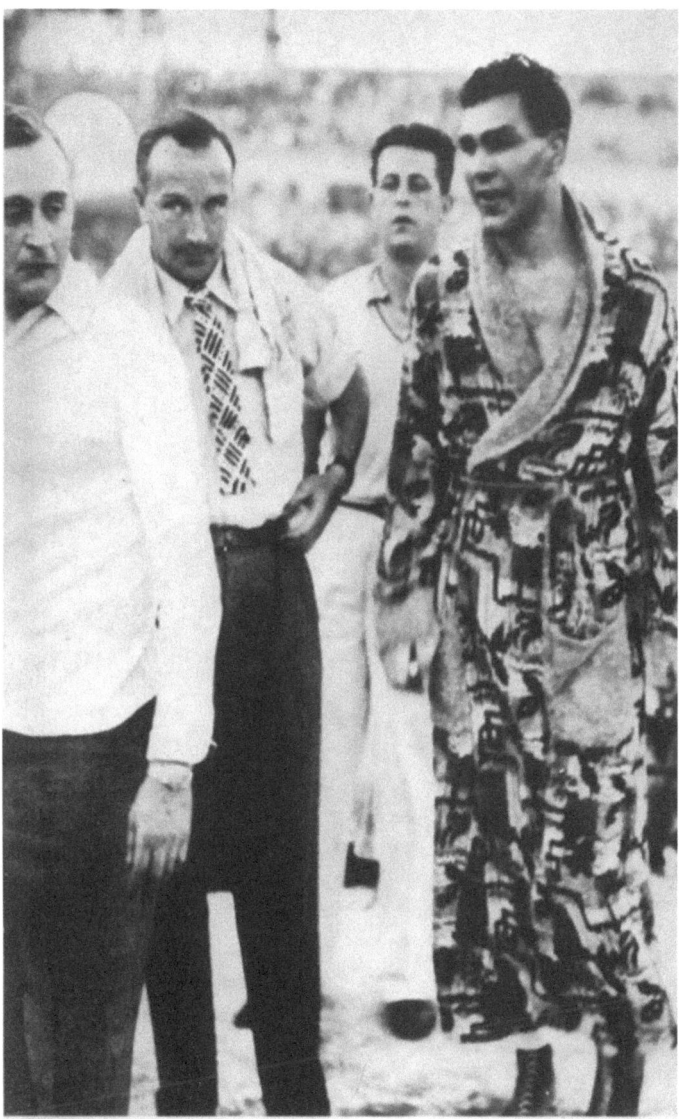

Betretene Gesichter gab es, als ich am 21. Juni 1932 durch ein sehr zweifelhaftes Urteil den Weltmeisterschaftstitel an Jack Sharkey verlor. Vor allem mein Manager Joe Jacobs (ganz links) und mein langjähriger Betreuer Max Machon (Mitte) waren fassungslos; sie hatten mich, wie die meisten Experten unter den Zuschauern, klar im Vorteil gesehen.

In der kleinen Dorfkirche von Saarow=Pieskow bei Berlin wurde Anny Ondra am 20. Juli 1933 meine Frau. Auf dem „Dudel" am Scharmützelsee hatten wir uns ein Haus gekauft (Bild rechts). Saarow, eine bekannte Künst= lerkolonie, wurde mir zwischen den Kämpfen zum liebsten Zufluchtsort. Im Inneren des Hauses ließ ich mir zum Trainieren einen Boxring anlegen.

Max Schmeling und Anny Ondra bei der Ernte in ihrem Garten (oben). Das Jahr 1933 ließ sich schlecht an. Ich erlitt eine Niederlage gegen Max Baer; ich verlor gegen Hamas und boxte gegen Paolino unentschieden. Dann aber schlug ich Walter Neusel und fertigte in Hamburg Steve Hamas bei der Revanche überlegen ab (Bild rechts).

Vor dem „Kampf des Jahrhunderts" – Joe Louis gegen Max Schmeling – warteten bei der Wiegezeremonie die Journalisten vergeblich darauf, bei mir Nervosität zu entdecken. Gelassen drückte ich dem „Braunen Bomber" die Hand. Der Wunderboxer Louis kämpfte mit mir am 19. Juni 1936 um die Berechtigung zu einem Titelkampf gegen Weltmeister Braddock.

10:1 standen die Wetten für Joe Louis. Der amerikanische Karikaturist Burris Jenkins brachte in seiner Zeichnung die Meinung der Experten zum Ausdruck: Ich war nur ein bedauernswertes Schlachtopfer ... Nach dem sensationellen Ausgang des Kampfes revidierte Jenkins seine Meinung (Bild unten): Der Louis=Mythos wurde zertrümmert wie ein Götzenbild.

Das ließ sich Joe nicht träumen! Ich hatte mir vorgenommen, dem Bomber schon früh Respekt vor mir beizubringen, und griff immer wieder an. Doch erst in der 12. Runde erwischte ich Louis mit der alles entscheidenden Rechten am Kinn (oben). Er brach zusammen und suchte in den Seilen Halt (Bild rechts). Sekunden später mußte er sich auszählen lassen (unten).

Tausende jubelten mir zu, als ich an Bord des Luftschiffes „Hindenburg" auf dem Rhein-Main-Flughafen in Frankfurt eintraf. Anny und meine Mutter nahmen mich in die Mitte und kämpften sich mit mir durch die dichte Menschenmenge. Noch nie war ich in der Heimat so begeistert empfangen worden wie nach meinem Sieg über den hochfavorisierten Joe Louis.

Alles o. k., Jimmy? Weltmeister Braddock gab sich mir gegenüber äußerst liebenswürdig. Wie die ganze Welt erkannte auch er nach dem Sieg über Joe Louis mein Recht auf einen Kampf um den Titel an. Alle meine Freunde waren überzeugt, daß es mir gelingen würde, die alte Boxerweisheit „They never come back" — „Sie kommen nie wieder" zu widerlegen.

Am Grünen Tisch der New Yorker Boxkommission schien alles in Ordnung zu sein: Braddock und ich unterschrieben die Verträge für einen Titel= kampf. Wegen einer geringfügigen Handverletzung des Amerikaners wurde der Fight auf den Sommer 1937 verschoben. Zeitig ging ich ins Training. Die Eintrittskarten wurden gedruckt — Braddock aber kniff.

Weil man mich „verschoben" hatte, mußte ich mich durch Aufbaukämpfe wieder nach vorn arbeiten. Am 13. Dezember 1937 boxte ich in New York gegen Harry Thomas. Der bullige Amerikaner griff wütend an (oben) und suchte schon in den ersten Runden die Entscheidung zu erzwingen. In der 8. Runde aber mußte er sich schwer groggy geschlagen bekennen (unten).

Ein Handtuch flog in den Ring und beendete den Kampf gegen Steve Dudas in Hamburg (oben). Nach dem Sieg über den Amerikaner mußte man wieder mit dem unzertrennlichen Trio Machon, Schmeling, Jacobs (Bild unten) rechnen. Mit fieberhafter Spannung sahen die Boxbegeisterten der Revanche Louis—Schmeling entgegen. Dieses Mal ging es um den Titel.

Der Anfang vom Ende... Wie ein wütender Stier war der „Braune Bomber" auf mich losgestürzt. Dieses Photo wurde unmittelbar nach dem fürchterlichen Schlag aufgenommen, in den ich mich unglücklicherweise hineindrehte und der mich so in der Nierenpartie traf. Ich war wie gelähmt und unfähig, mich zu verteidigen. Joe Louis hämmerte beidhändig auf mich ein.

Hoffnungslos geschlagen lag ich auf den Brettern. Louis stand abwartend in der neutralen Ecke, während die Sekundanten, allen voran Max Machon, den Ring stürmten. Machon half mir auf die Beine, Polizisten stützten mich auf dem Weg zur Kabine (Bild rechts). Jacobs (mit Zigarre) war fassungslos. 70000 fanatische Zuschauer aber jubelten über Joes Sieg.

Beim Filmball 1939 in Berlin waren Anny und ich ständig von Autogrammjägern umgeben. Die Blitzniederlage gegen den „Braunen Bomber" nahm man mir nicht übel. Anny — nach wie vor Liebling des Filmpubli-

kums — stand mir an Popularität nicht nach. Schon längst hatten wir zwei der staunenden Öffentlichkeit bewiesen, daß die Ehe zwischen einem Boxer und einem Filmstar durchaus harmonisch und von Dauer sein kann.

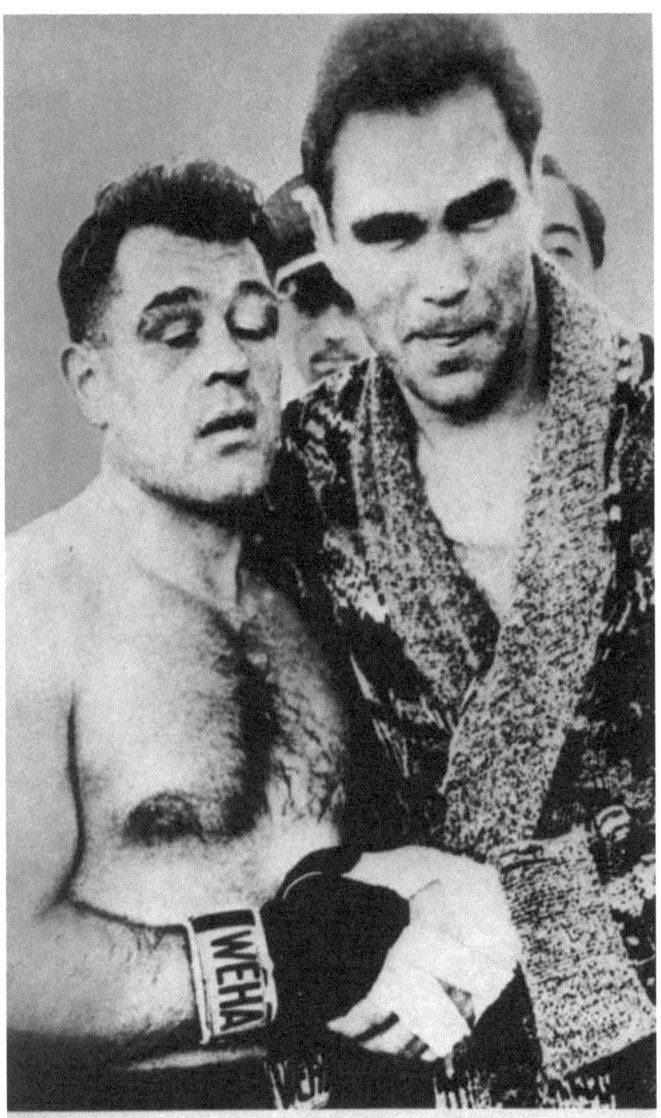

„Nimm's nicht so schwer, Adolf", tröstete ich meinen Gegner Heuser, den ich am 1. Juli 1939 in Stuttgart nach 71 Sekunden k. o. geschlagen hatte. Ich gab die Hoffnung auf einen dritten Kampf gegen Weltmeister Joe Louis nicht auf. Der Sieg über Heuser sollte die erste Station auf diesem Weg sein. Der Krieg machte einen Strich durch die Rechnung.

Sportler sind nicht gern Soldaten! Auf meinem Gut Ponickel, zwölf Kilometer von der polnischen Grenze entfernt, erreichte mich der Gestellungsbefehl zu den Fallschirmjägern. Bei der Eroberung der Mittelmeerinsel Kreta wurde ich eingesetzt; ich verletzte mich bei der Landung und mußte sofort ins Lazarett. So blieb es mir erspart, auf einen Menschen zu schießen.

In den ersten Jahren nach dem Krieg wurde mir nichts geschenkt. Mit meinem Freund Willy Fritsch (oben) zog ich über die Dörfer, um den mageren Küchenzettel aufzubessern. Mit den Soldaten der englischen Besatzung (unten) machte ich nicht nur gute Erfahrungen: Es waren Tommies, die mir in Hamburg wegen einer Lappalie drei Monate Gefängnis aufbrummten.

Nicht ohne Grund zog ich nach dem Krieg die Handschuhe noch einmal an: Ich hatte meinen ganzen Besitz verloren und brauchte Geld für den Aufbau einer bürgerlichen Existenz. Im fünften und letzten Nachkriegs=kampf erlitt ich gegen Riedel Vogt in Berlin eine Punktniederlage. Noch vor Bekanntgabe der Entscheidung erklärte ich, nicht mehr zu boxen.

Sportler sind die besten Diplomaten

Es gab ein großes Hallo, als sich bei einem Schaukampf in Heidelberg ein amerikanischer Soldat an den Ring drängte und Machon und mir herzhaft die Hand schüttelte: 1936, vor meinem Kampf gegen Joe Louis, war er in Napanoch mein Sparringspartner gewesen. Den „Braunen Bomber" sah ich 1954 in Chikago wieder (Bild rechts). Die Politik hatte uns zwei eine Zeitlang zu ihrem Werkzeug zu machen versucht. Mit einem freundschaftlichen Händedruck räumten wir alle Mißverständnisse aus dem Weg.

Vertrauen in die Zukunft halfen Anny und mir, alle Schwierigkeiten zu meistern. In Hollenstedt bei Hamburg haben wir uns mit Nerzzucht und Tabakanbau eine solide Existenzgrundlage geschaffen. Geschenkt wurde und wird uns nichts. Anny scheut sich nicht, zuzupacken, und ich habe durch den Sport gelernt, der Arbeit meiner Hände zu vertrauen.